性犯罪者への治療的・教育的アプローチ

門本泉・
嶋田洋徳【編著】

金剛出版

はじめに

門本 泉・嶋田洋徳

　この本は，平成18（2006）年に開始された法務省の性犯罪再犯防止指導（本書では，「刑事施設における性犯罪者処遇プログラム」と呼びます）に直接・間接に関わった（そして今も関わっている）専門家によって書かれました。
　性犯罪に関する本は多くあります。報道などの内容を見ても，性犯罪が社会にとって大きな問題であることは容易に理解できます。しかし，性犯罪を起こした人を「いかに理解し，いかに関わるか」を論じた本は，まだ少ないという現実があります。
　そうであれば，我々実務家がこの10年間で蓄積したものをまとめることは，何か意味があるかもしれない。多くの人とそれを共有すれば，性犯罪の再犯防止に取り組む人にとってささやかな応援になるかもしれない。そんな意図が本書の出発点にあります。性犯罪者と日々向き合う経験から学んだ現場の知は，少なくとも我々にとっては「当てになる」知と言えます。これらを誠実に書き起こしたものが本書です。つまり，ここにあるのは無敵の知ではありません。必ずしも学術的視点のみから構成されていませんし，性犯罪の防止に関する包括的提言も示せませんが，だからこそ著者たちは，今回の発信をきっかけに，自分たちの知識と技能をさらに増やし，改良していくきっかけにしたいとも考えています。
　この本は，どこから読んでいただいてもかまいません。第1章から順に読まずとも，たとえば，認知行動療法で性犯罪に対処する枠組みを知りた

い方は第5章から,そもそも性犯罪とは何を指すのか疑問をもっている方は第2章から,また,はじめてこの領域で仕事をする方は第6章から……という具合に読み進めていただければよいと思います。系統立った理論書ではないことのもうひとつの利点は,ここにあります。

　ただその前に,編者から,あらかじめご説明しておきたいことがあります。まず,各章における意見や考えは,著者たちの私見であり,公的機関としての正式見解ではありません。また,事例に関しては,いずれも個人情報の保護に留意し,必要な修正・加除を加えてあります。いわば,例示のための創作事例です。学術論文の形式に倣い,事例の識別はアルファベット表記としました。「さん」「氏」「受刑者A」など,敬称や法的立場に関する情報は付していません。加害者臨床従事者,被害者臨床従事者,あるいは実際に被害に遭われた方々,さらには一般の市民など,立場によって敬称などに感じる意味合い,価値観が異なると考えたためです。

　司法・矯正の世界で使われる特殊な用語や重要な経緯については,そのつど章のなかで説明するのは読者に煩わしさを感じさせると考え,章の間にコラムを設けました。また,司法や行政に関する用語は厳密さを重視するため長く難しいこともありますが,可能な限りわかりやすい一般的な表現を心がけました。用語や名称について正確な知識を学びたい方は,法務省のウェブサイトなどをご覧いただければと思います。

　性犯罪は社会のなかで多くの人が苦しみ,損失を被る犯罪です。同時に,「性」は人前では非常に語りにくいテーマでもあります。しかし,性犯罪の防止には,さまざまな人々の地道な努力と対話と協力が間違いなく必要です。この一冊で再犯防止が完全に実現するなどという望みは抱いていませんが,読者がそれぞれの立場からこの問題を考えるための一臂の力になることを祈っています。

　最後に,本書は,法務省内の多くの方々のご理解と励ましによって出版されたことを記しておきます。

性犯罪者への治療的・教育的アプローチ

[目次]

はじめに ［門本 泉・嶋田洋徳］ ——————————— 003

第 I 部　概論・基礎篇

1　**性犯罪者と心理療法** ——————————————— 011
　　朝比奈牧子

2　**性犯罪の概観** ———————————————————— 027
　　統計的・臨床的観点
　　木髙暢之・猪爪祐介

3　**性犯罪者の横顔** —————————————————— 047
　　性犯罪者はモンスターか？
　　西田篤史・元木良洋

4　**性犯罪の治療理論 ❶** ——————————————— 063
　　精神医学的面接・集団精神療法・依存症臨床・対人関係精神分析
　　辻 啓之

5　**性犯罪の治療理論 ❷** ——————————————— 081
　　認知行動療法
　　嶋田洋徳

第 2 部　各論・実践篇

6　**初心者へのガイド** ————————————————— 099
　　性犯罪者処遇を担当することになったら
　　神藤彩子

7　**性犯罪の理解** ———————————————————— 112
　　査定面接でのフィードバックから動機に迫る
　　與那覇聡

8 性犯罪者のグループワーク ❶ ——————— 126
8つの類型から考える性犯罪者と向き合う姿勢
犬塚貴浩

9 性犯罪者のグループワーク ❷ ——————— 149
グループの停滞（拒否と抵抗）
森田陽子

10 性犯罪者のグループワーク ❸ ——————— 169
治療環境と「場」という視点
古根俊之

11 性犯罪者のグループワーク ❹ ——————— 189
性犯罪者処遇における「今ここ」
寺田 孝

第3部　応用・発展篇

12 臨床家のセルフケア ——————— 215
浪越康弘

13 力動的集団心理療法の視点 ——————— 229
性犯罪者処遇プログラムのスーパービジョンの経験から
西川昌弘

14 医学からみた性犯罪 ——————— 245
小畠秀吾

15 日本における性犯罪者処遇の今・昔・未来 ——————— 259
中村 修

◉ コラム

❶ 刑事施設における性犯罪者処遇 ─────────── 025
❷ RNR 原則とリスクアセスメント ─────────── 094
❸ 性犯罪被害に関する費用対効果の研究 ─────── 209
❹ 平成 29（2017）年の性犯罪に関する法改正 ───── 269

おわりに［門本 泉］──────────────── 271
索引 ─────────────────────── 273
執筆者一覧 ──────────────────── 276
編著者略歴 ──────────────────── 278

第Ⅰ部

概論・基礎篇

I
性犯罪者と心理療法

朝比奈牧子

キーワード 性犯罪の定義，治療的協働関係，性犯罪者処遇モデル

要約 性犯罪者の治療的処遇について検討する前提として，「性犯罪者」が世の中でどのように見られているのか，彼らが性犯罪を行う原因について理解が進まない理由は何かを概観する。また，彼らへの処遇に心理療法的要素を取り入れるうえで，一般的な心理療法の場合と同様に必要とされることと固有の事由について，それぞれ整理する。そのうえで，グループワークで実施する刑事施設の性犯罪者処遇プログラムが，どのような「課題（手続き）」を用いて，どのような「経験」をもたらし，その経験がいかにして「効果」につながり，再犯を抑止するのかといったプロセスをモデル化することを試みる。

1 「性犯罪者」を取り巻く状況

　性犯罪は，社会の人々の強い嫌悪感と怒りとを賦活する。その強さは，さまざまな犯罪のなかでも抜きん出ている。その理由の筆頭に，性犯罪が被害者やその近親者に対して，長く強い苦痛を与えつづけることが挙げられる。さらに，他の犯罪と比較すると，女性や年少者が被害に遭う割合が高く，見ず知らずの他者に対する加害も多いという特徴がある。こうしたことが，「弱者」を無差別に狙った卑劣な犯罪であり，人として許されないという非難にもつながっている。
　人は犯罪を見聞きすると，とっさに加害者を非難する気持ちを抱く。し

かし同時に，何か特別な事情があったのかもしれない，自分も同じような状況に立たされれば，同じような犯罪を行う可能性が少しはあるのではないか，と振り返りもする。たとえば，窃盗事案であれば，失職して食べるにも困るような状況にあったのかもしれない，保護者から満足な養育を受けていなかったのかもしれない，などと想像する。また，車を運転する人はだれでも，不注意の結果として，だれかを傷つけたり，最悪の場合には命を奪ったりする可能性を認識しているものであり，加害者を強く非難する言説を考えなしに受け入れることは不適切ではないか，と感じることがあるだろう。

しかしながら性犯罪の場合には，一般的に加害者なりの止むに止まれぬ理由，酌むべき事情があったということが想定されにくい。仮に事情があったとしても，そのような事情は知りたくもないし，知ったところで同情の余地がないに決まっていると，多くの人が考えることをやめてしまいがちである。理由の第一に，性犯罪という事象への嫌悪感ゆえ，性犯罪者について考えること自体が不快であるということがある。あるいは，性犯罪者を徹底的に非難することが，他の性犯罪を抑止することにつながるであろうという「一般抑止効果」への期待も潜在しているかもしれない。さらに，「性」に関する価値観は，一般的には個人的なものであり，他者と共有したり，声高に口にしたりするものではないという性質を反映しているとも考えられる。いずれの事情にしろ，多くの人は，性犯罪者が性犯罪を行った理由などに近づきたくないと考えているものである（Quinn et al., 2004）。

さらに「犯罪の疾病化」という傾向も，ここに影響を及ぼしている。「犯罪者」と命名することは，一度犯罪に該当する行為をしたことをもって，その人物が犯罪を行う傾向を特性あるいは病理としてもっているのだと仮定することにつながる。普通に考えると，ある一回性の行為を行ったことをもって，その行為者が今後も同様の行為を行う傾向をもっていると考えるのは速断に過ぎる。しかし，こと「犯罪」に関してはそれが頻繁に行われている。行為者を「犯罪者」と命名することは，その人物がまたいつ犯罪をしてもおかしくないと警戒させたり，他の非犯罪者とは異なる存在で

あると差別的に扱わせたりすることを促す（Conrad & Schneider, 1992）。

　そして，各種犯罪のなかでも，性犯罪を行った人に付される「性犯罪者」というラベルは強力である。一度でも性犯罪をすれば，当人はすぐさま「性犯罪者」として扱われ，そのラベルは容易に剥がし得ないという印象をもたらす。そのうえ彼らは「性犯罪を行うという病気」に罹っており，しかも治療不可能である，といった認識も根強い。

　こうした傾向を受けて，世の中における性犯罪の理解は「理性も抑止力もない人物が性欲の高じるままに行った結果である」という一面的かつ典型的なものから，なかなか進んでいないように見える。彼らの再犯を抑止するためには，去勢手術をすべきであるとか，抗男性ホルモンなどを投与する薬物療法を行うべきであるとか，GPSを利用した電子監視を行うべきであるといった物理的な手段を求める声が後を絶たないのも，そのためであると言えよう。

　一方で，加害者臨床領域に目を向けると，性犯罪者を対象とした治療的・教育的処遇は，他の罪種に先んじて導入され，その運用にも研究にも優先的にリソースが割かれ，独自の展開を遂げている。これは日本のみならず，世界的に見られる傾向である。その被害の甚大さから，再犯を抑止することができるのであれば，どのような手段でも活用してほしいという社会からの要請を受けた結果であると言える。加えて，世論の支持の強弱にかかわらず，性犯罪者処遇が脈々と発展を遂げている背景には，彼らが治療・教育を必要とする対象者であることを痛感している実務家たちの存在がある。実務家たちは自ら積極的に処遇効果検証を行い，治療・教育を継続し，発展させる価値があることを世の中に示しつづけてきたのである（Laws & Marshall, 2003 ; Marshall & Laws, 2003）。

2　性犯罪の定義

　性加害とは，広義には，同意のない相手に対して，性的目的をもった行

為を行うことをいう。言語上の同意があったり，相手から明確な不同意の意思表示がないなどの理由で同意が仮定される場合でも，同意能力のない年少者（日本では，13歳未満）に対する性的行為や，相手が同意能力を発揮することが困難な状況における性的行為は，定義上すべて性加害に該当する。性加害のうち，少年が行ったものは性非行，成人が行ったものは性犯罪と呼ばれる。ただし，性加害に該当する行為でも，法律に定める要件に該当しないもの（例：改正前刑法における男性被害者に対する性交の強要／第2章およびコラム❹参照）や，公的機関に認知されないもの（いわゆる暗数）については，狭義の性非行および性犯罪の定義から除外されることが一般的である。したがって，性加害の定義は，万国共通の傾向にあるが，性非行および性犯罪の定義は，時代や司法管轄区ごとに多少のばらつきが生じている。

　また，地域ごとの生活環境によって発生しやすい性犯罪の種類も異なっている。たとえば，日本の都市部で多数発生している電車やバスなどでの痴漢行為は，香港で同様の事例が見られるほかは，欧米諸国ではこれほど頻発していない。このことをもって，日本には痴漢を行いやすい人が多いと考えることは必ずしも適切ではなく，同様の問題をもつ人々は，他国では別の形の性に関連した問題行動を行っていると考えるのが自然である。このように考えることは，性犯罪の本質を捉えるうえで有効であり，文化圏を異にする研究を参照する意義のひとつはここにあると言える。なお，広義の「性犯罪」は，「性加害」と同義に用いられることもあり，本書でも特記する場合を除いて，加害者の年齢にかかわらず「性犯罪」という語を用いている。

3　心理療法としての性犯罪者処遇①——普遍性

　心理療法家は，少なくともここ半世紀以上にわたって，流派を問わず共通する姿勢として，クライエントを尊重し，クライエントに対する関心を

注ぎ、クライエントを共感的に理解することを目指すべきだと考えてきた。また、クライエントに対し、治療目標を設定し、その実現が可能であるという肯定的な後押しをするということも、クライエントの抱える問題の内容にかかわらず大切にされている（Frank, 1989）。これらを実現するために拠って立つものはそれぞれに異なるとしても、これらの要素が人々に働きかけるうえで不可欠であることに意を唱える流派はないであろう。

しかしながら、加害者に対する治療・教育の領域においては、歴史的に、一般的な心理療法とは異なるアプローチが推奨されてきた。少なくとも1990年代頃までは、セラピーの場において、加害者が自らの責任や再犯リスクを軽視するような発言があれば、毅然とした態度でそれを指摘し、直面化させることが望ましいとされ、その傾向は性犯罪者処遇の領域で特に根強く、長く残った。たとえば、ソルター（Salter, 1988）は、セラピーの要素は直面化と支持である、という言説を紹介したうえで、「そうであるとすれば、小児わいせつ犯の治療教育過程は、直面化のほうにかなりの重心を置いている。治療教育には、持続的な直面化が求められる」（p.93［引用者訳］）としている。これは、加害者が自分の過ちを完全に認めることなくして将来を志向することは許されない、という道義的な判断を反映していると考えられる。裏を返せば、道義的に正しいこと、感覚的に正しいことを行っていれば再犯が減るはずであるという期待のみに基づいた、危険な実務の例としても捉えることができる。

実際には、セラピストのこうした態度が、クライエントとの協働関係の構築を難しくしたことは容易に想像される。また、両価的な状態で揺れているクライエントの感情の一方のみをセラピストが強調すれば、クライエント自身はもう一方の極に寄っていくという原理（Miller & Rollnick, 1991）から見ても、こうした極端な態度は、セラピーを進めるうえで有害であることが多い。一般的に、セラピーが進むためには、セラピストとクライエントとの間に信頼関係が築かれ、クライエントが現在の自分自身を受け止め、先に進む決意をすることが必要である。クライエントが自らの過去の責任を確認し、再犯につながるリスクを特定する作業は、この決意に基づ

いて行われてはじめて意味をもってくる。この段階に至る前に，単に責任の重さや，リスク要因だけを突きつけても，治療・教育過程を促進することは非常に難しい。

やがて，道義的な判断とは異なる次元でそのことを認識せざるをえなかった実務家たちは，さまざまな経験と研究によって，時期尚早な段階での「直面化の多用」がセラピーを進めるうえで有害であることを実証的に明らかにし，最終目的である再犯防止に対して効果を上げるセラピーの在り方を示すようになった。つまり，加害者臨床の領域においても，セラピーが進むためには，セラピストとクライエントの間に治療的な協働関係と信頼関係が築かれること（Martin et al., 2000），セラピストが柔軟性，温かさ，共感性を示すこと（Marshall & Serran, 2004）が必要であることが認識された。一般的な心理療法で大切とされる要素は，クライエントが加害者であっても普遍的に必要である（Marshall et al., 2005）という認識が広まったのである。ここでは詳細に触れないが，動機づけ面接（Miller & Rollnick, 1991），ポジティブ心理学（Seligman & Csikszentmihalyi, 2000），グッド・ライブス・モデル（Ward & Stewart, 2003）などの理論的枠組みや技法は，この流れを後押しし，性犯罪者の治療・教育に一般的な心理療法と同様のパラダイムを導入する理由と仕組みを説明するうえで貢献したと言える。性犯罪者処遇においては，道義的ニーズの高さゆえに，このパラダイムシフトを成し遂げるのに，他の加害者臨床領域よりもはるかに長い時間と丁寧な説明を要したと言える。

4　心理療法としての性犯罪者処遇②——特異性

心理療法としての性犯罪者処遇プログラムにおいては，「性犯罪」が人々に強い嫌悪感を誘発する存在であるがための特異的な要素も存在する。

刑事施設で処遇プログラムを受講する受刑者（クライエント側）に係る要因としては，彼らの多く（特に公的処遇機関に係属しはじめて間もない

者の多く）が，自分自身を「性犯罪者」とみなすことに大きな抵抗感を抱いていることが挙げられる。彼らにとっても，「性犯罪者」とは忌まわしい存在であり，自分自身が世に言う「性犯罪者」とみなされることをやすやすと受け入れるわけにはいかないという思いがある。彼らの多くはそれゆえに，加害行為自体を否認したり（例――「まったくの濡れ衣であり，誤認逮捕である」），少なくとも記憶にないと述べたり（例――「飲酒下での行為であり，まったく覚えていない」），行為自体は認めてもその犯罪性を否定したり（例――「合意のうえで行ったことである」），その犯罪性は認めても被害者への影響を最小化したり（例――「被害者は幼いので，いずれ忘れる」）することで，自身と世に言う「性犯罪者」との違いを強調しようとする。

　性犯罪は「暗数」が多いと言われる犯罪であり（English et al., 2003；内閣府男女共同参画局，2015），加害者が実際に捕まらないことも多い。その間に彼らは，警察に捕まらないのだから自分がしたことは「性犯罪」に該当しないのだと，自らに言い聞かせていることも多い。そして，この結論を補強するための「自己流の説明」を生み出していく。

　治療・教育の場においては，これらの総体がクライエントの抱える「認知の歪み」として現れてくることが多い。つまり，彼らの「認知の歪み」は，性犯罪の「原因」として，性犯罪を行う以前から存在していただけでなく，性犯罪の「結果」として，性犯罪以後に存在するようになっているという側面にも注目する必要がある。特に，待っている親兄弟や配偶者がいる場合，その人々の「私の家族が世に言う「性犯罪者」であるはずがない」という否認の強さが大きく影響していることも少なくない。彼らのこうした対応を単なる「責任逃れ」と位置づけ，彼らにとっての認知を歪ませる必要性を顧みないまま「修正すべき対象」としても，治療・教育は進まないことがほとんどである。

　一方で，複数回の逮捕を経て，あるいは周囲からの強い非難にさらされて，自らが「性犯罪者」であることに直面せざるをえなくなり，しかしそのことにより自身が傷ついた状態にある人は，「そうだ，自分は性犯罪者だ」

とばかりに居直り、ことさらに偽悪的に振る舞うことがある。いかに他者のことなどどうでもよいと思っているか、ひどい場合には、いかに他者を傷つけることが愉快であるかを語り、周囲の人々の怒りや軽蔑をあおるようなこともする。こうした態度も、実は彼ら自身が抱いてきた「性犯罪者」への悪感情に反応しているものだと捉えることができよう。

　いずれの場合も、彼ら自身が「性犯罪者」というラベルに対して抱いている嫌悪感について、それが普通の反応であることをセラピストが十分に認めたうえで、人が性犯罪を行うさまざまな理由に目を向け、自らの場合はどうであったかと向き合う準備を整えさせることが肝要である。自らの認知を歪ませる必要性が低下してはじめて、彼らは実際に自分が行ったことと、その影響の大きさを、受け止めることができるようになる。

　人がつらすぎる事実に直面化した際、「否認」という防衛機制を用いることは広く知られている。傍から見れば認めざるをえない状況にあっても、当人にとってあまりにも受け入れがたいことは、事実として受け入れられないという心の機制が働きうる。一般的な心理臨床の場では、セラピストはその機制に理解を示し、当人がそれを事実として受け入れる必要があるのであれば、どのようにその準備を進めるかに心を砕くはずである。特別に必要がなければ、「なぜ事実から目を背けるのか」と直接的に詰め寄るようなことはしない。性犯罪者にとっての「否認」に対しても、これを糾弾したり腹を立てたりするのではなく、同様のプロセスを経て乗り越えていくことを想定する必要がある。

　とはいえ、性犯罪者に関わるセラピストも、「性犯罪者」に対する嫌悪感から逃れることはできない。一般的な概念としての「性犯罪」に対する嫌悪感をコントロールすることはできても、性犯罪者が行った個々の事案が喚起する悪感情は根深いものであることも多く、完全にコントロールすることは困難である。完全なコントロールが不可能である以上、セラピーを行ううえでこの悪感情がさまざまな影響をもたらしていることを十分に認識して、実務に当たることが必要である。

5 性犯罪者処遇における「課題(手続き)」「経験」「効果」

　性犯罪者処遇プログラムは，これを受けた人々が再び犯罪を起こさないことを目指している。この点は大変明快であるが，人は何を手に入れ，あるいは手離し，どのような状態になれば，再び犯罪をすることなく生きていけるのかと考えると，性犯罪者処遇プログラムの「目的」は途端に抽象的になってしまう。また，その目的のために，プログラム担当者（セラピスト）が具体的にすべきことは何なのか，となるとさらに実像は見えにくくなる。ここでは，プログラム受講者（クライエント）のニーズに応じて，スタート地点も，重きを置くべき点も異なることを前提としつつ，「グループワークで実施する性犯罪者への治療的・教育的アプローチ」について，次のようにモデル化することを試みる（図）。

　性犯罪者処遇プログラムにおいて扱っている明示的な「課題」は，必ずしも再犯抑止に直結しているわけではない。それらの課題に取り組むことを通じて得られる「経験」があり，その経験によってもたらされることが期待される「効果」があり，その効果が「結果」として再犯を抑止する，という多層構造で表すことができる。

　❶〜❹は，明示的に「課題」として取り組む作業の内容である。

　❶自らの人生を振り返り，自己理解を進める
　❷加害時の自己の状況を理解し，加害行為に至った理由を理解する
　❸再び加害するリスクが高まるのはどのようなときかを特定する
　❹他者の意見を受け止め，他者の役に立つ意見を伝える

　❺〜❽は，❶〜❹の作業を通じて「経験」することが期待されるテーマである。

課題（手続き） ▶	経験 ▶	効果 ▶	結果
❶自らの人生を振り返り，自己理解を進める	❺現在の自分が現在のようにあることの必然性と可変性を理解する	❾自己統制力が増し，環境に依存せずに適応的な振舞いができるようになる	
❷加害時の自己の状況を分析し，加害に至った理由を理解する	❻自己の行為や感情が統制可能なものであるという自律感を得る	❿他者や環境に能動的に相対するようになる	
❸再び加害するリスクが高まるのはどのようなときかを特定する	❼自己理解のための作業は継続的に行う価値があるものだと知る	⓫変化のために必要な努力をする意欲が生じる	再犯抑止
❹他者の意見を受け止め，他者の役に立つ意見を伝える	❽自己理解の過程を他者と共有し，他者の力を得ることを受け容れる	⓬自己理解と並んで他者理解が進み，自他を大切にする心持ちが増す	
		⓭対人関係，就労などの生活基盤が強化される	

図 グループワークで実施する性犯罪者処遇プログラムモデル図

❺現在の自分が現在のようにあることの必然性と可変性を理解する
❻自己の行為や感情が統制可能なものであるという自律感を得る
❼自己理解のための作業は継続的に行う価値があるものだと知る
❽自己理解の過程を他者と共有し，他者の力を得ることを受け容れる

❾～⓭は，❺～❽の経験を通じてもたらされる「効果」である。

❾自己統制力が増し，環境に依存せずに適応的な振る舞いができるようになる
❿他者や環境に能動的に相対するようになる
⓫変化のために必要な努力をする意欲が生じる
⓬自己理解と並んで他者理解が進み，自他を大切にする心持ちが増す

❽対人関係，就労などの生活基盤が強化される

　これらの「効果」が生じることによって，「結果」として，再犯が抑止されることが期待される。
　ここに示した「経験」と「効果」の内容は，あくまでも例示である。明示的な「課題」の内容は各クライエントに共通であっても，それぞれがもたらす意味合いについては，クライエントによって異なりうるし，グループワークを通じて個々のクライエントに必要とされている経験もまた，異なりうるからである。
　たとえば，「課題（手続き）」（例——再犯に近づくリスク状況を特定し，そのプロセスを図式化するなどの課題）という知的な作業それ自体が本人にとって新奇な取り組みであるのか，あるいは，感情から距離を取るためのお決まりの対処法であるかによって，それが異なる経験をもたらすことは明白であろう。後者の「知的な」クライエントは，「課題」をそつなくこなすことができ，たとえば美しく図式化された成果物を仕上げることをもって目的を達成したと思おうとする。しかし，ここでは，真に現在の自分に目を向けたか，真に自律感を取り戻したかという感情的作業としての「効果」のほうを問うべきであり，単に「課題」の成果物が精緻であることを評価すべきではない。反対に，前者のクライエントが「課題」を通じてこれまで体験してこなかった自分と向き合うという作業をじっくりと体験し，それが今後の人生においても反復可能であると感じることができたとすれば，極端な言い方をすれば，暫定的な成果物である「課題」の出来映えは，どんなものであっても構わないと考えられる。
　また，他の犯罪の場合と同様に，性犯罪をした人たちのなかにも，一定の割合で「この世の中で生きていく意欲」が薄らいだ状態にある人が見受けられる。彼らは，自殺してしまおうというほどはっきりとした形ではなくとも，生きることに対する執着や関心が低下した状態にあったり，社会の人々や物事とのつながりが非常に希薄になったりしている。人や物事とのつながりが切れた人々は，自分が社会に存在しているという感覚自体が

不確かになりがちである。これらの状態にある人々に対して，再び加害をしないために必要なのだとして，単に「課題」に取り組むよう方向づけても，期待するテーマを「経験」するよう導くことは困難である。他人が傷つくということに健康的な関心をもち，それを防ぐために行動しようとするためには，自分がこの世の中で良く生きていくことに関心を寄せている必要がある。そして，そうすることが可能であるという希望をわずかでももっていなければ，人は前には進めないものである。

　このように，プログラム担当者には，単に決められたプログラムに従って「課題」を提示するのではなく，各受講者に必要な「経験」と，求められる「効果」のそれぞれに関する目標を設定したうえで，適切な「課題」への取り組み方を併せて示すことが求められる。グループワークを通じて，受講者にはどのような経験が必要なのか，それがどのような効果をもたらすのか，今当人はその道程のどこにいるのか，今一歩進むためにはどのような経験が必要であるのか——これらの正確な査定に基づいて，絶えず受講者の内面に目を配りながら，前に進むことを促す役割が，プログラム担当者には期待されている。

6　モデル図からみたリラプス・プリベンションと認知行動療法

　欧米において1980年代から行われていた性犯罪者処遇プログラムの多くは，薬物濫用防止の領域から援用したリラプス・プリベンション・モデルを採用していたが，これは大まかに言えば，上記モデル図の❷と❸の作業を強調したものである。❷と❸の作業をする前提として❶の作業が行われ，それらを通じて❺～❽のテーマが「経験」されれば，❾～❸の「効果」が実現できる可能性が高い。しかし，性犯罪者に対するリラプス・プリベンション・モデルの適用が急速に広まるにつれて，いわば❷と❸の作業自体が目的化し，クライエントの経験する内容には十分に目が配られない運用がなされがちになった。その結果，同モデルを用いた性犯罪者処遇は十

分な効果が得られないのではないかという批判を受けることにもなったと考えられている（Laws et al., 2000）。

現在の日本の刑務所では，認知行動療法ベースのプログラムが採用されている。認知行動療法は，1990年代以降，加害者への治療・教育的アプローチで効果的であるという実証研究が示されつづけているが（Lipsey et al., 2007），その理由として，認知行動療法が上記モデル図の一連の作業を進めるうえでの指針となるルールを体系的に示していることが挙げられる。認知行動療法において前提とされる社会的学習理論は，人のあらゆる言動が学習に基づくことを示し，先に挙げたような「犯罪の疾病化」を否定する。すなわち，どのような犯罪を行った人でも，再び犯罪を行わないことが可能であるという立場を採っており，そのための方法を明示し，努力によって目標に到達できるということを疑わせない。このことが，受刑者たちを勇気づける。

自分の変化の可能性を疑っている受刑者に対しても，プログラム担当者には，同じ道筋を示しつづけ，変化のための具体的な作業を提示し，その結果としての変化を小さくても一つひとつ確認することを丁寧に繰り返すことが求められる。認知行動療法は，こうした一連の手続きを効果的に進めるうえで，有効な枠組みであると考えられる。

文献

Conrad, P. & Schneider, J.W.（1992）Deviance and Medicalization : From Badness to Sickness. Expanded Edition. Temple University Press.
English, K., Jones, L., Patrick, D. & Pasini-Hill, D.（2003）Sexual offender containment. Annals of the New York Academy of Sciences 989 ; 411-427.
Frank, J.D.（1989）Non-specific aspects of treatment : The view of the psychotherapist. In : P.M. Gollwitzer & J.A. Bargh（Eds.）Non-Specific Aspects of Treatment. Hans Huber.
Laws, D.R., Hudson, S.M. & Ward, T.（2000）Remaking Relapse Prevention with Sex Offenders : A Sourcebook. Sage Publications.
Laws, D.R. & Marshall, W.L.（2003）A brief history of behavioral and cognitive behavioral approaches to sexual offenders : Part 1. Early developments. Sexual Abuse : A Journal of Research and Treatment 15-2 ; 75-92.
Lipsey M.W., Landenberger, N.A. & Wilson, S.J.（2007）Effects of cognitive-behavioral programs for

criminal offenders. Campbell Systematic Reviews 2007 ; 6.

Marshall, W.L. & Laws, D.R.（2003）A brief history of behavioral and cognitive behavioral approaches to sexual offender treatment : Part 2. The modern era. Sexual Abuse : A Journal of Research and Treatment 15-2 ; 93-120.

Marshall, W.L. & Serran, G.A.（2004）The role of the therapist in offender treatment. Psychology, Crime & Law 10-3 ; 309-320.

Marshall, W.L., Ward, T., Mann, R.E., Moulden, H., Fernandez, Y.M., Serran, G. & Marshall, L.E.（2005）Working positively with sexual offenders : Maximizing the effectiveness of treatment. Journal of Interpersonal Violence 20-9 ; 1096-1114.

Martin, D.J., Graske, J.P. & Davis, M.K.（2000）Relation of the therapeutic alliance with outcome and other variables : A meta-analytic review. Journal of Consulting and Clinical Psychology 68 ; 438-450.

Miller, W.R. & Rollnick, S.（1991）Motivational Interviewing : Preparing People to Change Addictive Behaviors. Guilford.

内閣府男女共同参画局（2015）男女間における暴力に関する調査――報告書平成 27 年 3 月（http://www.gender.go.jp/policy/no_violence/e-vaw/chousa/h26_boryoku_cyousa.html）［2017 年 1 月 27 日閲覧］

Quinn, J.F., Forsyth, C.J. & Mullen-Quinn, C.（2004）Societal reaction to sex offenders : A review of the origins of the myths surrounding their crimes and treatment amenability. Deviant Behavior 15-2 ; 215-232.

Salter, A.C.（1988）Treating Child Sex Offenders and Victims : A Practical Guide. Sage Publications.

Seligman, M.E. & Csikszentmihalyi, M.（2000）Positive psychology : An introduction. American Psychologist 55-1 ; 5-14.

Ward, T. & Stewart, C.（2003）The treatment of sex offenders : Risk management and good lives. Professional Psychology : Research and Practice 34 ; 353-360.

コラム❶
刑事施設における性犯罪者処遇

　刑務所は，刑事施設のひとつである。刑務所の処遇という場合の「処遇」（treatment）とは，大変広い意味をもち，刑務所で行う被収容者への働きかけほとんどを含むことになる。"treatment" という語は「治療」とも訳されるので，混乱する読者も多いかもしれないが，本書で「処遇」というとき，治療以上の広い意味で用いている。

　平成15（2003）年12月，行刑改革会議の提言を受け，明治時代からつづいていた「監獄法」という法律が改正されることになった。平成18（2006）年5月から現行法の前身となる法律が施行され，翌19（2007）年6月にさらに改正されて「刑事収容施設及び被収容者等の処遇に関する法律」となった。

　この法改正には，大きな里程標がいくつかある。そのひとつに，受刑者処遇の基本理念に，改善更生および円滑な社会復帰を図ることを置いたことが挙げられる。これにより，新たな処遇制度がいくつも導入された。受刑者にとって，「改善指導」と呼ばれる再犯防止への働きかけの受講が，刑務作業と同様に義務づけられた。

　刑事施設における性犯罪者処遇プログラムの導入も，この動きと無関係ではない（第15章参照）。そもそも，平成16（2004）年11月に奈良県で発生した女児誘拐殺人事件などから，世間からも有識者からも，性犯罪者処遇の充実を求める声が急速に高まっていた。これにより，特別プロジェクトが立ち上がり，性犯罪者処遇プログラムが誕生し，上述の法改正と同じ平成18（2006）年から「特別改善指導」のひとつとして実施されることとなったのである。認知行動療法を基礎として，性犯罪受刑者が自ら再犯を抑止する力を身につける構造となっており，各セッションは，グルー

プワークを中心に実施される。

　プログラムの担い手は，教育専門官と呼ばれる教育スタッフ，調査専門官と呼ばれる心理スタッフ，刑務所における処遇の重要部分を担う刑務官，そして非常勤職員の処遇カウンセラーたちである。外部の心理療法および臨床心理学領域のアドバイザーが，スーパービジョンやコンサルテーションを行っているほか，特別チームにより，性犯罪者処遇プログラムの効果を測定する業務も進められている。

2 性犯罪の概観
統計的・臨床的観点

木髙暢之・猪爪祐介

> **キーワード** 性犯罪，性犯罪者，法律，臨床像，心理機制，力の連続体
>
> **要約** 性犯罪は，多岐にわたる犯罪行為を総称した，とても「広い」概念である。一般的には，性犯罪と定義される犯罪行為が単一の共通性質をもち，その他の犯罪とは明確に区別されるかのように思われがちであるが，実際にはそうではない。性犯罪かどうかは，罪名のみで定義できるものではなく，しかも社会情勢などを受けて変遷する。また，臨床場面で出会う性犯罪受刑者も，犯罪に至る動機や人格特性の面において多様である。本章はこの点について法や統計値，筆者らの臨床経験から論じる。

1 性犯罪は「正しく」理解されているか？

　本章の目的は，性犯罪の「広さ」を伝えることにある。性犯罪という言葉は，性的動機にまつわる犯罪の総称として，ニュースや新聞などのマスメディアや日常会話のなかで使用され，そこでは一定の理解が共有されているかのように見える。しかし，実際には，ある程度の共通理解はあるものの，理解には個人差や文化差も存在する。たとえば，いわゆる「セクシャルハラスメント」は，刑法などの法律によって定義された犯罪行為とは言えないが，一方で，何らかの規範からの逸脱行為を広義の犯罪行為と考えれば，社会規範からの性的な逸脱に間違いなく，性犯罪に含めうるという

立場もあると思われる。また，刑務所まで来てしまう性犯罪者の一般的イメージは，自身の性的欲求の満足のために身勝手な性行為を繰り返す「モンスター」のような人物像かもしれない。しかし，実際に矯正施設に収容される彼らは，必ずしもそうした一般的イメージとは一致しない。

　本章では，まずは法律や統計による客観的視点から性犯罪を概観した後に，筆者らが性犯罪者との面接を通じて得た臨床経験の視点から，性犯罪の「広さ」について述べたい。

　なお，平成29（2017）年6月に刑法の一部が改正された。日本で刑罰を言い渡された性犯罪者とは，本書発行時点では，改正前の刑法により処分された者にほぼ限られることから以降の論は現在までの実情について説明している。読者には，併せてコラム❹も参照していただきたい。

2　性犯罪の「広さ」①——法律・統計上の視点

1　強姦および強制わいせつ

　性犯罪のなかで最も中核的と考えられるのが，強姦と強制わいせつである。強姦罪については，改正前の刑法177条（以下，「刑法」というときも同様に改正前を指す）において，「暴行又は脅迫を用いて十三歳以上の女子を姦淫した者は，強姦の罪とし，三年以上の有期懲役に処する。十三歳未満の女子を姦淫した者も，同様とする」と定義されていた。ここでいう「姦淫」とは，男性器の女性器への挿入を指す。

　一方，強制わいせつ罪は，刑法176条において，「十三歳以上の男女に対し，暴行又は脅迫を用いてわいせつな行為をした者は，六月以上十年以下の懲役に処する。十三歳未満の男女に対し，わいせつな行為をした者も，同様とする」と定義されていた。

　強姦罪の構成要件を裏返すと，次のような行為は強姦罪にはならないことがわかる。

- 女性に対して，男性器の女性器への挿入以外の性行為（肛門性交，口淫等）を相手の合意なく強いた者
- 男性に対して，相手の合意なく性交を強いた者

　もちろん，上記の行為は明らかに性加害であり，強制わいせつ罪などが適用されうるが，強姦罪は，強制わいせつ罪に比して，犯行態様や被害者の性別という点において，より限定された犯罪であり，それゆえに量刑が重く設定されていることがわかる。ただし，作田（1985）が「強制わいせつが常に強姦よりも重大な犯罪ではないとは言えない」と述べているように，強制わいせつ罪のなかにも極めて悪質と思われる犯罪が含まれるため，個々の判決について，必ずしも強姦が強制わいせつよりも重い刑になるとは限らない。

　さらに，強姦罪および強制わいせつ罪には，法律上区別されるバリエーションがある。刑法179条ではそれぞれの未遂も罰する旨を規定していたほか（未遂罪），刑法181条ではそれぞれの犯罪によって被害者を死傷させた場合に量刑を加重する旨の規定があった（強制わいせつ等致死傷）。刑法178条では，「心神喪失若しくは抗拒不能に乗じ，又は心神を喪失させ，若しくは抗拒不能にさせ」た状態での犯行に関する準強制わいせつ及び準強姦の規定があり，被害者がアルコール等により酩酊している状況下での強姦などの場合に適用された。刑法178条第2項では，二人以上の者が現場において共同して刑法177条（強姦）又は同第二項の罪（準強姦）の罪を犯したときは，4年以上の有期懲役に処するという集団強姦などの規定があった。刑法241条では，「強盗が女子を強姦したときは，無期又は7年以上の懲役に処する」とする強盗強姦の規定があり，強盗強姦によって女子を死亡させたときの刑罰は，死刑か無期懲役のいずれかである旨が規定されていた。このように，強姦および強制わいせつは，他の罪名に比して，犯行態様ごとに細かな罪名が規定されており，それぞれに規定された量刑の範囲のなかで，個別の事案に応じた刑が下されていた。

また，強姦罪および強制わいせつ罪は親告罪であったため，被害者の告訴がなければ公訴を提起することができなかった。さらに，どちらも被害者の年齢に関して13歳で線引きを行い，13歳以上であれば「暴行又は脅迫」が伴っていることを条件としており，この「暴行又は脅迫」については，「抗拒を著しく困難ならしめる程度」であるとする判例がある。すなわち，次のような事例では，強姦罪や強制わいせつ罪で行為者が処罰されないことがあった。

- わいせつな行為を強いたが，被害者が告訴しなかった。
- 暴行または脅迫を用いずに13歳以上の女子にわいせつな行為をした。

　ただし，改正前においてもこれらの行為が法令違反となる可能性はあった。そして，強姦および強制わいせつの定義自体が変更された。既述した平成29（2017）年の刑法改正にあたっては，平成26（2014）年に法務省で開催された「性犯罪の罰則のあり方検討会」で，性犯罪の非親告罪化や公訴時効の撤廃・停止，強姦罪の適用拡大などの論点について議論を行い，その結果（「性犯罪の罰則のあり方検討会」取りまとめ報告書）を踏まえた法案が国会に提出された経緯がある。
　性犯罪に限らず，法律によって規制対象となる行為は少なからず変遷するものであるが，性犯罪は，性的動機にまつわる行為の規制であり，何を規制対象とするかについては，性に関する文化や思想が前提となる。このため，他の犯罪と比べて，文化や思想の時代変化の影響を受けやすい。たとえば，昭和22（1947）年までは，いわゆる不倫行為に及んだ妻を罰する姦通罪が存在した。「暴行又は脅迫」に関して「抗拒を著しく困難ならしめる程度」が求められる背景には，女性が必死で抵抗する「貞淑な妻」でなければ保護する必要はないという考えが存在した（団藤, 1965）。また，先に述べた集団強姦罪は，平成16（2004）年の刑法改正によるものであり，同じサークルに所属する大学生が共謀して強姦を繰り返していた事件に端

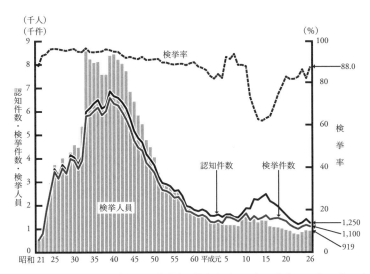

図1 強姦 認知件数・検挙件数・検挙人員・検挙率の推移（昭和21（1946）年〜平成26（2014）年）
（平成27年版犯罪白書6-2-1-1図より引用）
(注1) 警察庁の統計による。
(注2) 昭和30（1955）年以前は，14歳未満の少年による触法行為を含む。

を発する刑法改正議論の高まりが経緯としてある。

　次に，それぞれに関する統計から実情を捉えたい。強姦に関する統計（平成27年版犯罪白書／図1）を見ると，警察等捜査機関によって犯罪の発生が認知された件数（以下，「認知件数」）は，昭和39（1964）年に戦後最多の6,857件を記録して以降は減少傾向にあり，平成26（2014）年は1,250件であった。検挙率は，平成26（2014）年が88.0%で，一般刑法犯全体の52.3%に比して高い。

　一方，強制わいせつに関する統計（同／図2）を見ると，認知件数は，昭和62（1987）年以降の増加傾向，平成11（1999）年以降の急増の後，平成21（2009）年までは減少し，その後増減を経て，平成26（2014）年は7,400件で強姦の約6倍であった。検挙率は58.1%と強姦に比して低い。

　平成26（2014）年の1年間に刑事施設に入所した受刑者のうち，主たる罪名が強姦の者は282名，強制わいせつの者は366名であった。男子入

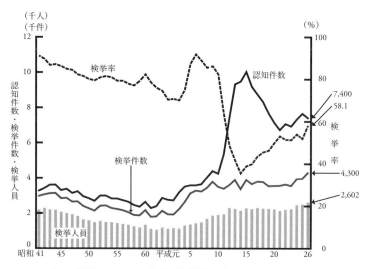

図2　強制わいせつ 認知件数・検挙件数・検挙人員・検挙率の推移
（昭和41（1966）年〜平成26（2014）年）
（平成27年版犯罪白書6-2-1-2図より引用）

（注1）警察庁の統計による。
（注2）強制わいせつと公然わいせつを分けて統計を取りはじめた昭和41（1966）年以降の数値を示した。

　所受刑者全体（19,744名）のうち，強姦は1.4%，強制わいせつは1.9%に当たる。ちなみに，窃盗は46.1%，覚せい剤取締法違反は48.8%である（法務省，2015）。受刑者に占める割合からすると，強姦も強制わいせつも相対的には多くはない犯罪と言える。

　発生場所について見ると，上述の犯罪白書によれば，強姦は多い場所から順に，住宅47.7%，ホテル・飲食店等22.2%，屋外18.2%であり，強制わいせつは，屋外53.6%，住宅22.8%，ホテル・飲食店等11.3%であった。次に，被害者について見てみたい。被疑者と被害者の関係について，強姦は，親族が5.8%，面識のある者が45.1%で，合わせると面識なしの49.1%を上回る。一方，強制わいせつは，親族が2.0%，面識のある者が24.9%である一方，面識なしの73.2%が圧倒的に多い。性犯罪というと，屋外で面識のない被害者に対して突然襲いかかるイメージをもつ人もいるかもし

れないが，強姦について言えば，屋内で親族や面識のある被害者に対して行うケースが多いと言える。また，被害者の年齢が19歳以下の未成年のケースは，強姦が40.5%，女子に対する強制わいせつが49.2%であるのに対し，男子に対する強制わいせつでは85.9%と非常に高く，なかでも12歳以下が59.3%を占める。男子に対する強制わいせつは，平成26（2014）年の認知件数が214件と，女子の7,186件と比較すれば少ないものの一定数発生しており，その多くがいわゆる小児わいせつである。

なお，事件の被害者が男性であったり小児であったりすることをもって，その事件を起こした加害者がいわゆる同性愛や小児性愛であると判断することは正しくない。たとえば，男児に対するわいせつ行為を行った者が女性に対する強姦も行っていたり，小児わいせつばかりを起こしている者が本当は成人女性との性交を望んでいたりするケースに出会うことは，決してまれではない。また，強姦の直接の被害者は女性に限られると述べてきたが，強姦の加害者が女性であるケースも非常にまれだが存在する。刑事施設入所者で見ると，平成27（2015）年に1名，平成26（2014）年に2名，平成25（2013）年に2名であり（法務省，2015），たとえば，被害女性に対する怨恨を動機として知人男性に強姦を依頼したといった強姦の共犯となるケースが，加害者が女性の強姦罪となりうる。

表に，上述した強姦および強制わいせつのほか，後述する性犯罪の類型も含めた一覧表を提示する。

2　18歳未満の青少年・児童を対象とする性犯罪

暴行または脅迫を用いずに13歳以上の女子にわいせつな行為をした者は，強姦または強制わいせつが適用されないと述べたが，18歳未満の青少年もしくは児童を対象とする性行為は，児童福祉法や児童買春・児童ポルノ禁止法，各都道府県において「青少年の健全な育成に関する条例」などの名称で定められている条例（以下「青少年保護育成条例」）で取り締まりの対象とされている。強姦および強制わいせつについては，13歳を

表　性犯罪の概観

分類	適用される法令	法定上の定義	量刑	統計
強姦	刑法177条（注1）	暴行または脅迫を用いて13歳以上の女子を姦淫すること／13歳未満の女子を姦淫する場合も同様	3年以上の有期懲役	H26認知件数1,250件
強制わいせつ	刑法176条（注1）	13歳以上の男女に対し，暴行または脅迫を用いてわいせつな行為をすること／13歳未満の男女に対し，わいせつな行為をする場合も同様	6月以上10年以下の懲役	H26認知件数7,400件
児童福祉法違反	児童福祉法	児童に淫行させる行為	10年以下の懲役または300万円以下の罰金	H26事件送致319件
児童買春	児童買春・児童ポルノ禁止法（注2）	児童等に対し，対償を供与し，またはその供与の約束をして，当該児童に対し，性交等をすること	5年以下の懲役または300万円以下の罰金	H26事件送致587件
青少年保護育成条例違反	青少年保護育成条例（注3）	青少年・児童に対するみだらな性行為等（東京都の場合）	2年以下の懲役または100万円以下の罰金	H26事件送致1,045件
痴漢	刑法176条／迷惑防止条例（注4）（上記強制わいせつ参照）	人を著しく羞恥させ，または人に不安を覚えさせるような行為であり，公共の場所または公共の乗物において，衣服等の上から，または直接人の身体に触れること（東京都の場合）	6月以下の懲役または50万円以下の罰金	H26認知件数3,439件
盗撮	迷惑防止条例（注4）	通常衣服を着けない状態でいる場所または公共の場所等において，下着又は身体を撮影し，または撮影する目的で写真機等を差し向け，もしくは設置すること（東京都の場合）	6月以下の懲役または50万円以下の罰金	H26認知件数3,265件
児童ポルノ	児童買春・児童ポルノ禁止法（注2）	児童ポルノを所持，提供，製造，運搬等すること（所持の場合）	1年以下の懲役または100万円以下の罰金	H26事件送致1,380件

表　性犯罪の概観（つづき）

リベンジポルノ	リベンジポルノ被害防止法（注5）	第三者が撮影対象者を特定することができる方法で，私事性的画像記録（物）を不特定もしくは多数の者に提供または公然と陳列すること	3年以下の懲役または50万円以下の罰金	H27 警察相談中立件 276 件
下着盗	刑法 235 条	他人の財物を窃取すること	10 年以下の懲役または 50 万円以下の罰金	

(注1) 平成 29（2017）年 6 月の刑法改正前の規定である。新しい量刑等については，公的資料を参照されたい。
(注2) 略称。正式には，「児童買春，児童ポルノに係る行為等の規制及び処罰並びに児童の保護等に関する法律」。
(注3) 略称。都道府県によって名称は異なる。東京都の場合，「東京都青少年の健全な育成に関する条例」。
(注4) 略称。都道府県によって名称は異なる。東京都の場合，「公衆に著しく迷惑をかける暴力的不良行為等の防止に関する条例」。
(注5) 略称。正式には，「私事性的画像記録の提供等による被害の防止に関する法律」。

基準として，いわゆる性交同意年齢を設定し，13歳未満であれば，自身の性行為に関する判断力を有さないため，たとえ性交に同意するような言動があったとしても，強姦または強制わいせつとして犯罪行為に当たるものとされている。また，13歳以上でも，18歳未満の青少年・児童は保護されるべき存在とみなされ，刑法とは異なる上述の法令によって，その性を侵害する者に対して取り締まりを行っている。さらに，先の刑法改正はこの部分でも新たな罪をもうけている（コラム❹参照）。児童福祉法で違反行為とされている「児童に淫行させる行為」の事件送致（警察から検察庁に事件として送られること）人員は，平成 26（2014）年で 319 名であり，同じく児童買春は 587 名，青少年保護育成条例で違反行為とされている「みだらな性行為等」は 1,045 名である。

3　痴漢・盗撮

　電車内などにおけるいわゆる痴漢事犯の多くは，各都道府県の条例違反

の痴漢事犯として認知・検挙される。各都道府県は,「公衆に著しく迷惑をかける暴力的不良行為等の防止に関する条例違反」などの名称で,いわゆる迷惑防止条例を制定し,同条例において,「人を著しく羞恥させ,又は人に不安を覚えさせるような行為であり,公共の場所又は公共の乗物において,衣服等の上から,又は直接人の身体に触れる」などの行為を痴漢行為として禁止し,罰則を設けている。ただし,犯行態様によっては,強制わいせつ事犯として認知・検挙される場合もあるほか,いわゆる盗撮事犯も迷惑防止条例によって認知・検挙されるため,各種統計における罪名によって痴漢や盗撮を判別することは難しい。限られた痴漢および盗撮に関する統計(平成27年版犯罪白書)を見ると,迷惑防止条例違反の痴漢事犯(電車内以外で行われたものを含む)の検挙件数および電車内における強制わいせつ事犯の認知件数は,平成26(2014)年において3,439件である。また,同様に迷惑防止条例違反の盗撮事犯(各都道府県において,「下着等の撮影」または「通常衣服を着けない場所における盗撮」として判断したもの)の検挙件数は,3,265件であった。

なお,痴漢や盗撮に限らず,罪名から性犯罪かどうかを判断することが難しい例は,枚挙にいとまがない。たとえば,いわゆる下着盗の罪名は単に窃盗であるし,強姦目的で女性の家に忍び込んだ場合の罪名は住居侵入である。そのほか,暴行,傷害,監禁などの罪名で有罪となる者のなかには性的目的を有する者が一定数いる。

4 児童ポルノ・リベンジポルノ

児童買春の現状についてはすでに述べたが,いわゆる児童ポルノの規制について,平成26(2014)年に事件送致された人員は1,380名であり,平成16(2004)年の137名から約10倍に増加している。増加の背景要因として,平成26(2014)年の児童買春・児童ポルノ規制法改正があり,これにより,児童ポルノの製造・提供のみならず,所持も取り締まりの対象とされたことが挙げられる。

また，スマートフォンやSNSの普及によって近年問題視されているのが，いわゆるリベンジポルノである。復讐を目的として対象者の裸体画像などをインターネット上に投稿するものであり，平成26（2014）年にいわゆるリベンジポルノ被害防止法が施行されて以降，平成27（2015）年に警察に相談があった件数は1,143件，うち276件が立件されている。

3　性犯罪の「広さ」②——臨床経験の視点

　ここまで法律上の定義や統計から性犯罪の「広さ」を概観してきた。次に，筆者らが性犯罪者との面接を通じて得た臨床経験の視点から，性犯罪の「広さ」について述べたい。

1　性犯罪受刑者との面接

　　性犯罪受刑者と面接することになった。彼がどのような人間なのかまったく想像することができなかった。ただ，他の種類の犯罪をした受刑者，たとえば窃盗，覚醒剤，殺人に及んだ者などと面接するときと異なる，不快で，嫌な気持ちがこころを覆った。彼が犯した，極悪非道とも言える数々の強姦事件の資料を読めば読むほど，意味がわからなくなり，彼のこころが見えなかった。もちろん，彼を理解したい気持ちもあったが，それ以上に自己本位としか思えない彼の事件態様に圧倒されていた。どんなモンスターが目の前に現れるのだろうかと思うと，面接室への足取りが重くなった。しかし，面接室に現れた彼は，とても礼儀正しく，そしてとても弱々しかった。彼と事件との間には，大きなギャップがあった。

　これは，筆者のうちの一人が，はじめて性犯罪受刑者と面接しようとしたときの体験である。

刑事施設内において性犯罪者と調査面接をするとき，彼らはたいてい，気弱で，物静かに見える。その姿だけから，暴力的な性犯罪を想像することは難しい。こちらからの問いかけに対して，彼らなりに真剣に考え，きちんと答えようともしている。

　しかし，面接のなかで彼らの気持ちに近づくにつれ，それぞれの性に関するさまざまな問題が明らかになっていく。彼らの言葉は「普通」と呼ばれる範囲から徐々に逸脱しはじめ，性犯罪に及ぶことはそれほど特別なことではなく，たまたま運悪く偶然が重なった結果に過ぎないかのように語り出すこともある。「偶然，被害者がそこにいた」「自分の欲求を我慢できなかった」「性犯罪に遭って喜ぶ被害者がいることを知っている」「自分も性被害に遭ったことがある」「（肉体的な）怪我をさせてはいない」など。そこには，主観で彩られた世界が展開する。もちろん，成人としてふさわしい社会性を備えている者もおり，「被害者に悪いことをした」と彼らなりの謝罪の意を示そうともする。しかし，こころのない言葉として空虚に感じられることもあり，彼らは，一体誰に，何を謝罪しているのかという気持ちにさせられる。そして，意識的であれ，無意識的であれ，事実を歪めてまで必死に守りたいもの，求めているものは何なのだろうという探索心が，我々の内側に生じてくる。

2　力の連続体としての性犯罪

　法律で定義される性犯罪の「広さ」については前述の通りであるが，日常でも見られるような「セクシャルハラスメント」や「性的なからかい」といった逮捕に至らない行為まで含めると，一層，性犯罪を取り巻く概念は幅広くなる。ケリー（2001）は，性犯罪者が被害者となる女性を支配するためにさまざまな虐待，強制，力を用いる際，女性がそれらを容易には判別できない一連の事柄として体験していることから，性犯罪は「力の連続体」であると指摘している。力の程度の低いものから順に，女性との間接的な接触を求める覗き，付きまとい，卑猥な言動による嫌がらせ，直接

的な接触を求める痴漢やわいせつ行為，そして力の程度がさらに増したものとして「強姦」「強盗強姦」などが位置づけられる。これらは一つひとつの行為として抽出すれば，被害者との接触の程度と攻撃性の強さにおいて異なっているが，被害者は，そして加害者も，これらを一連の文脈の事柄として認識している。ある強姦未遂の性犯罪者は，入院中の病院のリハビリ施設で出会った看護師と仲良くなり，彼女に「愛」を感じてアプローチし，深夜まで付きまといを続けた挙げ句，被害者が「内気」で「恥ずかしがり屋」であるから自分に好意を示すことができないと考え，被害者との「愛」を確認するために家に侵入し，強姦未遂に及んでいた（と説明していた）。また，小児わいせつで受刑した別の者は，再婚した妻の連れ子が自分になつき，自分のことを「性的に誘ってきた」ため，風呂場で性器を触り合うようになり，やがてその後何年にもわたってセックスをするようになったと話していた。

　これらの事例は，性犯罪によって被害者を支配する事例であると理解できるが，力の行使そのものに魅力を感じ，性犯罪をエスカレートさせていくケースもある。ある20代の性犯罪者は，力に魅せられる過程について次のように話していた。

　　10代後半の頃，たまたま夜道を一人で歩いている女性を見かけ，日頃のうっぷん晴らしや八つ当たりから「いける」と思って抱きついたところ，想像していた以上に興奮し，得もいわれぬすっきりとした感じや，「やった！」という気持ちになれた。その日は，逮捕されるかもしれないと思うとなかなか眠れなかったが，一向に捕まる気配がないので，いつの間にか何度も繰り返すようになった。次はもっとうまくやろう，あわよくば直接女性の肌に触れて強姦しようと思い，毎日のように夜になると一人で歩いている女性を探しにいった。うまくいくときもあれば，失敗するときもあった。

　これは力の行使に魅せられ，より強い刺激を求めて性犯罪が次第に「発

展・洗練」していく過程と捉えることができるケースである。なぜ，そこまで性犯罪に魅了され，繰り返すようになり，そこまで刺激を求めざるをえなくなるのかについて質問しても，力の行使を求めていたと自ら認め，その理由について語ることはほとんどない。

　その代わり，彼らは，しばしば「性的欲求」という言葉を用いて説明しようとする。たとえば，「たまたま乗った満員電車内で，ついむらむらして痴漢をしてしまった。性的欲求のためだと思う」という説明である。この「性的欲求」という言葉の使われ方はあまりに便利で，彼らにとって都合が良い。彼らは，満員電車で女性が近くにいると必ず「性的欲求」が生じるが，「電車」でなければ，「満員」でなければ，「女性が近くにいる」のでなければ，そうした欲求が生じないことを熟知しているから，ラッシュの電車に乗るのである。はじめはドキドキしながら痴漢を試していても，次第に手口は大胆になっていく。何度も満員電車での痴漢を空想し，計画通り進めるために早起きして満員電車に乗り込むなど，入念な「予習」と「計画」があることも珍しくない。それにもかかわらず，あたかも自分の欲求が刹那的に生じたものであるかのように話し，「誰もがもっている」「むらむら」した気持ちがたまたま居合わせた被害者によって喚起され，「つい」やってしまったと続ける。これは徐々に精緻化した犯罪ではなく，突発的なアクシデントなのだから，それほど責められるものではないという主張である。

3　力を奪われた者

　「力の連続体」として性犯罪が発展していく一方で，性犯罪者の多くが，性的虐待だけでなく身体的・言語的虐待の被害者であったり，不適切な養育環境に起因する深い傷つきを抱えているとする報告は数多い（Craissati & Beech, 2004 など）。つまり，彼らは，かつて力を奪われる経験をしているということである。

　実際，彼らの口から幼少期の頃に性的虐待を受けていたというエピソー

ドを聞くことがある。学童期にいじめの被害に遭っていたり、両親からの一方的なかかわりに自分の気持ちをひたすら封じ込め、「いい子」でいたと話すことも珍しくない。その点を踏まえると、性犯罪とは、惨めで、ちっぽけな自分自身からの脱却を図るために、身体的な力の優位性を最大限に利用し、自分よりも弱い者に向けて力ずくで優越を示し、支配の感覚を得て、無条件で相手に受け入れられたいという思いを叶えようとする行動と言えるかもしれない。藤岡（2006）は、「さまざまな欲求を、性という手段、行動を通じて自己中心的に充足させようとする「暴力」である」と表現している。被害者を傷つけることでしか満たされない、ある種のもの悲しさがそこにはある。もちろん、性犯罪が不適切な行為で、決して受け入れられることはなく、非難されることになるのは彼らにもわかりきっている。しかし、彼らは、自分にとって都合の良い現実を必死にかき集めることによって、性犯罪に至るやむを得ない生い立ちがあるといった、主観的で「合理的」な説明を手に入れる。さらに、性犯罪に対する歯止めをなくし、性犯罪を通じて、即座に、かつ自己中心的に、こころが満たされる感覚を手に入れようとする。そして、これまで自分を傷つけてきた加害者に同一化し、万能感を感じられる体験にとらわれる。それは、自分自身のなかにある無力感、不安、恐怖などの否定的な気持ちをどこかに捨て去ってしまったのと同様、被害者のさまざまな感情をも無視し、罪悪感を捨て去ることで、性犯罪をエスカレートさせていく過程のように見える。

　ある受刑者は、まるでフィクションを朗読するかのように「小学校低学年の頃に両親が離婚し、それ以降、母親が家に男を連れ込み、セックスする姿を何度も見たことがある」と言い、「小学校高学年の頃、中年の男性に声を掛けられ、性器をなめさせてくれれば金をくれるというので、気持ち悪かったが何度かやらせた。自分が男性の性器をなめたこともある」と話していた。その彼は、不自然なほどに感情が伴っていない様子で、「こころ」からその事実が切り離されているかのように見えた。彼のこころには性被害を受けたという屈辱感や敗北感だけでなく、なぜ自分が男性からこうした行為をされたのかという大きな混乱があったと推察された。筆者

がそれを伝えると，彼は「もしかしたら，そうかもしれませんが，わかりません」と答えるだけで，何らピンと来ていない様子だった。彼の性被害は「両親に嫌がられると思って話せなかった」という理由からこころに封じ込められることになり，その後，まるで自分が強いことを確認しようとするかのように性犯罪が開始されていた。彼らが自分からこのような話を切り出すことはむしろ少ない。しかし，査定面接が踏む手続きのひとつとして被害体験について質問すると，淡々と答えてくれる印象がある。

4　認知の偏りと正当化

　性犯罪を通じて，優越や支配の感覚を手に入れ，無条件で受け入れられたいという思いを叶えようとするケースがあることは上述したが，欲求だけでなく，加害者がもつ認知の偏り，価値観や文化などによって，性犯罪は多様化する。たとえば，優越や支配の感覚を求める度合いが強い，暴力を振るうことに抵抗がない，女性は強姦されたいという願望があり抑えられない性欲が存在するなどの「レイプ神話」（大渕ほか，1985）に疑念を抱いていない人は，強姦や強制わいせつなど，より直接的な暴力行動に出ることが多いとされる。同様の価値観や認知をもつ人でも，女性との関係に苦手意識が強く，拒否されたり，拒絶されたりすることへの不安が強いと，強制わいせつが惹起される割合が高くなる傾向にある。また，なかでも同世代の女性とかかわらず，子どもでもセックスを望むとか，身体的な怪我がない限り「傷」を負うことはないという思い込みは，子どもを対象とした強制わいせつのケースでしばしば見受けられる。

　あるいは，女性が近くにいるだけで不安になるものの，触れていたいという気持ちが強い場合は，間接的な性犯罪である下着盗や盗撮，覗きに至ることが多い印象がある。なお，集団強姦の場合は，一見すると「調子に乗っただけ」「周りがお前もやれと言ったから」という説明が合っているように見えるケースもあるが，集団という状況要因を利用して，性犯罪への抵抗感を意図的に消失させているとも捉えられ，その発言には，正当化しえ

ない理由が受け入れられるのではないかという誤った認知があると言える。

5　再犯の背景にあるもの

　あまり知られていないことだが，性犯罪者が刑務所を出所して再入所する割合は他の犯罪に比べれば低い。強姦および強制わいせつの罪により刑事施設を出所した者のうち，5年以内に再入所に至ったのは23.9％であり，出所者の多くを占める窃盗（46.1％）や覚せい剤取締法違反（48.8％）の約半分である。

　また，刑事施設内における性犯罪者の受刑態度は概して良い。四六時中，顔を合わせる受刑者同士が，ささいなことをきっかけにけんかなどの反則行為に及ぶことは珍しくないが，性犯罪者が反則行為に及ぶことは相対的に少ない。職員の指示に受動的に従おうとし，定められたルールに表立って反抗を示すこともまれである。彼らが，意に沿わない状況やストレス下にあって，性的なファンタジーにふけることで現実をやりすごしたり，性的な空想や事件を思い出してマスターベーションをしたりすることで対処していたとしても，周囲から彼らのこころのなかは見えない以上，刑務所生活をきちんと送っていると評価され，罪を「償った」とされて出所することになる。

　しかし，なかには性犯罪に再び至る者もいる。繰り返しになるが，性犯罪は多様で，彼らのパーソナリティ，能力，家族，成育環境は異なる。動機もさまざまである。しかし，一つひとつのケースをつぶさに見ていくと，性犯罪を矮小化したり，合理化したり，正当化したりする認知の歪みや，その背景にある感情の抑圧，揺れ動く不安定な自己イメージ，一方的な対人関係パターンという共通要素が見えてくる。また，再犯者の一群は，幼い頃から両親や周りの大人に対して，自分の気持ちを伝え，わかってもらい，なだめてもらう体験が十分にできなかっただけでなく，ときに否定された経験を重ねた結果，自分の傷ついたこころに触れること自体を止めたのかもしれない。自分のなかに湧き上がるものが，一体どのような「気

持ち」であるのかわからないまま，性犯罪を通じて，刹那的な欲求充足体験を重ね，ますます性犯罪に固執し，性犯罪から離れられなくなっているのかもしれない。当然のことながら，彼らは刑務所に収容され，家族や友人に愛想をつかされ，孤立し，結果として自分自身をも傷つけることになる。そしてその現実に向き合う苦悩を麻痺させるために，出所後さらなる性犯罪に走らねばならないという悪循環に陥っている場合もある。被害者を非人格化し，物としてしか見られなくなればなるほど，悪いことだと理解はしても，自らの力で性犯罪を断ち切れなくなることもある。ある性犯罪者は，何度も受刑を繰り返す自分自身に嫌気が指していると言いながらも，性犯罪がなくなったら自分には何も残されておらず，生きる意味すらないように感じると話し，「止めたいけど止められる気がしない」という両価的な気持ちを表していた。

　また，再犯しない人生を諦めている者もいる。ある性犯罪受刑者は，何度も強姦で受刑しているにもかかわらず，刑期を終える20年後に再び出所したら強姦を止められるとは思えず，今でも頭のなかで過去の事件を思い出してマスターベーションをしたり，どうやったらもっとうまくいくのか考えたりしていると話した。彼は，性犯罪による被害者を増やしつづけた結果，人生の半分以上を刑務所で過ごすことになったのだが，彼としては「そうは言っても（自分は女性にセックスを求める人間だから）仕方がない」というふうで，職員からの働きかけを何も気にかける様子がなかった。長期間の受刑を経ても，惨めで，ちっぽけな自己像はそのまま残存し，性的なファンタジーによって生じる興奮に耽溺しつづけていた。自分のなかに存在する陰性感情を麻痺させたまま，彼は自分を脅かす体験，すなわち性犯罪から離れ，つらい現実を受け入れるプロセスに極めて強い抵抗を示していたと理解することができる。

4　再犯防止のために

性犯罪者には，早い段階で介入する必要があると筆者らは考えている。再犯するケースのなかには，少年時代の性的逸脱に関して，周囲がしばしば「若気の至り」という理解で済ませ，一過性の現象としか捉えていなかった者も見られる。こうした理解にはリスクが伴う。もちろん，「若気の至り」で終わるケースもあるが，性的なファンタジーにふけり，性犯罪が常態化するなかで，そこでしか得られない（と本人が思い込んでいる）感情体験にとらわれ，性犯罪を止めることが困難になり，ますます強い刺激を求めて性犯罪をエスカレートさせる一群もいるからである。

　それゆえ，逮捕されて刑事施設に収容されたときなどは，再犯の防止に直接的なアプローチを行うチャンスと言える。性犯罪を通じて，見て見ぬ振りをしてきた現実と向き合わざるをえない瞬間を，安全な環境で支えていくのである。この局面を生かし，「ちっぽけな」自分自身を受け入れ，自己イメージの再確立につながるきっかけを見出すことができれば，彼らは「自分から性犯罪を取ったら，何も残っていない」「性犯罪をしない生活が想像できない」「電車に乗ったら必ず痴漢をしてしまい，止められそうにない」という人生から脱することができるかもしれない。

　実際，多くの性犯罪受刑者が再犯防止に向けて真剣に自分の問題に取り組もうとするようになる。他方で，どうしても変化への一歩が踏み出せなかったり，自分の性犯罪を否認しつづけたりする人もいる。

　こうした人たちが，文字通りそこから「逃げられない」環境で，何度でも治療的・教育的プログラムによって，自らのなかにある本当の気持ちに近づき，ときに表現し，コントロールする方法を身につけることは，難しいが価値のあることでもある。刑務所に来るまで性犯罪を繰り返してきた性犯罪者は，被害者を傷つけることで自分を支えてきたと言えるが，彼らの多くは，それを必ずしも幸せな人生だとは思っていない。だからこそ，自らそのサイクルを断ち切って，性犯罪以外にもいろいろな選択肢があり，それが実現できることに気づいてもらい，彼らの人生に「広がり」をもってもらうことが大切である。

文献

Craissati, J. & Beech, A.（2004）The characteristics of a geographical sample of convicted rapists. Journal of Interpersonal Violence 19 ; 371-388.
団藤重光（1965）注釈刑法 第 4 巻．有斐閣．
法務省総合研究所（2015）平成 27 年版犯罪白書．法務総合研究所．
藤岡淳子（2006）性暴力の理解と治療教育．誠信書房．
藤岡淳子＝編著（2016）アディクションと加害者臨床——封印された感情と閉ざされた関係．金剛出版．
法務省（2015）矯正統計年報（http://www.moj.go.jp/housei/toukei/toukei_ichiran_kousei.html）［2016 年 9 月 30 日閲覧］
リズ・ケリー（2001）性暴力の連続体．In：ハマー・ジャナル＋メイナード・メアリー＝編［堤かなめ＝監訳］ジェンダーと暴力——イギリスにおける社会学的研究．明石書店．
大渕憲一・石毛 博・山入端津由・井上和子（1985）レイプ神話と性犯罪．犯罪心理学研究 23 ; 1-12.
作田 明（1985）性的攻撃．金剛出版．
性犯罪の罰則に関する検討会（2015）「性犯罪の罰則のあり方検討会」取りまとめ報告書（http://www.moj.go.jp/keiji1/keiji12_00090.html）［2016 年 11 月 13 日閲覧］
田口真二・池田 稔・桐生正幸・平 伸二（2010）性犯罪の行動科学——発生と再発防止に向けた学際的アプローチ．北大路書房．
湯川進太郎・泊 真児（1999）性的情報接触と性犯罪行為可能性——性犯罪神話を媒介として．犯罪心理学研究 37 ; 15-28.

3 性犯罪者の横顔
性犯罪者はモンスターか?

西田篤史・元木良洋

> **キーワード** 自己像,自尊感情,主観的苦悩,攻撃性,対人関係上の困難,共感性,認知の歪み
>
> **要約** 本章では,性犯罪者の内面にあるものについて3つの事例を紹介しながら詳述する。「性犯罪者」という呼び方は,一般的には,人としての温かみや人情の欠片もない,いわば「モンスター」のような印象を与えやすいが,実際には,彼らのパーソナリティはもっと多様である。また,性犯罪者が抱きがちな否定的な自己像,日常生活で抱えている苦悩とそれへの対処,情緒的な未熟さ,対人関係の困難,性犯罪にまつわる歪んだ認知など,彼らが抱える特徴や問題も多岐にわたる。性犯罪者の処遇を効果的に行っていくためには,彼らの内面やパーソナリティを深く理解し,それらと性犯罪に至るプロセスとの関連を丁寧に把握していくとともに,彼ら自身にも自分の問題に係る自己理解を促していくことが欠かせない。

1 性犯罪者たちの内面の多様性

筆者らは,いずれも刑務所などの矯正施設において,受刑者や非行少年との面接,心理検査などを通して,彼らの抱える問題を理解・分析し,処遇方針を立てる業務に従事している。これまで性犯罪者との面接も数多く行ってきたが,彼らの幼少期からの人生について理解を深めていけばいくほど,世間ではあまり知られていない彼らの内面に触れることが多々ある。本章では,我々の経験によって得られる性犯罪者像と,世間から見た性犯

罪者像のステレオタイプとの違いを中心に，性犯罪者の内面にあるものについて描写したい。

2　世間から見た性犯罪者像とのギャップ

　性犯罪に係る報道では，性犯罪者について，被害者の後をつけてあらかじめ自宅を調べるような計画性の高さ，暴力で被害者の抵抗を抑止するなどの攻撃性の強さ，被害者がおびえたり加害をやめるよう泣いて懇願したりしても，そうした心情や苦痛に目を向けない冷淡さがクローズアップされることがよくある。実際のメディアでの報道では，「尋常でない凶暴性」といった言葉が用いられることもある。海外の法律には，凶悪な性犯罪者を，「プレデター（捕食者）」などという言葉を使って表現しているものさえある。一般社会では，性犯罪者が自分の欲求充足や目的達成のために，非人道的な行為をいとも簡単に成し遂げているように映り，人としての温かみや人情の欠片もない存在，いわば「モンスター」のような人物だという印象を与えやすいのも事実であろう。

　しかし，我々が実務のなかで出会う性犯罪者は，そうした性犯罪の態様から想像されるようなイメージとはずいぶんと違う。性犯罪の態様だけを見ても，覗きや下着窃盗などの被害者に直接接触しないものから，強制わいせつ，強姦などの被害者に直接的な攻撃を向ける犯行までさまざまである。また，女性への敵意や不信感が顕著でそれを露わにする人もいる一方で，自分に自信がなく人前ではおどおどしている人，神経質で不安や抑うつ傾向が高い人，快活・社交的で人当たりの良い人，社会的な地位がありリーダーシップを発揮するエネルギー水準の高い人など，パーソナリティも実に多様である。

　そして，彼らから普段の社会生活の様子を聞いたり，刑務所内での生活の様子を見たりすると，友達や家族との関係で悩んだり，身近な人に共感して涙を流したり，困っている人に親身になってかかわったりする人間的

な側面を発見できる。こうした側面は一見すると犯行場面での攻撃的な言動と結びつきにくく感じるものだが，心理検査などを活用しながら面接を掘り下げていくと，こうした性犯罪者の人となりと犯行とのギャップへの理解が深まっていく実感がある。心理面接を担当する我々は，性犯罪者のパーソナリティを包括的に理解し，その理解を彼らにフィードバックしていくことがその役目のひとつであると考えている。面接の過程では，性犯罪者自身がこれまで目を背けてきた過去のつらい経験などを見つめ直さねばならない場面があるが，そのとき，彼らがこれまで誰にも言えずに内面に抱えてきた苦労やつらさといった否定的な心情を丁寧に拾い上げ，共感的に理解していくことが重要である。そのことが，彼ら自身が素直に自分自身を見つめ，自分の犯罪と自己への理解を深めていく糸口になるのである。

3 3つの事例

1 40代男性の事例A

　Aは，40代男性，結婚歴があるが，現在は離婚し，独身である。仕事をバリバリとこなし，リーダーシップを発揮する活発な性格で，そうした自分に対する自負心ももっている。ナンパして行きずりの関係を多くもち，面接では，「女性関係には困っていなかった，二股なども当たり前だった」と豪語している。ところが，結婚生活のことや幼少期の親との関係のことになると口数は減り，「そんなことは事件とは関係ない」と一蹴し，多くを語ろうとしなかった。本人は，明言はしないものの，女性と親密な関係を築くことへの苦手意識や，それを指摘されることへの抵抗があるようであった。

　事件は，ナンパした女性に対する強姦致傷であり，面接では，「相手も喜んでいたはず」と平然と言ってのけていた。刑務所内では，工場での作業や居室内での生活において，リーダーシップを取ろうとし

て空回りしたり，自分よりも動くペースの遅い受刑者にいら立ちを見せたりして周囲から敬遠されがちとなった。職員からもっと周囲と協調して動くようにという指導や助言を受けても，「自分のペースに周りが合わせればもっと作業の成果が上がるはずなのに，なぜわかってくれないのか」といった不満をしばしば述べていた。

2　30代男性の事例B

　Bは，30代の独身男性，社会では製造会社の工場での勤務を続けており，今回が初めての受刑である。幼少期から引っ込み思案で人前では思うように発言できず，中学校時代には，女子生徒も含めた同級生から肥満体型をからかわれた体験から，自分の容姿や引っ込み思案の性格に劣等感を強く抱くようになり，人付き合いでは気後れしやすく，特に女性に対する苦手意識が強かった。これまで女性との交際経験はあるもののいずれも長続きせず，性交渉にも自信がない。また，仕事でも思うように成果を挙げられず，上司からは叱責されたり，馬鹿にされたりすることが多く，そうした悩みを誰にも相談できずに溜め込んでいた。

　事件は，駅構内で通りすがりの女性のスカート内を盗撮したものである。かつて同様の事件で執行猶予判決を受けていたが，女性の「秘めた部分」を相手にばれないようにこっそり覗き見る快感を求めてその後も繰り返し，今回，受刑に至った。

　刑務所では，共同室内の人間関係のなかで気後れし，不満を言葉にすることもできず，ストレスを溜め込みがちなことを面接で吐露していたが，同時に，周囲の人にかけてきた迷惑に比べれば，自分の苦しみなど下らないと卑下していた。刑務作業において目の前の作業に取り組む際は非常に集中した様子を見せており，「一人でやる細かな仕事は得意なんです」と述べていた。

3　60代男性の事例C

　Cは，60代男性，会社の重役を務め，定年退職した。仕事一筋で一家を支えてきた自負心があり，いわゆる亭主関白であった。家族はCの偉そうな態度に辟易していたようであり，定年退職後，家で過ごすことが多くなると，その態度が災いして家庭で浮いた存在となった。自分から家族と折り合ったり頭を下げたりすることも苦手なため，徐々に家庭内で居場所を失ったと感じ，何の楽しみもないという思いをぬぐえずにいた。

　そうしたなかで，路上や駅で通学中の女子高生などへの痴漢を繰り返すようになった。声を出さずにじっとしている女性の姿に，自分が女性を支配しているという喜びを感じとり，憂さ晴らしをしていた。刑確定後の面接では，終始暗く，口も重かった。刑務所での受刑生活では，生活習慣病が見つかってさらに気落ちし，刑務作業を行う工場での働きぶりは今ひとつであったが，自分よりも体の弱った受刑者に対しては細やかな気遣いを見せていた。

4　性犯罪者の内面

1　自己像・自己評価

　刑務所で服役する性犯罪者は，捜査段階，公判段階などを経るなかで，被害者や被害者家族はもちろんのこと，世間一般や自分自身の家族，知人などの身近な人から相応の非難や怒りの目を，直接・間接に向けられてきている。そうした過程で，羞恥心，罪悪感などが喚起され，自己嫌悪感が強まったり，自己評価を下げたりしていることが多い。これは，批判場面における人の一般的な反応と言える。

　しかし，逮捕や服役以前の人生においても，劣等感を強く抱いている

性犯罪者は少なくない。海外においても，性犯罪者は自尊感情のレベルが一般的な平均よりもおおむね低いと指摘されている（Marshall & Mazzucco, 1995 ; Marshall, Champagne et al., 1997）。前述の B の場合は，容姿や能力への自信が乏しく，それが原因で人付き合いでは気後れしてしまい，そして，異性との関係においても自分の男性性が劣っているという感覚を抱えていた。B のように，女性とうまく話せないなどの苦手意識や日常生活全般にわたる劣等感を抱いている性犯罪者は比較的多い。特に，被虐待体験や性被害体験があり，かつそれらに対するケアがなされないまま放置されてきた場合は，こうした問題はより根が深い傾向にある。「自分はまったくダメな人間だ」「自分には何の価値もない」など自分の存在を肯定的に捉えられなくなってしまうのである。刑務所では，こうした性犯罪者とよく出会う。

　また，A のように，自己評価が高く見えても，実際は傷つきやすいもろさを抱えているという人もよく目にする。こういうタイプの人は，他者の反応や周囲からの指摘を自分に都合良く解釈し，自分の行為を正当化したり，自分を大きく見せたりするなど尊大な態度を示す傾向にある。こうすることによって，自分の価値を損なう事情を見ないようにする，あるいは，自分の価値の高さを確認しようとするという心理機制を働かせていることが多い。外面的な態度を見れば，「いけ好かないナルシスト」のように映りがちだが，彼らの内面を見ていくと，自尊感情の低さに根差す傷つきへの強い不安や抵抗感がある。自尊感情の低さは，性犯罪者の治療への参加を阻害することが明らかにされている（Marshall, Anderson et al., 1997）。このことを踏まえれば，そうした側面がある可能性を念頭に置き，彼らの自己呈示の本当の意味を見ていくことが重要であると言える。

2　主観的苦悩

　『平成 27 年版犯罪白書』によれば，性犯罪者は，受刑者全体よりも有職者の割合が高く，また，高卒以上の学歴を有する者の割合も高いとされて

おり（法務総合研究所，2015），普段は表面上適応的な社会生活を送っている人は多い。Cのように，家庭をもち，社会的にも成功した実績をもつ者もいる。そして，どの人も，「普通」に生活している我々と同じように，日々の生活のなかで悩むことや，人生の重大な出来事に遭遇し，それに悲嘆したり追い詰められたりすることもある。

こうした悩みが性犯罪の引き金となっているように見える場合があるが，彼らを理解していくうえで重要なことは，彼らが「何を」経験したかよりも，「どう」経験したかである。星・大野（2011）の性犯罪者の主観的苦悩に関する研究では，性犯罪者は，社会内でのさまざまなライフイベントや自分の人生そのものに対して悲観的に受け止める傾向にあることが指摘されている。そして事件当時，金銭，仕事や学業，家族関係などに関して多岐にわたる苦悩を抱えていたと振り返る者が多いことも示されている。Bの場合は，仕事がうまくいかずに悩んでおり，Cの場合は，家族関係を修復したいと悩みながらも，家族の前では強がってしまい，そのような自分に幻滅し，人生の楽しみを見出せなくなっていた。いずれの場合も，こうした苦悩を抱えてネガティブな思考が強まったことが，問題解決の試みを避ける方向へ彼らを動きやすくし，性的な欲求充足を誤ったストレス対処法として定着させ，性的な逸脱に向かわせたと言える。

また，彼らは自らの性犯罪によって，事後にもさまざまな苦悩を経験することになるが，その際，彼らが「どう」悩んでいるのかということは，彼らの予後を左右する非常に重要な分岐点となる。たとえば，刑務所での面接では，彼らが受刑生活のなかで自らの罪名を他の受刑者に知られることをみっともない，恥ずかしいと感じ，時には本当の罪名を知られたら馬鹿にされ，いじめられるかもしれないとまで考えて，ごまかすことに苦労している話をよく耳にする。しかし，このような恥の感情を強めた性犯罪者は，自分を変えようとする気持ちをもちづらく（星・大野，2011），うまくいかない責任を自分ではなく外的な要因に帰属させ，被害者への共感性が阻害され，結果的に再犯リスクが増加することが知られている（Proeve & Howells, 2005）。こうした受刑者に，自己改善への動機づけを上

昇させるには，恥ではなく罪悪感を経験させることが鍵となる（Proeve & Howells, 2005；大江，2013）。星・大野（2011）は，ストレスがあったから仕方なく性犯罪をしたとか，性犯罪によって性的な満足を得ていたわけではないと主張する者であっても，自身の犯した性犯罪に対して罪悪感を抱いていることは共通していると指摘する。こうした性犯罪者が多少なりとも感じている罪悪感を面接者が意識的に取り上げ，恥の感情に押しつぶされないように援助することが，刑務所での心理的援助において重要であると考えられる。

　性犯罪者の査定や処遇プログラムの担当者にとって，対象者が社会生活を送るなかで抱いた悩みや苦しみ，受刑生活中に体験している苦悩を，一見すると小さなつまずき，些細なトラブルに見えても，丁寧に拾い上げることが望まれる。彼らがその困難をどう経験し，何をどう悩んでいるのかを把握していくことが，その後，彼らが変化を遂げるためには特に重要であると考えられる。

3　ストレスへの対処

　性犯罪受刑者たちのなかには刑務所での適応が良い者も多く，一見すると情緒的に安定しているように感じられることがある。しかし，彼らの内面は悩みで押しつぶされそうになったり，不安や悲しみや怒りなどのネガティブな感情が渦巻いたりしていることがある。むしろ，こうしたネガティブな感情を抱え，葛藤に耐え，あるいは乗り越えるだけの力が十分に備わっていないだけに，そうした自分の感情をうまく扱えず，「見ない」「感じない」といった強引な方法で表面を取り繕っていることも多い。彼らは悩みを悩みとして抱えたり，内面に沸き起こった不安に目を向けて対処したりすることが難しいため，不快な感情が呼び起こされる出来事，相手を避け，楽しさ，喜びといった他の感情に浸ることで現実逃避を図ろうとしやすい。投影法による研究（元木ほか，2015）においても，性犯罪者にはストレス耐性が乏しく，容易に手詰まりになりがちな者が多いこと，また，そうし

たなかで何とか主観的な適応を保つために，日常の複雑なことを避けて葛藤しないでいられる状態をつくろうとする傾向が高いことが示されており，特に強姦犯にこうした傾向が当てはまるとされている。

　このように，不安や恐怖や悲哀といった否定的な感情の影響を避けることを何よりも優先しようとした結果，性犯罪者は目の前で起きていることや他者との関係性について，客観的事実を踏まえて正確に捉えるだけの余裕がなかなかもてないことも多い。ところが，これらの対処は，一時的なものに過ぎないため，結局いつまで経っても否定的感情にとらわれ，ストレスに適切に対処するためのスキルが育ちにくいという悪循環に陥りやすい（元木ほか，2015）。こうしたことが，Cのように性犯罪に直接的につながっている場合もあれば，憂さ晴らしのように過度の飲酒や薬物乱用などに及び，それが性犯罪の間接的原因になっていくこともある。

4　怒り・攻撃性

　怒りや攻撃性は，性犯罪者の理解には重要な要素である。傷害や暴行などの対人暴力で繰り返し服役する犯罪者たちは怒りの感情の統制力が弱く，些細なことでも感情を爆発させ，刑務所内でも対人トラブルに陥りがちである。しかし，相対的に見て，性犯罪受刑者のなかに怒りの感情をすぐに行動に表す人は少ない。しかし，これは怒りや敵意のような強い否定的な感情を感じないとか，それらに適切に対処できているというよりは，むしろ，内面にそうした感情を鬱積させたり，あるいは，感じない，意識しないようにした結果であることが多い。このことは，自信の乏しさ，対人関係の未熟さとも関連するが，相手に直接的に怒りをぶつけたり，対立したりすることへの抵抗感から表出を抑制し，行き場を失った怒りの感情を悶々と抱え込むことにつながる。それが，他者の細かな心情の動きを慮る余裕の乏しさにつながる。その結果，犯行場面で，屈折した攻撃的な言動として表出されたり，直接的，間接的な形で相手を支配しようとする言動として表れたりすることがままある。そして，なかには，自身の行為が攻

撃的であるということすら自覚できず，甘えや安心感の充足などと認識されている場合もある。

　性犯罪者との面接において，自分の感情を適切に言葉で表現できない人に出会うことが多いのは，上述のような傾向があるゆえだと言える。査定面接や治療的かかわりのなかでは，彼らが見ないように，感じないようにしてきた感情に少しずつ焦点を当て，言語化していく作業を行うことが必須となる。それは，彼らの自己理解を促進し，被害者を含めた他者への共感性をはぐくむ土台となるものである。

5　対人関係

　性犯罪者がもつ対人関係の問題も多様である。性犯罪は，異性との関係性の問題が大きいと捉えられがちであるが，コルトーニ（Cortoni, 2009）によれば，性犯罪者は性別に関係なく対人関係上の親密さに問題を抱えているという。ハンソン（Hanson, 2005）は，他者との親密さの欠如が性犯罪の最も確実な動的リスクのひとつであると指摘している。実際，臨床現場で出会う性犯罪者には，社会生活を一見そつなく送れるだけの社会的スキルが備わっている人も少なくないが，他者との親密な関係を築くことに困難を来たし，実質的には社会的に孤立しがちな者も多く，また，そうした対人関係の拙さの背景に自閉スペクトラム症などの発達障害に近接した特性の影響がある者もよく目にする。刑務所で出会う性犯罪者たちは，他の犯罪者群と比較して，対人関係において，信頼と不信といった両価値的な態度を示しがちであるという指摘があるように（西田ほか，2012），彼らは，他者との親密な関係を築くことを望んでいないわけではなく，親密さを求めつつも，相手に嫌われるのではないか，相手との関係が壊れてしまうのではないかなどと不安を感じやすいのである。それが，強がったり，見栄を張ったりする態度として表れたり，いわゆる「ハリネズミのジレンマ」のように，他者に対するよそよそしく，時にとげとげしい態度になって表れたりしやすいと理解できる。

このように、自分が切望する他者との関係性と実際の対人関係のスタイルとのギャップが、内面に満たされない思いや、相手への不満を募らせることにつながる。ひいては、対人不適応、トラブルにもつながりやすいと言える。
　さらに、性的関係を伴う異性との関係においては、親密性に係る問題がより顕著に表れやすい。仲間内での対人関係はなんとか無難にこなせても、こと異性とのかかわりになると、苦手意識が強く刺激され、過度に気後れしたりしている場合がある。同年代の異性に対する苦手意識が強い人は、異性とのかかわりを避けたり、年齢や外見で自分が圧倒的に優位に立てそうだとして思春期前の女児との交流を求めたりしやすい。また、配偶者や交際相手など特定の異性への不信感や怒りなどが、甘えや依存といった欲求の不満と絡んでいる場合もある。そして、現実場面で異性とのかかわりがうまくいかないことが、女性へのさらなる苦手意識や男性性に係る自信のなさ、時には逆恨みのような怒りの形成につながっていく。
　このように、性犯罪者のなかには、異性との関係にまつわる大小さまざまな問題を抱えやすい者も多いのだが、その背景を見ると、これまでの交際経験のみならず、幼少期の被虐待経験や養育者との不安定な関係が大きく反映されていることもある（西田ほか、2012）。スモールボーン（Smallbone, 2005）も、幼少期の保護者など養育者との愛着形成に支障があった場合、それをもたらした環境は、親密な関係が拒絶的で信用ならないもの、あるいは強制的だと経験されていた可能性を指摘している。先の事例Aについては、愛着形成の過程における否定的な（もしかしたら、破壊的な）経験が、成人期における一夜限りの機会的な性関係の反復や強引な性的行動につながるリスクを高めた可能性が指摘できる。性犯罪受刑者の異性との関係性は、幼少期の愛着形成に始まり、思春期以降の同性との関係、異性との交際経験などがさまざまな形で影響して形成されている。それが本人も自覚しない形で、被害者との関係にもちこまれる場合が少なくない。さらに、刑務所での処遇プログラムでは、女性担当者とのかかわり方に影響したりする。

6 共感性

　性犯罪者の処遇プログラムで，しばしば問題にされるのは，被害者心情の理解である。通常，彼らには共感性が乏しいというイメージが先行している。しかし，人の気持ちがわからないことが性犯罪に結びついているとは，一概には言えない。自分の欲求充足ばかりに目が向き，被害者の痛みや苦しみを理解していないという印象を与える性犯罪者であっても，たいていは家族や友人のことは親身に考えようとするし，受刑中の彼らの生活状況を見れば，事例Cのように，周囲の受刑者を気遣ったり，思いやったりするような言動も見られる。

　ではなぜ，犯行場面では，被害者の心情を踏みにじるような振る舞いに至ったのだろうか。元木ほか（2015）は，性犯罪者が感情に翻弄されやすく，現実を十分に踏まえて動くことが難しいと指摘している。性的欲求や怒りなどの強い刺激に振り回されると，共感性が具体的な認知や行動としてうまく具現化されにくくなることが考えられる。

　また，性犯罪者のなかには，被害女性の嫌がる様子を楽しみながら痴漢をしている人や，嗜虐的な傾向のある強姦犯などのように，被害者が傷つき，苦しんでいることをむしろ十分に認識し，それ自体に性的興奮を抱いて加害行為に及んでいる者もいる。

　こうしたことを踏まえると，人の気持ちがわからないことが彼らを性犯罪に至らせる，また，共感性をはぐくめば性犯罪を抑止できるという単純な図式は必ずしも当てはまらない。被害者の心情を理解できていない，あるいは，理解しようとしない場合，それが何によるものなのか，そもそも他者視点の取得ができるかどうかを含めて，その背景を掘り下げて理解することが欠かせない。

7 認知的側面

　「ミニスカートを履いている女性は，男から誘われるのを待っている」

「(電車の)○○線の第○車両に乗り込む女性は，痴漢されたいという願望のある人だ」「はじめのうちは嫌がっていた被害者が，だんだんおとなしくなったのは，自分を受け入れてくれたからだと思う」。

　刑務所では，このような，自らの犯行を正当化したり，被害の程度を軽く見積もったりするような発言を耳にすることも珍しくない。また，女性をことさらに軽視するなど，男尊女卑の価値観を示す発言もよく聞く。大渕ほか（1985）の研究では，性犯罪者は，いわゆる「レイプ神話」のうち，暴力的な性の受容（女性は暴力的に扱われることを望んでいるという認知をもつ）が強いことを示しており，西田・湯川（2007）も，性犯罪受刑者のレイプに係る認知の歪みについて，強姦犯が一般群よりも大きく，また，性犯罪再犯者群が初犯者群および一般群よりも大きいことを明らかにしている。

　性犯罪受刑者の場合，彼らはすでに裁判を終え，刑が確定しているため，上述のような犯罪の正当化や被害の矮小化の言い分は，自らの刑を軽くするために意図して述べられているとは考えにくい。また，彼らは，自分の考えが世間に受け入れられない，信じてもらえないと感じている。それにもかかわらず，そうした発言をしている節がある。そこには，たとえば，自分はそれほどひどい人間ではないと自分自身に言い聞かせることで自分が傷つかないようにしたいという思い，またはそこまで悪い人間だと思われることには耐えられないという思いが表れているとも考えられる。

　こうした認知の歪みの多くは，それまでの女性とのかかわりや犯行を重ねるなかで形成されてきている。そして，犯行場面での行動を後押ししているという側面もある。しかし一方で，「事後的に生じる言い訳や正当化」としての色合いの強いものも多い。つまり，犯行後の罪悪感などに押しつぶされそうになったとき，こうした「言い訳」によって，ダメージを弱めようとしていると理解できる。

　このように，性犯罪者の理解と処遇において，女性あるいは性犯罪にまつわる認知様式の理解は，それが事件前からのものであっても，逮捕後に自分を守るために取り入れたものであっても，重要なテーマとなる。しか

も，それらは，彼らが必死に自分を守ろうとする手段であるため比較的強固であり，周囲からの指摘や非難だけでは容易に修正されにくい。面接するほうも，彼らの歪んだ認知を見聞きするにつれ，不快感や嫌悪感が賦活されてしまい，ややもすると，こうした歪んだ認知を修正することばかりに目が向き，対立的になるおそれがある。繰り返しになるが，性犯罪受刑者は，誤った認知や信念により，自尊感情や主観的適応感を保とうとしており，また，事後的な言い訳や正当化自体は一般成人において見られる健康性の高い機制（Maruna & Mann, 2006）であるとも指摘されている。こうしたことを踏まえると，安直に認知の歪みの修正を面接者や処遇者が強いることは，自尊感情を損なうおそれがあり，結果的に再犯防止からは遠ざかってしまうため，慎重になるべきであろう（齊藤ほか，2010）。

5　内面の問題と性犯罪行為との関連

　上述したように，性犯罪者の問題は，これまでの養育環境や社会生活を通して形成されてきた自己像の悪さ，ライフイベントの悲観的・否定的認知，ストレス耐性，情緒的葛藤や共感性，対人関係上の困難など，さまざまな方面から検討されうる。知的・発達的な問題がある場合もある。そして，生活上の現実の問題，家庭や職場での対人トラブル，逸脱した性的空想を喚起するような強い性的刺激との接触，飲酒や薬物による薬理効果などのさまざまな急性・状況的要因が重なり，性犯罪に向かっていく（図）。
　性犯罪をすることで罪悪感や羞恥心を抱き，二度とするまいという気持ちを抱くこともある一方で，性犯罪により強い性的快感，性的満足が得られる，惨めな自己像を感じないで済む，女性に対する支配・優位性を感じられる，対人接触欲求や癒しが不適切な形でも満たされる，苦悩から（一時的にでも）解放されるといった二次的な心理的充足感（機能的側面）が得られる者もいる。
　このように，性犯罪に至る経緯は多様で複雑であり，一概に性犯罪の原

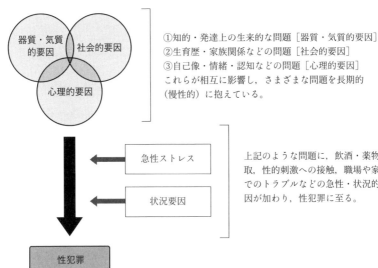

図　性犯罪に至るプロセス

因を特定の問題だけに帰属させることは適当ではない。しかも，性犯罪者はこうした内面の問題を「見ない」ようにしているために，本人も自覚していないことが多い。性犯罪者の査定や処遇に当たっては，こうした内面の問題と性犯罪との関連を丁寧に紐解きながら，それを共感的に深く理解していくことになる。また，大江（2013）が指摘しているように，性犯罪者自身が，自分には多くの側面があり，性犯罪はその一側面であると捉えられるようになる援助をして，彼ら自身が自分の性的逸脱を「脅威に感じないように」受け止められる対応が必要である。

文献

Cortoni, F.（2009）Factors associated with sexual recidivism. In : A.R. Beech, L.A. Craig & K.D. Browne（Eds.）Assessment and Treatment of Sex Offenders. Wiley-Blackwell, pp.39-52.

Hanson, R.K.（2005）Stability and change : Dynamic risk factors for sexual offenders. In : W.L. Marshall et al.（Ed.）Sexual Offender Treatment : Controversial Issues. John Wiley and Sons., pp.17-31.（小林万

洋・門本 泉＝監訳（2010）性犯罪者の治療と処遇──その評価と争点．日本評論社）
法務総合研究所（2015）性犯罪者の実態と再犯防止．In：平成 27 年版犯罪白書．法務総合研究所，pp.233-235.
星 秀和・大野 香（2011）性犯罪者の特質に関する広域研究（XI）──性犯罪者の主観的苦悩．犯罪心理学研究 49；62-63.
Marshall, W.L., Anderson, D., & Champagne, F.（1997）Self-esteem and its relationship to sexual offending. Psychology, Crime and Law 3；81-106.
Marshall, W.L., Champagne, F., Brown, C., & Miller, S.（1997）Empathy, intimacy, loneliness, and self-esteem in nonfamilial child molesters. Journal of Child Sexual Abuse 6；87-97.
Marshall, W.L. & Mazzucco, A.（1995）Self-esteem and parental attachments in child molesters. Sexual Abuse : A Journal of Research and Treatment 7；279-285.
Maruna, S. & Mann, R.E.（2006）A fundamental attribution error? : Rethinking cognitive distortions. Legal and Criminological psychology 11；155-177.
元木良洋・木髙暢之・三浦公士（2015）ロールシャッハ・テストに見られる性犯罪者の特徴．心理臨床学研究 32；641-651.
西田篤史・松下友則・西尾昌哉・谷川雄一（2012）性犯罪者の特質に関する広域研究（XIV）──性犯罪者の対人関係．犯罪心理学研究 50；134-135.
西田篤史・湯川進太郎（2007）性犯罪者の認知の歪みとその背景要因──犯罪心理学研究 45；104-105.
大渕憲一・石毛 博・山入端津由・井上和子（1985）レイプ神話と性犯罪──犯罪心理学研究 23；1-12.
大江由香（2013）性非行を犯したことによる恥の感情と自己改善への動機づけに関する研究──少年の主観的体験に寄り添った処遇技法の開発に向けて．犯罪心理学研究 51；38-39.
Proeve, M. & Howells, K.（2005）Shame and guilt in child molesters. In : W.L. Marshall et al.（Ed.）Sexual Offender Treatment : Controversial Issues. John Wiley and Sons., pp.125-140.（小林万洋・門本 泉＝監訳（2010）性犯罪者の治療と処遇──その評価と争点．日本評論社）
齊藤栄二・谷 真如・赤木寛隆（2010）性犯罪者の特質に関する広域研究（VI）──性犯罪者の心理機制．犯罪心理学研究 48；104-105.
Smallbone, S.W.（2005）An attachment-theoretical revision of Marshall and Barbaree's integrated theory of the etiology of sexual offending. In : W.L. Marshall et al.（Ed.）Sexual Offender Treatment : Controversial Issues. John Wiley and Sons., pp.93-107.（小林万洋・門本 泉＝監訳（2010）性犯罪者の治療と処遇──その評価と争点．日本評論社）

4

性犯罪の治療理論 ❶
精神医学的面接・集団精神療法・依存症臨床・対人関係精神分析

辻 啓之

> **キーワード** 精神医学的面接，セルフシステム，グループ・プロセス，モザイク・メイトリックス，ナラティヴ

> **要約** 本章では，刑事施設における性犯罪者処遇プログラムによる教育を実践するうえで役に立つ精神医学および心理療法の理論をいくつか述べる。
> 　最初に取り上げるハリー・スタック・サリヴァンの精神医学的面接の進め方は，当該プログラムに臨む者が受講者をより深く理解し，その理解を受講者と共有していく道筋を教えてくれる。集団精神療法理論はプログラムが行われるグループという場をどのように捉え，そこで何が起こっており，どのような介入が有効なのかを考える手がかりを与えてくれる。ここでは，プログラムを進めるうえでぜひ知っておきたいグループ・プロセスとモザイク・メイトリックス技法を取り上げる。
> 　依存症臨床の知見は，自らの意志だけで再犯を防ぐことの難しさを明確にし，再犯しない生活を続けるためにどういうことが大切かを考えさせてくれる。そこでは，再犯しない生活を共に生きる仲間や家族との親密性が大きな意味をもつ。対人関係精神分析の理論は，プログラムにおけるプログラム担当者と受講者の関係性への注目を促す。受講者の人生が語り直されることの重要性，そのためにプログラム担当者と受講者が共に考えるパートナーとなる必要があること，その進展には好奇心が大きな役割を果たすことが論じられる。
> 　最後に，再犯防止という目標を達成していくためには，性犯罪者処遇プログラムのなかで得た理解を活用し，刑務所という枠組みを超えてさまざまな人たちと連携していくことの重要性が示唆される。

1 なぜ性犯罪の治療理論が必要なのか

「性犯罪の治療理論」と聞いて，どのようなことを思い描かれるだろう。「性犯罪というのは治療されるべき病気なのか」と思われるだろうか。あるいは，「他者を傷つける犯罪行為を病気のせいにされてたまるか」と思う方もおられるかもしれない。また，「性犯罪が病気で済まされるはずはないから，性犯罪者という異常者を正常にすることを治療と呼んでいるのだろう」と思う方もおられるかもしれない。本章のタイトルは，ほかにもさまざまな想像を引き起こしそうな刺激と曖昧さがあることから，この点について整理し，筆者の考えを明らかにすることから始めたい。

性犯罪というのは，他者の金品を盗むなどの財産犯罪，他者に暴行を加えるなどの粗暴犯罪，覚醒剤を乱用するなどの薬物犯罪と同様に，犯した罪の種別によってカテゴリー分けする言葉であって，病名ではない。また，治療という言葉は医学とのつながりが深く，医師の指示の下で行われる医療行為を指す場合が多いが，日本の刑事施設における性犯罪者処遇プログラムはそうではない。

ではなぜ治療理論なのか。性犯罪者処遇プログラムに従事する我々に与えられた課題は，犯罪という社会的問題行動の反復を当人への働きかけによって抑止することであり，その方法は受刑者への教育的処遇として行政的に定められている。しかし，実際に性犯罪者処遇プログラムに従事すると，「定められた通りに教えようとしてもうまくいかない」「自分がしている教育に自信がもてない」「自分がしている教育に手応えや効果が感じられない」といった厄介な事態に直面させられる。そして，我々は仕事に対する自信や手応えや効果を希求し，そのために必要なものを身につけようとする。そこで出会うのが，精神医学や心理療法が生み出してきた治療理論である。それらの治療理論は我々に多くのことを教えてくれる。しかし，ひとつの理論をそのまま適用すれば，性犯罪者処遇プログラムがうまく進み，自信がつき，手応えや効果を感じられるようになるわけではない。数

多ある治療理論のなかから有効なものを取り入れつつ，病院臨床とは異なる矯正臨床への適用を試行錯誤するなかで，性犯罪者処遇プログラムにおける治療理論の構築が目指される。その理論にはさまざまなバリエーションがありえて，それぞれに有効性があり，新たな経験や学習を重ねるなかで更新されつづけるものである。

　本章では，筆者が刑事施設における性犯罪者処遇プログラムを実践するなかで，受講対象者を理解し，彼らの再犯を防ぐための方法を選択するに当たって，今現在も拠って立っている複数の理論を紹介する。その際，できるだけ理論間の整合性をもたせるように記述したい。

2　ハリー・スタック・サリヴァンの精神医学的面接

　最初に取り上げたいのは，ハリー・スタック・サリヴァンの理論である。サリヴァンは，統合失調症のような精神病患者が理解不能・治療不能とみなされていた時代に，精神病患者への精神療法を実践し，精神病患者も人間であるということを強調して，彼らを理解する精神医学は対人関係の学であると位置づけた（Sullivan, 1953, 1954/1970）。

　サリヴァンは了解困難な精神病患者の言動を理解するために，「選択的非注意（selective inattention）」，「セルフシステム（self-system）」といった概念を生み出している。「選択的非注意」とは，自分の不安を高める刺激から無自覚に目を逸らし，その存在に気づかずにいることである。不安を高める要因として最重視されるのが対人関係であり，不安を高める引き金はその人を取り巻く対人関係状況によって異なるため，人は自分が置かれた状況に応じて不安を回避するための固有の対処パターンを身につけていく。それが「セルフシステム」と呼ばれる。セルフシステムは，その人の不安が過度に高まらないよう自動的に選択的非注意を引き起こすため，人はある領域について気づくことなく日々を過ごすことになり，その領域が広ければ広いほど，さまざまな事柄において他者と理解を共有することが難し

くなる。これらは精神病患者特有の事象ではなく，程度の差こそあれあらゆる人において生じており，性犯罪者の理解においても重要な視点である。

　そのような対人関係状況によって上下する不安と連動している，その人固有の対処パターンや体験様式の明確化を目的としたアプローチを，サリヴァンは「精神医学的面接」と呼んだ。そして，面接者も来談者の不安を上下させる要因となることを重視し，面接者の来談者への関与を意識しつつ，そこで起こることを観察する「関与しながらの観察（participant observation）」を精神医学的面接の基本的な方法とした。そして，その精神医学的面接は，❶正式接遇段階，❷偵察段階，❸詳細問診段階，❹終結段階の4つの段階からなると述べる。

　❶正式接遇段階とは，形式を踏んで面接に来た人を迎え入れ，「今後会ってゆくのがよい」ということの根拠をはっきりさせる段階である。性犯罪者処遇プログラムにおいては，グループワーク開始前の動機づけ面接でこの作業を行いたい。刑罰に処せられ，性犯罪者処遇プログラムの受講を課されて，プログラム担当者の前に現れた受講者に対し，「今後会ってゆくのがよい」ということの根拠をはっきりさせることは，再犯防止というプログラム目標の達成に向けて，このプログラム担当者と会ってゆくことの意味を明確にする。このような意味の理解をもたないまま，自分の意思とは無関係に性犯罪者処遇プログラムを受けさせられていると感じている受講者に，再犯抑止に向けた変化をもたらすのは大変難しい。

　精神医学的面接においては，正式接遇段階に続く，❷偵察段階で，面接者は来談者の社会的・個人的歴史の概略を聞き取り，その要約を来談者に伝え返す。性犯罪者処遇プログラムにおいては，動機づけ面接とグループでの性犯罪者処遇プログラムの序盤において，この作業が行われる。サリヴァンは一対一の面接を想定しているが，グループで行われる性犯罪者処遇プログラムにおいては，プログラム担当者が受講者の人となりを理解するために丁寧な聞き取りを行う偵察段階を経ることで，プログラム担当者のみならず，グループのメンバー同士がそれぞれを知り合うことになり，各メンバーにとってグループが自分のことを話しても安全な場だと感じら

れるようになっていく。

❸詳細問診段階は，サリヴァンの精神医学的面接の中核を成す部分であり，面接の場における来談者の不安に細心の注意を払いながら行われる詳細な質問（detailed inquiry）によって，その人固有の選択的非注意やセルフシステムといった対人場面での認知，感情，行動パターンを理解することと，その理解を面接者と来談者が「合意による確認（consensual validation）」をすることが目指される。性犯罪者処遇プログラムにおいても，その人がなぜ性犯罪に及んでしまうのかを詳しく理解することは大変重要だが，そう簡単にできることではない。この詳細問診段階に労力を注ぐことの重要性は，どれだけ強調しても強調しすぎることはない。

❹終結段階では，これまでの進歩の総括が行われる。面接者は来談者に対し，これまでの面接の過程で学んだことの要約，来談者が今からしなければいけないこと，それらが来談者の今後にどのような効果を与えると期待できるかという査定，という3点を伝えたうえで，きっぱりと明確に終結する。性犯罪者処遇プログラムにおいても，終結に当たって，これらのメッセージを伝えることは，そのときまでに達成したものを定着させ，受講者にとって永続的な利益としていくために重要である。

サリヴァンは以上のような面接者の目的意識や取り組むべき課題を示しているが，実際の面接の進め方は来談者の不安の変動に応じて調整されていくため，来談者一人ひとりで違う。そのうえ，来談者の不安の変動は面接者の影響を強く受けることから，同じ来談者であっても面接者が変われば面接の進め方も変わる。プログラム担当者は行政的に定められた通りに性犯罪者処遇プログラムを進めることを求められ，そうでなければ担当者に落ち度があるという目を向けられると恐れる傾向があるが，目の前にいる来談者に対して最大限役に立とうとする姿勢に貫かれたサリヴァンの理論に基づくと，プログラム担当者はより積極的，自発的に受講者に関わっていくことができる。

3　グループ・プロセスとモザイク・メイトリックス

　サリヴァンが言うように,「関与しながらの観察」を介して来談者の理解を進め,その理解を面接者と来談者が合意・確認することを目指すに当たり,性犯罪者処遇プログラムではグループという場において,それをどう実現するかを考える必要がある。

　小谷(1990)は集団精神療法を実践しようとするとき,全体的なイメージをもっておくことが大事であるとして,インテーク面接からグループの設計を経て,開始されたグループがどのように展開していくかを示している。性犯罪者処遇プログラムにおいては,メンバー選定やメンバーに応じた回数の増減などの変更が加えられる幅は広くない。そのような制約もあって,性犯罪者処遇プログラムにおけるグループ・プロセスは理想通りに展開しないことが多いが,そのイメージをもっておくことは,グループにおいて「今ここ」で起こっていることの理解を助け,仕事が停滞したり後退したり混乱したりする状況を生き抜くうえで役に立つ。ここでは小谷(1990)を参照しつつ,性犯罪者処遇プログラムにおけるグループ・プロセスのイメージを以下に記述する。

　グループが始まると,メンバー(受講者)はグループという新しい環境への適応を迫られ,グループ全体やグループのリーダー(プログラム担当者)に対する信頼－不信という葛藤的発達課題的テーマに直面する。グループ・プロセスの第1位相「形成期」である。グループやリーダーへの信頼が高まっていけば,メンバーはグループを自分の居場所とするようになり,他のメンバーやリーダー個人に対する意識が強まり,否定的な言動や感情が活性されやすくなる。それがグループ・プロセスの第2位相「動乱期」である。そこで生じる否定的感情とそれにまつわる自分自身を見つめ,葛藤状況を切り抜ける体験ができれば,メンバーはグループ内での相互作用への関心を高め,個々のメンバー特性に応じた役割分化を展開させる第3位相「活動期」に入る。そこに至って,メンバーは他のメンバーに

とっての自分の価値を感じはじめ，他人が自分を見る目で自分を見ることができるようになる。このような観察自我の発達は，個々のパーソナリティ機能の再検討を促し，グループの「今ここ」での現実と日常生活の現実を照らして，その作業が続けられる第4位相「遂行期」に導く。集団精神療法の終結は，それまでの過程を共にしてきたリーダーやメンバーとの別れを伴う。その喪失を受け入れつつ，それまでの過程で生じた自己の成長や変化を再認識する時期が第5位相「分離期」である。このようなグループ・プロセスは，第1位相から第5位相へと順序通り，一方向に進むものではなく，行きつ戻りつするものであり，すべてのグループにおいて5つの位相が完了されるものではないと小谷（1990）も述べている。実際，性犯罪者処遇プログラムにおいては「遂行期」を十分に経験できないことも少なくないと，筆者は感じている。

　そのような実情のなかでプログラムの効果を高めるために積極的に活用したいと筆者が考えているのが，モザイク・メイトリックスという技法である。刑務所における性犯罪者処遇プログラムのスーパービジョンを数多く提供してきたジェイムス朋子は，グループの初期やグループの立て直しが必要になった際に，モザイク・メイトリックス技法を用いることを推奨している。モザイク・メイトリックス技法を公式化した小谷（2014）によると，❶「集団精神療法は，方法として集団の変化発達を追求するが，あくまで目的は個人の精神療法である」，❷「集団精神療法の集団に患者やクライエントを入れるのではなく，個人の安全空間の確保が一義的に追求されるべきものである」という2点が集団精神療法のエッセンスであり，その実践のための基本技法がモザイク・メイトリックスである。それは集団精神療法のあらゆる場において，個々のメンバーの基本的安全感を確保する個人の安全境界を護り，その維持を補助する技法である。以下に，小谷（2014）から引用する。

　　モザイク・メイトリックスとは，メンバー一人一人がモザイク図のように境界のある独立した空間領域を保持し，その空間を侵されるこ

との決してない一片一片の図によって形成されているグループ全体の図を意味する。すなわち集団内で自然に生ずる個々人のエネルギーと情報によるメンバー間相互作用によって形成される心理学的場に、メンバーそれぞれが自分のままでいられることをセラピストが積極的に介入してできる、メンバー一人一人の自我境界の護りを一義的に強調した相互関係ネットワークの図式である。

　セラピストの介入は、「メンバー個々の話の筋を繋ぐよりも、間をとる」、「話をかみ合わせるより、個々当人の話として括りをつける」、「コンセンサスよりも、個々の違いの受容をとる」、「話の内容（content）の処理よりも、話をしている今ここでの体験をとる」、ことを機軸にする。
　　　　　　　　　　　　　　　　　　　　　　　　　　　　　　(p.147)

　ジェイムスの言葉を借りると、「グループの初期には、プログラム担当者は沈黙を作らず、自由連想の起点となる言葉や問いを積極的に提供し、各受講者に思い浮かぶことを短く話させ、受講者間の発言はつながないようにする。それを繰り返すことで、安全な権威対象が存在するグループ内で安全に話をする体験を受講者に提供することを目指す」というのがモザイク・メイトリックス技法による具体的な進め方である。この進め方は、サリヴァンの精神医学的面接をグループという場において実践することを可能にするだけでなく、メンバー間の意識的、無意識的な相互作用を活性化する。

　モザイク・メイトリックスを用いた全12回という短期間の薬物依存離脱指導（刑事施設における、薬物依存から脱するためのプログラム）を経験した受講者の一人は、自身に生じた変化として、「このグループのなかで他者の話を聞き、自分に関心を向けたことで、自分の気持ちや考えを言葉にできるようになり、やりたいと思うことがたくさん出てきた」と述べていた。同プログラムにおいて、プログラム担当者は各受講者に対して自分自身に関心を向けるよう繰り返し促し、彼らが言わんとすることを汲み取り、言語化を助けながら対話を展開させていく作業を続けた。そのこと

によって，彼らはこれまで誰にも話したことがない自分の気持ちや考えを人前で話し，それを他者にわかってもらえたと感じる体験をした。また他の受講者が自分の気持ちや考えを話す場に立ち会うことで，彼らはそれを参照枠としながら自分の気持ちや考えに気づくことができ，そのことがさらなる自己発見や自己表出意欲の強化につながった。つまり，自分に関心を向ける，自分の気持ちや考えを表現する，他者の話を聞く，という3つの取り組みのサイクルが回れば回るほど，自分のさまざまな面に気づき，自尊感情や自己効力感が高まるとともに，グループメンバーとの親密感が強まっていく（辻・ジェイムス，2015）。

全12回という短期間の薬物依存離脱指導よりも指導回数が多く，指導期間も長い性犯罪者処遇プログラムにおいては，グループという状況を生かし，その効果を高めていくうえで，集団精神療法理論とその技法はより多くの活用可能性を有しており，今後さらに活用の幅が広がっていくと考えられる。

4 依存症臨床と親密性

性犯罪に限らず同種犯罪を繰り返す人たちから話を聞いていると，「やめたいのにやめられない」という言葉をよく耳にする。その典型が覚醒剤などの物質乱用を繰り返す薬物犯罪者であり，彼らのほとんどは物質依存症の範疇に入れることができ，彼らが覚醒剤などの物質乱用を断つためには，物質依存症の治療を受けることがひとつの選択肢となる。この依存症という概念を拡張すれば，財産犯罪も粗暴犯罪も性犯罪に関する逸脱のメカニズムの理解も深めることができる。また，依存症者と非依存症者を明確な境界で隔てられた2つのカテゴリーに分けるのではなく，ごく軽度の依存傾向から重症の依存症までを連続性のあるスペクトラム上で捉え，人それぞれの依存のパターンについて理解を深めることが再犯抑止にとって有効である。

この依存のパターンは，サリヴァンの視点からは，不安を回避するためにつくりあげられたセルフシステムの一面と捉えられる。サリヴァンはそれを精神医学的面接によって解明していこうとしたが，彼は独自の人格発達論のなかで別の治療可能性についても述べている。非性的な親友関係において体験される親密性（intimacy）には，その両者が多くの時間を共有し，互いの感情や考えを包み隠さず示し分かち合い，相手の幸福のために献身的な努力をし，健全な合意による確認を行うことによって，それぞれがそれまでに身につけてきたセルフシステムに内在する歪みを修正する治療的作用を及ぼすと考えたのである。サリヴァンの定義では，親密性は相手の幸福が自分の幸福と同じくらい大切だと個人が感じる状態である（Chapman & Chapman, 1980/1994）。

　この親密性の重要性とも関連して，依存症臨床において注目したいのが自助グループという取り組みである。自助グループに参加する人たちが依存症の完治を目標とせず，自身が依存症であることを受け入れ，依存症者としてよりよい人生を送ることを目標とする意味は大きいと考えられる。ただし，このような目標の立て方は，自助グループ特有のものではない。たとえば，糖尿病患者のなかには，生涯，食事療法を続ける必要がある人がいる。主治医の仕事は，患者の糖尿病を根治しようとすることよりも，日々の食事療法を続けなければ合併症が起こるおそれがあるという現実をその患者が受け入れ，生活習慣を改めていくよう教育することに重点が置かれる。また，大切な人を亡くしたことをきっかけに抑うつ状態に陥った人の心理療法においても，今は亡き大切な人と過ごした幸せな日々はもう返ってこないという現実を受け入れていく過程に付き添うことが目指される。それは治療というより生き方の問題であり，誰かに治してもらうという受動的・従属的なあり方から，自分で人生を選択していくという主体的な姿勢への転換がある。性犯罪者処遇プログラムの受講者が自身について，性的逸脱行為を繰り返しやすい性依存症者という側面があることを受け入れ，性的逸脱行為に及ばない生き方を日々選択していくという目標に永続的に取り組んでいく姿勢を身につけることができれば，その人の再犯

リスクは大いに低下する。

　しかし，そのような姿勢を教育によって身につけさせることは容易ではない。プログラム担当者が言葉を尽くして説明すれば，その有効性を理解することはできるものの，性犯罪者処遇プログラムが終わって，プログラム担当者が目の前に現れなくなり，そのことを思い出す機会がなくなる期間が長くなればなるほど，依存症者として再犯を遠ざける生き方を続けるという目標は意識されなくなりがちである。

　そこで，プログラム担当者や治療者といった専門家に頼らず，類似の問題を抱える者同士が支え合う自助グループのシステムが注目される。性犯罪者処遇プログラムは専門家がリードするグループワークであり，決して自助グループではない。それでも，グループ・プロセスの第3位相「活動期」において，受講者間の相互理解や同じ課題に取り組む者としての仲間意識の共有が進み，親密性が高まれば，性犯罪者処遇プログラムが終わった後もどこかで再犯をせずに暮らしているであろう仲間を想像し，新たな仲間を求めて自助グループに参加することによって，目標を見失わずにいられる可能性が広がる。

5　プログラム担当者と受講者の関係性①──ナラティヴの崩壊と出現

　以上のような視点や技法を用い，各受講者の安全感やグループの展開に注意を払いながら詳細な質問をすることによって，彼らを犯行へ向かわせたその人固有のパターンの理解を進め，その理解をプログラム担当者と受講者が合意確認することを目指すプロセスにおいては，プログラム担当者と受講者の関係性というテーマが浮かび上がってくる。

　性犯罪者処遇プログラムにおいて避けては通ることができない「なぜ事件を起こしたのか」という質問に焦点を当てて，その問いを発する者と答える者の関係性と，そこで生じる事象を見ていきたい。

　性犯罪者処遇プログラムの受講者にとって，この問いはプログラムが始

まる以前から何度も投げかけられてきたものである。その問いを投げかけたであろう人たちは、事件の取り調べに当たった警察官や検察官、裁判に関わった裁判官や弁護人、被害者、家族、拘置所や刑務所の調査担当者などさまざまな立場の人であり、その問いにはさまざまな文脈が絡みついている。そして、その答えは問いかけてくる相手に応じて必然的に変化する。裁判に関係する状況では自身に科せられる刑が軽くなるように駆け引きする側面があるであろうし、家族に対してはその相手との関係を維持することを目指して応答されやすいだろう。性犯罪者処遇プログラムにおいても、この問いはさまざまな文脈で発せられる。自らが犯した罪にどの程度向き合うことができているかを知るために問われることもあれば、プログラムへの動機づけを確認するために問われることもあるし、犯行の引き金を特定する目的で問われることもある。その場合、それに応じた答えが得られれば問答は成立するわけだが、サリヴァンの流儀で詳細な質問を進めた場合、すなわち犯行に至る経緯やその時々の感情の動きをつぶさに聞き取っていくと、彼らは答えられなくなっていき、聞き手と話し手が「よくわからない」ということを共有する事態に行き着く。

　それは彼らが本当のことを話さないからだろうか？　もちろん、そういう場合もある。犯罪を繰り返して受刑に至る人たちのなかには嘘を多用し、さまざまなことをごまかして生きている人がたくさんいる。しかし、嘘をつくからといって、わかっていることを隠しているとは限らない。むしろ、自分がなぜ事件を起こしたのかという点について、彼らは驚くほどわかっていないのである。

　サリヴァンは選択的非注意やセルフシステムといった概念を用いて、人は自分を過度に不安にする事柄に注意を向けないことによって自分を守ろうとし、意識されない領域を生み出すことを示した。サリヴァンへの敬意を込めて対人関係的／関係論的精神分析家を名乗るフィリップ・ブロンバーグ（Bromberg, 2011）は、サリヴァンが使う「重度の不安」という言葉は、今日の言葉で言えば、不安定をもたらす可能性があまりにも強いために自動的に解離を引き起こすと思われる経験であると言う。そして、性的虐待

や暴力などの強烈な外傷を被った人に生じる，目に見える劇的な解離とは異なるもっと微妙な解離があり，それはすべての人にとって人生早期において避けられない「発達的外傷」と呼ばれる経験によって生じると述べている。

　この見解にはいくつか重要な示唆がある。まず，微妙なものを含む広い意味での解離は広範囲で生じており，人が自分の経験について理解するためには，自らが解離している事象に気づいていく必要がある。次に，解離は何らかの外傷体験を背景にもっており，その体験の理解がその人固有の解離を理解する手がかりになるが，その体験自体が解離によって理解し難い状態にある。最後に，人生早期の発達的外傷とそれによって生じる解離は程度の差こそあれ，あらゆる人に生じるものであり，プログラム担当者も例外ではない。したがって，「なぜ事件を起こしたのか」という問いの答えを探索していくことは，受講者が解離している事象を含めた人生経験の全貌の言語化を目指すことであり，それを促すプログラム担当者もまた何かを解離している不完全な存在であることを意味する。ブロンバーグと同じく対人関係的／関係論的精神分析家であるドンネル・スターン（Stern, 2010/2014）は，以下のように述べる。

　　　自分の経験が何であるかを知り，それについて考え，感じるためには，私たちは自分の人生の物語を，それに関心を向けてくれる誰かに語り，そうすることで自分自身に耳を傾ける必要がある。　　（p.168）

　言い換えると，人生の物語（ナラティヴ）は聞き手に向けて語ることによって作り直される。そして，その作り直された物語を，語り手自身が聞くことによって，その語り手は自分が解離している何かに気づくことができるのである。それはその人の体験世界を広げ，人生を変化させていく契機となる。スターン（Stern, 2010/2014）は，ナラティヴを意識的で目的志向的な構築物と考えず，結果が予測不能で直線的でない自己組織化システムの一種として捉え直すべきだとし，古いナラティヴの崩壊と新しいナ

ラティヴの出現は予測できない関係的事象の産物だと述べている。そして，精神分析の最も重要な臨床的成果は，分析家と患者が互いに相手の立会人（考えるパートナー）としての役割を果たせる範囲が広がることにあるという点を強調している。

　この臨床プロセスの認識とそれに基づく臨床姿勢は，性犯罪者処遇プログラムにおいても有益である。プログラム担当者が受講者に「なぜ事件を起こしたのか」と問うとき，プログラム担当者が目指すべきことは，受講者が語るナラティヴに関心を向け，共に考えるパートナーとなることである。そうすることが，彼らに自身の語りに耳を傾け，自らの経験について考え，感じる機会を与える。それは結果的に，彼らが誰かに説明するために用意してきた古いナラティヴを崩壊させ，新しいナラティヴを出現させるかもしれないが，そのような成果は意識的・目的志向的に目指されるべきものでは・な・い。

　プログラム担当者が受講者と共に考えるパートナーとして機能していくプロセスは，教育を進めていくなかでスムーズに進展していると感じるケースもあれば，どうもうまくいかないと感じつづけるケースもある。しかしながら，うまくいっていると感じるケースにおいても，刑務所でまじめな受刑者として過ごしている受講者から，凶器を準備して，少女を尾行し，殺すぞと脅して強姦する悪魔のような男の生々しいナラティヴを引き出すことは容易ではない。

6　プログラム担当者と受講者の関係性②——好奇心

　そこで注目したいのが「好奇心（curiosity）」である。以下に，ブロンバーグやスターンと同じウィリアム・アランソン・ホワイト研究所に所属する対人関係精神分析家であるサンドラ・ビューチュラーの「好奇心」についての論考（Buechler, 2004）を援用しつつ，性犯罪者処遇プログラムにおける「好奇心」の重要性を述べる。

「好奇心」とは本能的なものであり，その誘因は目新しさである。目新しさとは，日常のなかで見慣れているものに似ていながら，違いに気づくことができるものであり，その未知の程度がほどよければ「好奇心」が生じ，未知の程度が過ぎれば恐怖が生じる。「好奇心」には人の動機づけを高める力がある。性犯罪者処遇プログラムの担当者は，受講者の考えるパートナーとしての役割を果たせるように，自身の「好奇心」を旺盛に保つとともに，受講者が恥ずかしさや，見下されることへの恐れや，その他さまざまな感情に圧倒されずに，自身の性依存傾向に向き合っていけるだけの「好奇心」を彼らのなかに呼び起こしていかなければならない。

　「好奇心」によって，私たちはより多くのことを治療的処遇や教育の場に持ち込むことができる。それによって考えることに形が与えられ，そこで起こっていることの意味がはっきりしてくる――この人は私のことをどのように見ているのか。この人の困難は，どれだけの間，どのように，この人につきまとってきたのか。この人は，どのような文化的環境，歴史，時代，社会，経済，家族構成，生活地域といったなかで生まれ，育ち，暮らしてきたのか。

　私たちは，話し手（受講者）が話すナラティヴのなかで，何が抜け落ちていて，どうして抜け落ちているかに「好奇心」をもつことによって，話し手が認識できる領域を広げる質問をすることができる。そうして，その人のなかに深く浸透し，その人のものの見方の一部となっているために自分では気づきえない考えを発見していく。「好奇心」を駆使して，相手の馴れ親しんだ考えに気づき，明確化するための質問をするのである。そのような詳細な質問は，話し手に不当な批判をすることなく，彼らが今語っているものとは異なるストーリーを探索させ，開かれた態度を促し主体的責任を喚起していく。

　「好奇心」は，臨床家（プログラム担当者）の対象者に対するさまざまな思い（逆転移）について，そこで起こっていることを理解するための有用な情報として考えることを促す。そうして，恥，罪悪感，不安，嫌悪，怒り，軽蔑を生じさせがちな逆転移現象に建設的な意味を与えられるよう

になっていくことは，専門家としての臨床家の成長に欠かせない。

　「好奇心」あふれる臨床家と話し手は，新しいアイディアや結びつき，連想を追い求める。彼らはそれがどこへ向かっているのかわからなくても，何か大切なものを見つけ出したいと欲しつづけるのである。臨床家は，話し手の過去，現在，そして未来を自由に行き来しようとする。それは，「好奇心」が主導権を握って，ひとつの考えから次の考えへ焦点がダンスするような能力である。

　「いつものこと」を続けようとする相手（受講者）の生き方にチャレンジし，解体するために，相手の「好奇心」をかき立てるだけの対照性，触媒となり，関係性におけるチャレンジを提供するために，私たちは自らが問いを愛し，新しい考え方に開かれた姿勢をもちつづけなければならない。私たちは，心の片隅を知ろうとするのではなく，もっと多くを知ろうと駆り立てられるような情熱的な欲求をもたなくてはならないし，他者のなかにも同じような激しい願望を喚起しようとする欲求をもたなくてはならない。

　「好奇心」を喚起することは，性犯罪者処遇プログラムに不可欠なプロセスであり，目標でもあるのである。

7　プログラム・セッションにおける教育から関係者との連携へ

　ウィリアム・アランソン・ホワイト研究所の精神分析家で，本邦の少年院におけるカウンセリングの経験をもつ川畑直人（2016）は，矯正施設における被収容者へのカウンセリングで見られる対象者の自己高揚（self-inflation）と自己収縮（self-deflation）の交代に注目している。そして，そのような彼らの語りの大幅な揺らぎに振り回されないように，語りのなかの共感できる部分に共感しつつ，突飛な部分の探究を控え，その背景となっている事実関係やそのときの彼らの気持ちに焦点を当て，聞き手が理解・実感できる物語を語り手と共有するようにし，そこにある情緒に触れてい

くことで，彼らの現実感を高めていくことが大切であると指摘している。それは，川畑が対人関係精神分析の知見を矯正臨床に適応しつつ見出してきた，再犯防止を視野に入れた心理臨床的働きかけの目標であり，その実現に向けては，前述したような治療理論の実践が目指される。

　その一方で，川畑（2016）は，再犯防止や依存症治療はカウンセリングやグループセラピーだけで成し遂げられるものではないとして，問題行動を繰り返させないためには，カウンセリングやグループセラピーのなかで得た情報から，有効と考えられる働きかけを積極的に行っていく必要があるとも指摘している。それはたとえば，家族への働きかけである。少年を対象とする臨床状況では当たり前のことであり，学校であれ，病院であれ，児童養護施設であれ，少年院であれ，少年である対象者の問題改善に当たっては，保護者にどのように働きかけるかということがさまざまな局面で検討される。しかし，対象者が成人であり，刑事裁判を経て受刑者となると，家族への働きかけは一気に消極的になる。法的・行政的な枠組みに沿って仕事をする立場としては必然的なことであるが，心理臨床家として目の前の対象者を直視すると，彼らの多くは著しく未熟であり，彼らの再犯抑止には多くの現実的なサポートが望まれることは明らかである。

　本章は，性犯罪者処遇プログラムによる教育的処遇という業務を課せられたプログラム担当者が，その仕事に手応えや効果を感じ，自信をもって従事できるようになることを目指して，それを支える治療理論を探し求めて書き進めてきた。この仕事はプログラム担当者と受講者の間だけで完結するものではなく，受講者を取り巻く関係者との幅広い連携・協働へと開かれていくべきものであるという確認をもって，むすびとしたい。

文献

Bromberg, P.M.（2011）The Shadow of the Tsunami : And the Growth of the Relational Mind. Routledge.（吾妻 壮・岸本寛史・山 愛美＝訳（2014）関係するこころ——外傷，癒し，成長の交わるところ．誠信書房）

Buechler, S.（2004）Clinical Values : Emotions Guide Psychoanalytic Treatment. Taylor & Francis Group,

LLC.（川畑直人・鈴木健一＝監訳／椙山彩子・ガヴィニオ重利子＝訳（2009）精神分析臨床を生きる──対人関係学派からみた価値の問題．創元社）
Chapman, A.H. & Chapman, C.M.S.（1980）Harry Stack Sullivan's Concepts of Personality Development and Psychiatric Illness. Brunner/Mazel.（山中康裕＝監修／武野俊弥・皆藤 章＝訳（1994）サリヴァン入門──その人格発達理論と疾病論．岩崎学術出版社）
川畑直人（2016）ケースの見立てとケースの介入．平成28年度専門研修課程専攻科第5回（処遇カウンセラー（カウンセリング担当））研修．
小谷英文（1990）集団心理療法．In：小此木啓吾・成瀬悟策・福島 章＝編：臨床心理学大系7──心理療法1．金子書房，pp.239-269.
小谷英文（2014）集団精神療法の進歩．金剛出版．
Stern, D.B.（2010）Partners in Thought : Working with Unformulated Experience, Dissociation, and Enactment. Taylor & Francis Group, LLC.（一丸藤太郎＝監訳／小松貴弘＝訳（2014）精神分析における解離とエナクトメント──対人関係精神分析の核心．創元社）
Sullivan, H.S.［H.S. Perry & M.L. Gawel（Eds.）］（1953）The Interpersonal Theory of Psychiatry. W.W. Norton.（中井久夫・宮崎隆吉・高木敬三・鑢幹八郎＝訳（1990）精神医学は対人関係論である．みすず書房）
Sullivan, H.S.［H.S. Perry & M.L. Gawel（Eds.）］（1954/1970）The Psychiatric Interview. W.W. Norton.（中井久夫・松川周悟・秋山 剛・宮崎隆吉・野口昌也・山口直彦＝訳（1986）精神医学的面接．みすず書房）
辻 啓之・ジェイムス朋子（2015）刑務所での半構造化短期力動的集団精神療法終了後に見られたある参加者の変化について．犯罪心理学研究53（特別号）；36-37.

5

性犯罪の治療理論 ❷

認知行動療法

嶋田洋徳

> **キーワード** 認知行動療法，集団認知行動療法，行動と認知の型と機能
>
> **要約** 本章では，矯正領域における処遇プログラムにおいて中核的な方法とされる認知行動療法の理論的背景と，その実施に際しての考え方の枠組みを概説する。認知行動療法は，単一の心理療法のみを指しているわけではなく，大きく行動療法と認知療法に起源をもつ流れの総体を指すことが多いが，観察される事象を学習の結果であるとみなすこと，ケース・フォーミュレーションの手続きを重視すること，行動や認知の表現系（型）ではなく文脈における「機能」を重視することなどが，その有効性に関するエビデンスの共通した基盤となっている。また，集団認知行動療法は，個人を対象とした認知行動療法と，グループ・プロセスの治療的活用の二側面の総体と考えるところに特徴がある。

I 認知行動療法の理論的背景

　認知行動療法（Cognitive Behavior Therapy : CBT）の最大の特徴は，他の心理療法に比較して，さまざまな問題行動の変容や症状の改善に関するエビデンスの蓄積が多いことである。その適用分野は多岐にわたり，保健医療分野はもちろんのこと，教育分野，産業・労働分野，福祉分野，司法・法務・警察分野といった心理療法やカウンセリングのほぼすべての分野をカバーするに至っている。そして，わが国の矯正領域における特別改善指

導（コラム❶参照）においても，認知行動療法が中核的な指導方法のひとつに位置づけられている。刑事施設で実施されている性犯罪者処遇プログラムは，その先駆的な活動である。

この「認知行動療法」の定義に関しては，統一された文言があるわけではないが，問題行動や症状を改善し，セルフ・コントロールを促進するために，不適応的な行動パターンや認知パターンを系統的に変容していく行動科学的治療法として位置づけられることが多い。そして，対象者の問題行動や不適応症状に関連する行動的，情動的，認知的，身体的問題を治療の標的とし，学習理論をはじめとする行動科学の諸理論や行動変容の諸技法を用いて，不適応な反応を軽減するとともに適応的な反応を学習させていくことを試みる。

その一方で，認知行動療法は，ひとつの心理療法のみを指しているわけではなく，大きく行動療法（Behavior Therapy : BT）に起源をもつ流れと，認知療法（Cognitive Therapy : CT）に起源をもつ流れの総体を指すことが多い。行動療法の基盤になっているのは「連合理論（行動理論）」であり，大きく刺激と反応の結びつきの枠組みによって「学習」現象が説明される（レスポンデント学習，オペラント学習など）。一方で，認知療法の基盤とされているのは「認知理論」であり，大きく知覚体系の体制化あるいは再体制化という認知の変容の枠組みによって「学習」現象が説明される（情報処理理論，生態学的知覚システムなど）。どちらの理論も「学習」を基礎にすえていることは共通しているが，心理療法としてのアセスメントの観点や用いる手続きは，異なっている部分も多い。

たとえば，問題行動や症状の生起や維持の理解に際しては，両者とも同じ略称で表現される「ABC分析」を実施する。行動療法の枠組みにおけるABC分析とは，A：Antecedent（先行状況），B：Behavior（行動），C：Consequence（結果）という随伴性の記述的理解を試みることを指し，どのようなときに（A），どのようなことをしたら（B），どうなったのか（C）という枠組みで事象を理解する。そこで，当該の個人にとってCが快であればその直前のBは増加し，Cが不快であればBは減少すると考える

のが基本である。一方で，認知療法の枠組みにおける「ABC分析」は，A：Activating event（賦活事象），B：Belief（信念），C：Consequence（結果）という認知的情報処理の影響性の記述的理解を試みることを指し，どのようなときに（A），どのようなことを考えたら（B），どうなったのか（C）という枠組みで事象を理解する。そこで，Bに「認知の歪み」があるとCの不適応的反応が増大すると考えるため，この認知の歪みの変容（修正）を行うことに治療の主眼が置かれることになる。

2　認知行動療法の発展過程

　最近になって，認知行動療法に関して体系的に理解しようとする際，「第3世代」という表現に出会うことが多くなった。この「世代」という枠組みから順を追って，認知行動療法の理解を試みることは，行動療法に由来する認知行動療法と，認知療法に由来する認知行動療法の異同を理解することにもつながると考えられる。まず，第1世代の行動療法の特徴は，行動科学的な見地からのエビデンスにこだわり，伝統的な精神分析的心理療法や人間性心理学に基づく心理療法との明確な差異化をはかってきた点にある。その長所としては，当該の「個人（生活体）」を取り巻く「環境」との相互作用（機能分析的理解）に着目して，個人の内面性の問題のみの記述から脱却した点にある。その一方で，刺激と反応の結びつきの枠組みで理解するのみでは，人間の大きな特徴である認知や思考のパターンといった「個人差変数」の問題が十分に扱われていないのではないかという批判もあった（実際には，言語行動という枠組みからそれらは扱われてきた）。学術的には，対応性（反応の変化の観察が必要とされる学習の成立条件），普遍性（学習が能力などに依存しないという仮定），自動性（観察されない強化刺激の存在）などの問題点も指摘されており，環境側の刺激のあり方だけではなく，個人の側の認知的要因も積極的に治療に採り入れる「認知行動療法」への転換が試みられるようになった。

第2世代に位置づけられる認知行動療法は，それまでの狭義の言語行動の変容にとどまらず，幅広い認知の変容技法（認知的再体制化技法，認知再構成法）の発展をもたらしてきた。その長所は，個人の内面性の個人差変数である認知や思考そのものに直接的に取り組むことを可能にした点であることは言うまでもない。しかしながら，元来は，ある特定の環境下で，当該の認知プロセスを経て，どのような結果が得られているのか（機能）に着目すべきであったはずが，「認知の歪み」というラベルのイメージから，特に認知療法に由来する認知行動療法においては，認知の「内容」の適切性や適応性のみが重視されるようになっていった（実際には，基礎的な訓練を受けている実践者は，そうならないように慎重なアセスメントを行っている）。たとえば，性犯罪者処遇の場合，しばしば出くわす「女は男よりも劣っている」という認知に対しては，その認知が内容的に事実かどうか，あるいは社会的に望ましいかという観点ではなく，ある特定の環境下において，変容のターゲットである性加害行為を後押しする方向に機能しているのかという観点を重視する必要があるということである。特に，支援者はこれらを混同することなく実際の支援にあたることが重要である。
　実際に，認知の内容の変容を重視する枠組みからの介入は，行動的介入を併用しないと十分な介入効果が得られないという知見もあり，うつ病の治療効果研究においても，行動活性化療法（負の強化（後述）が随伴する回避行動を減らし，正の強化（後述）が随伴する（代替）行動を増やす）の優位性が報告されている（Dimidjian et al., 2006など）。肝要なことは，さまざまな問題行動や症状に及ぼす「認知の機能」にあらためて着目することである。ここから，認知の機能を重視する認知行動療法の原点を見直す必要があるという考え方と，大きく言語行動としての機能分析に立ち返るべきという考え方が生じた。
　このうち後者は，第3世代として体系化が試みられており，その代表格はACT（Acceptance & Commitment Therapy）と呼ばれる心理療法である（Ciarrochi & Bailey, 2008 ; Hayes et al., 1999）。ACTは，「心理的柔軟性」と呼ばれる心のあり方の創造に主眼を置き，マインドフルネスとアクセプタ

ンスのプロセス，およびコミットメントと行動の変化のプロセスを重視している。ACT の治療機序としては，学習された認知の内容の変容にはこだわらず，当該の認知と行動との「関係性」を変化させるという前提がある（認知の機能の変容）。すなわち，頭に浮かんできた事柄によって行動が振り回されなくなること（自覚した思考，感情，身体感覚，記憶などをそのままにしておくこと／アクセプタンス）が，当面の目標とされる。これを具体的に達成するプロセスがマインドフルネス（今この瞬間の外的・内的現実に対する気づきと，意識野でとらえられるもの全体に均等に気を配ること）状態の獲得であり，近年その効果が注目を浴びていることから，少年院の性非行防止プログラムにも採用されている。しかしながら，ACT の適用範囲や治療機序に関する基礎研究の蓄積が現在は途上にあり，わが国でも ACT のルーツのひとつとされる「マインドフルネス技法」のみが先行して流布している傾向にあるという批判もある。

　以上のように，行動療法系の心理療法に関して「世代」というラベルで理解されることは有用な場合も多いが，この呼ばれ方が適切な理解を妨げる要因にもなっている。すなわち，第 3 世代は第 2 世代よりも「先を行っている」という印象をもたれることが多いが，決してそうではなく，第 1 世代が重視した「機能」という原点への回帰を強調しているにすぎない（この意味においては「第 3 世代の認知行動療法」という表現はあまり適切ではないことになる）。

　また，認知行動療法の位置づけに関して世界的潮流に目を向けてみると，1990 年代前半にイギリスをはじめとするヨーロッパ団体がいち早く行動療法と認知療法の融合組織を編成した（アメリカでは，そのムーブメントそのものはあったものの，組織の再編成はかなり遅れた）。それに呼応して，認知行動療法に関する最も大きな国際学会組織が再編成され，「WCBCT（World Congress of Behavioural and Cognitive Therapies）」と称するようになった（行動療法と認知療法の総体ということで複数形表記が採用されている）。WCBCT は，3 年に 1 回のペースで学術大会が開催されることになっているが，2004 年に第 4 回大会が神戸市で開催されたことが，わが国で

認知行動療法の存在が飛躍的に広く知れ渡るきっかけとなった。なお，わが国の認知行動療法に関連する学術団体も，国際組織とほぼ同様の経過をたどっている。

3 認知行動療法のアセスメントと治療技法

認知行動療法においては，一般に「ケース・フォーミュレーション」と呼ばれる手続きによって，ケースの理解を試みる。その際に重要になるポイントは，学習性の反応という理解を前提として，認知，行動，情動，身体の各側面を環境との相互作用という観点から記述することである。すなわち，どのようなときに（環境），どのようなとらえ方をして（認知），どのように感じ（情動），どのようにふるまったのか（行動）という観点から，一連の性加害行動などを整理していく（必要に応じて身体的反応や症状の整理を含める）。ある特定の環境を刺激（S：Stimulus）と考えれば，これらの側面はSに対する反応（R：Response）であると理解できることから，同一のS（ここでは事件などを起こした環境）に対して，異なった反応（R'）ができるようになれば，さまざまな症状や問題行動の改善が可能になるとされている。

そして，強化随伴性の枠組みから，性加害行動などのターゲット行動が「正の強化」によって維持されているのか（行動することによって快が出現するのか），「負の強化」によって維持されているのか（行動することによって不快が消失するのか）を確認しながら，その「機能」を担保するような，より適応的な行動（ここでは犯罪行為以外の行動）に置き換えていく手続きが用いられる。ここで置き換える行動は，対象者が自発的に遂行する行動のほうがより望ましく（同じような環境で，偶然にでも「性加害行動を行わなかったエピソード」などを丁寧に分析して同定する），置き換える行動がない場合には，原則として新たなコーピング・スキルとして提示されることになる。

したがって，認知行動療法においては，対象者に対して，生育歴やそれまでの生活環境を丁寧に整理していくなかから，性加害行動（必ずしも事件になっていなくてもよい）に影響した可能性のある要因を調べ，学習性の要因に対してはその変容を，変容が困難な要因に対してはその特徴とうまくつきあう術を獲得させることを考えることになる。そして，セルフ・コントロールの獲得を目指して，対象者自身が自分のリスクをよく理解し，適切に具体的なコーピング方略を実行できるようになること（メタ認知の獲得）を促す。

　性加害者に比較的共通して見受けられる「認知の歪み」には，二分法的思考（たとえば「肌を多く露出している女はみんなレイプされることを望んでいる」），責任転嫁（たとえば「あの女があのときに現れなければレイプなんてしなかった」），否認（たとえば「合意の上のことだったのに金が欲しくて後から訴えてきた」），最小化（たとえば「相手は抵抗せずに逃げなかったからそれほどイヤではなかったはずだ」）などがあり，一般的に，性加害行動の潜在的なリスクになっている。そこで対象者に，これらの認知の歪みをもっていると，誰もが性加害行動を生起しやすくなることを理解させ，その認知の根拠が不確実であることを指摘したり，その状況に対する別の解釈の可能性を共に考えたりすることによって，歪んだ認知の変容を試みる。ここで重要なことは，一般論としてこのような「認知の歪み」の正誤や善悪を考えさせることではなく，当該の対象者の場合には，実際にこのような認知の歪みが，どのように性加害行動を促進するようにマイナス方向に機能していたのかに気づかせることである。

　このように認知の歪みの変容は有力な介入技法になりえるが，実際に認知の変容を促すことはそう容易ではなく，変容の抵抗に出くわすこともしばしばである。そこで，そのような場合には，認知の歪みを変容する試みそのものは続けながらも，性加害行動の遂行を促進してしまう他の要因である情動的側面や，行動を直接的に変容するような介入に切り替えていくことも必要である。なぜならば，認知行動療法においては，「認知の歪みが不適応行動を生起させる」という一方向的な図式を想定しているわけで

なく，情動的側面，身体的側面を含めて，それらが互いに影響を及ぼしているという前提を有しているからである。すなわち，行動や情動状態を変化させると，それに伴って認知が変容することもしばしば見受けられるということである。したがって，支援者は，認知を変容することは「手段」であって「目的」ではないこと，また目的は性加害行動の変容であることを十分に理解しておく必要がある。この文脈においては，極端な場合，認知の変容を積極的に行わない認知行動療法の適用ケースも出てくることになる（これは認知療法由来の狭義の認知行動療法ではありえない）。

　行動的側面への介入としては，対人関係場面を中心としたコーピング・レパートリーの拡充が中心となる（コーピング・スキル・トレーニング，特に対人場面に特化したものはソーシャル・スキル・トレーニング（SST）と呼ばれる）。性加害者に見受けられる典型的なエピソードとしては，相手（好意をもった女性を含む）に自分の思いがうまく伝えられずに結果的に暴力的手段を使用してしまった，仲間からの誘いをうまく断れずに結局犯罪行為に加わってしまった，職場の上司とうまくいかずにイライラしてストレスをためて犯罪行為で発散してしまった，などがある。実践の場面においては，それらに対して，基本的なコミュニケーションを中心としたスキルを踏まえながら，性加害行動に影響したと思われる対人関係の場面を具体的に想定し，具体的にどのようにふるまえば事件につながる可能性を下げることができたのかを対象者と共に考えながら，当該のスキル遂行の練習を行っていくことになる。

　ここで訓練の対象になる（ターゲット）スキルは，社会的に望ましい行動ばかりではなく，当該の環境下において，対人関係が円滑に行くような反応を「相手から引き出すことのできるスキル」であることがより望ましい。たとえば，親しい間柄では，社会的に望ましいとされる言い方やふるまい方ではなく，少し砕けた方法でないと，結果的に慇懃無礼になってしまいがちである。

　また，情動面への介入としては，高ぶった情動の沈静を促すことを目的としたリラクセーション・トレーニングが用いられることが多い。一般

に，情動的な過剰覚醒は反応レパートリーを狭めてしまうことが多く，結果的に，多様な行動や認知のあり方そのものに注意を向けることを困難にする。したがって，情動の高ぶりに自らが気づくことができるようになること，気づいた後にリラクセーションなどの適切なコーピングが遂行できることに支援の主眼が置かれる。また，被害者を中心的な対象とした共感性の育成も情動面への介入に分類されることがあるが，被害者の苦痛に対して対象者の情動を重ね合わせることが性加害行動の抑止として機能するかは一貫した知見が見受けられず，介入には相応の工夫が必要である（野村・嶋田，2010）。具体的には，認知的な側面から他者視点の取得（自分が遂行した行動は相手にはどのように映ったかを中心に整理を行い，必ずしも情動を重ね合わせることは求めない）を促すことが，現時点では有効であると考えられる。

4 集団認知行動療法

　うつ病を代表として，認知行動療法を集団の形式で実施することは，診療報酬算定などのコスト面を中心とした社会的要請にも応えうる。しかしながら，特にわが国においては，多くの臨床的実践が行われているにもかかわらず，これまでその理論的背景はほとんど議論されることがなかった。この点に関して，バーリンゲームほか（Burlingame et al., 2004）やビーリングほか（Bieling et al., 2006）の治療モデルは示唆に富む（図1）。すなわち，集団認知行動療法は，個人形式で実施される認知行動療法がもつ側面と，伝統的な集団療法などに代表されるグループ・プロセスがもつ側面から構成されると考えるところに大きな特徴がある。この考え方に従えば，個人を対象とした認知行動療法において行われるケース・フォーミュレーションや介入手続きと，グループ・プロセスの理解や治療的活用（グループ・メンテナンス）とは，それらの相互作用を前提としながら，それぞれを別々に考えることが可能であるため，従来型の集団療法とは一線を画し

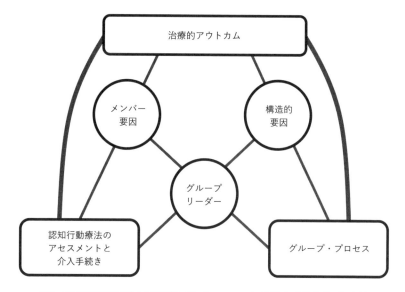

図1　集団認知行動療法の治療構造（Burlingame et al.（2004）を筆者が一部改変）

ている（一方で，よく耳にするようなグループ・プロセスをほとんど考慮せずに，マニュアル通り「手続きを進める」のが認知行動療法であるという理解は明らかに誤りである）。

　ここでいう「グループ・プロセス」とは，集団の成長，集団の構成や時間経過，対人関係の言語的・非言語的なフィードバックなどであり，伝統的な集団療法が重要視している点でもある。この「認知行動療法のアセスメントと介入手続き」と「グループ・プロセス」に，グループのリーダーの要因（たとえば，リーダー自身の特徴，グループ・プロセスへの配慮の程度など），メンバー要因（たとえば，対人関係スキルの程度，共感性の程度など），構造的要因（たとえば，クローズドあるいはオープンなどの運営形式，頻度，長さなど）と相互作用しながら，治療上のアウトカムに影響を与えるとされている。すなわち，集団形式であったとしても「認知行動療法」である以上，その個別のケース・フォーミュレーションや介入手続き（集団形式になると著しくおろそかになりがちな点である）は何ら

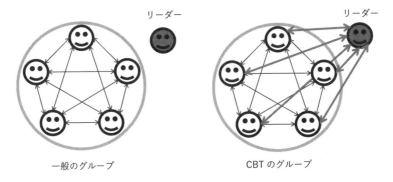

図2　集団認知行動療法の治療構造の模式図

変わることがなく，当該の個のメンバーを中心に据えれば，集団という治療の場は「治療上の環境」ということになる。この構造を模式的に示したものが図2である。集団認知行動療法と個人療法を併用している場合には，同一の治療者が治療にあたっていても，治療の形態によって対象者の反応が異なるということにもしばしば出くわす。これは，明らかに対象者を取り巻く環境変数の影響を受けているという理解が可能である。そして，行動科学の考え方に立脚すれば，快を求め，不快を避けるという行動の生起や維持の基本的枠組みに従って，それぞれの環境下では，何を言えばよいのか，どのような態度をとれば「自分にとってより都合のよい環境」になるのかを学習したと理解できる。

　ここで重要なことは，治療上重視すべき点は「グループ・プロセス」そのものではなく，「治療上のアウトカム」であるということである（たとえば，臨床経験としては，グループが互いにポジティブなコミュニケーションができてよかったとするのではなく，個々のメンバーのターゲット行動に対して，自己理解や行動のコントロールに寄与できてよかったと考えるほうがよりよいとされる）。この意味合いにおいては，グループが多少ぎくしゃくしても，個々のメンバーに治療上のアウトカムを達成するべく進展が見受けられた場合，相応にポジティブな評価がなされるべきである（ただし，グループ・プロセスが良好であるほうがよいことは言うまでもない）。

この前提に従えば，重視すべき手続きに関しても，その観点が従来の集団療法と随分と異なってくる。たとえば，従来型の手続きでは，あるメンバーが自分に関する「発表」を行った際に，当該の発表者にとって有用な「フィードバック」をしてあげたかどうか（および，その内容や発言の意味合い）に重きが置かれがちであったが，集団認知行動療法においては，その観点に加え，他のメンバーが発表を聞いて「それを自分にどのように役立たせることができるか」という観点が欠かせない（この観点は伝統的な集団療法にも含まれているという知見もあるが，それを意図した手続きとして具体的に用いているという点が大きく異なる）。
　性犯罪者処遇の場合，一般にセッションの構造としてクローズドグループ形式で，多数回セッションが組まれることが多いことから，グループ・プロセスの問題はプログラムの序盤に，認知行動療法としてのアセスメントや技法の問題はプログラムの中盤以降に焦点化されることが多い（集団認知行動療法の形式は，民間ではオープングループ形式を用いていることが多い。最近はそれらに加えて，より個別化が意識されたローリンググループ形式が有用であるとされている（野村，2014））。
　いずれにしろ，認知行動療法の枠組みでは，プログラムの終了にあたって，対象者の生活環境下（S）で従前の不適応的な反応（R）が観察されなければよいということになる。ただし，それは一過的な反応ではなく，習慣的反応への変容までを一連の手続きとしていることは意外に知られておらず，それが「認知行動療法は表面的な治療である」と誤解される一因にもなっていると考えられる。さらに，矯正の場の治療的・教育的処遇においては，一般社会における認知行動療法が考える以上に，ミクロ次元（ターゲット行動に関する狭義の強化随伴性の理解）とマクロ次元（ミクロ次元以外の間接的にターゲット行動に影響を与える広義の理解）の整理は欠かすことができない。たとえばミクロ次元において，性加害などの犯罪行動のコントロールが可能になっても，マクロ次元において，食べることに困るくらいであれば刑務所暮らしのほうが心地よいなどといった要因の影響で，容易に再犯をしてしまう者が少なからずいるからである。

ウィリアム・L・マーシャルを挙げるまでもなく，カナダ，イギリス，アメリカにおいて性犯罪再犯防止指導は長い間お手本となるべく効果的に実践されてきた。今後は，それらの伝統の基礎を受け継ぎながらも，わが国の実情に即した治療理論，治療技法，具体的手続きを体系化しつづけることが重要であると考えられる。

文献

Bieling, P.J., McCabe, R.E., & Antony, M.M.（2006）Cognitive-Behavioral Therapy in Groups. Guilford Press.
Burlingame, G.M., MacKenzie, D., & Strauss, B.（2004）Small group treatment : Evidence for effectiveness and mechanisms of change. In : M.J. Lambert（Ed.）Bergin and Garfields' Handbook of Psychotherapy and Behavioral Change. 5th Ed. Wiley & Sons, pp.647-696.
Ciarrochi, J.V. & Bailey, A.（2008）A CBT-Practitioner's Guide to ACT : How to Bridge the Gap between Cognitive Behavioral Therapy & Acceptance & Commitment Therapy. New Harbinger Publications.（武藤 崇・嶋田洋徳＝監訳（2011）認知行動療法家のためのACT（アクセプタンス＆コミットメント・セラピー）ガイドブック．星和書店）
Dimidjian, S., Hollon, S.D., Dobson, K.S., Schmaling, K.B., Kohlenberg, R.J., Addis., M.E., Gallop, R., McGlinchey, J.B., Markley, D.K., Gollan, J.K., Atkins, D.C., & Dunner, D.L.（2006）Randomized trial of behavioral activation, cognitive therapy, and antidepressant medication in the acute treatment of adults with major depression. Journal of Consulting and Clinical Psychology 74 ; 658-670.
Hayes, S.C., Strosahl, K., & Wilson, K.G.（1999）Acceptance and Commitment Therapy : An Experiential Approach to Behavior Change. Guilford Press.
野村和孝（2014）民間施設における再犯防止を目的とした集団認知行動療法の取り組み．日本犯罪心理学会第52回大会ミニシンポジウム1「司法矯正領域における集団認知行動療法──グループという力の活用の観点から」．犯罪心理学研究52 ; 232-233.
野村和孝・嶋田洋徳（2010）性犯罪抑止における共感性の機能的側面に関する展望．早稲田大学臨床心理学研究9 ; 197-206.

コラム❷
RNR原則とリスクアセスメント

　Andrews & Bonta（1994/2010）により提唱されたRNR原則は，今や世界で広く支持される犯罪者処遇の原理である（Serran et al., 2010）。これは，再犯の危険性の程度（Risk），処遇のターゲットとなる犯罪者側のニーズ（Need），そしてプログラムなどを提供する環境や提供の仕方（Responsivity＝反応性）の頭文字をとったものであり，再犯抑止のために効果的なプログラムを提供する場合，処遇者側はこの3つを踏まえるべきであるとされている。

　つまり，処遇プログラムを提供するためには，受講者＝受刑者たちに対する正しい理解が，前提条件として必要ということである。通常は，心理面接による精査を行ってこれを進めるが，現在では，臨床家の理解を助けるためのツールも多く開発されている。これらはリスクアセスメントツールと呼ばれる。

　リスクアセスメントツールには，臨床家が面接で得られた情報をその専門的見地から評定するものもあるが，チェックリストのような形で，事実を「ある」「なし」などの基準で得点化していくものもある。ツールの多くは，多変量解析である保険統計的な手法を用いて開発されているため，一人ひとりの犯罪者の「再犯リスク」を，条件付きで予測することができる。臨床家の臨床的判断のみよりも，こうした科学的な手法を採用するほうが，RNR原則に則った精度の高い査定が可能だからである。

　さらに，こうしたツールには，2つの側面が含まれていることが多い。1つは，犯歴や性別，年齢など，関係者の努力ではもはや変えられない動かない変数（静的要因），もう1つは，これからの専門的介入によって変化が見込まれる変数（動的要因）である。たとえば，性への価値観，対

人スキル,認知的・情緒的共感性といったもので,これらを変化させれば,性犯罪の再犯を抑止する可能性が高まると考えられている。RNR 原則に立ち戻ると,静的リスクは主に Risk 原則に則り,動的リスクは主に Need 原則に則っている。

　日本でも,刑事施設の性犯罪者処遇プログラムの受講の要否,受講するプログラムのタイプ,時期などを慎重に検討する必要があると認められた受刑者に対して,この RNR 原則に基づき,全国に 8 カ所ある「調査センター」で個別の心理面接を実施し,詳細かつ専門的なアセスメントが行われている。

　なお,リスクアセスメントツールの詳細については,ドーレン(2010),ハンソン(2010)が詳しく,興味のある読者は参照されたい。

文献

Andrews, D.A. & Bonta, J.（1994/2010）Psychology of Criminal Conduct. Anderson Pub.
デニス・M・ドーレン（2010）再犯のリスクアセスメント——何が問題なのか. In：ウィリアム・L・マーシャルほか＝編［小林万洋・門本 泉＝監訳］性犯罪者の治療と処遇——その評価と争点. 日本評論社, pp.3-20.
R・カール・ハンソン（2010）安定性と変化——性犯罪者の動的リスク要因. In：ウィリアム・L・マーシャルほか＝編［小林万洋・門本 泉＝監訳］性犯罪者の治療と処遇——その評価と争点. 日本評論社, pp.21-40.
Serran, G.A., Marshall, W.L. Marshall, L.E., & O'Brien, M.D.（2010）Sexual offender assessment. In：J.M. Brown & E.A.Campbell（Eds.）The Cambridge Handbook of Forensic Psychology. Cambridge University Press, pp.307-318.

第2部

各論・実践篇

6
初心者へのガイド
性犯罪者処遇を担当することになったら

神藤彩子

> **キーワード** 不安，経験，疲労・消耗，ピアグループ，ジェンダー・バイアス
>
> **要約** 性犯罪の履歴がある対象者の治療や心理教育を担当することになった場合，関わりの前に留意すべきことや，実際に担当してから参考になること，知っておくと役立つことについて，筆者自身が経験から学んだことを述べる。この章を読む初任のセラピストやプログラム担当者が，少しでも安心して，そして，適度に楽な気持ちで性犯罪者処遇を開始できるように，具体的なエピソードも紹介する。最後に，女性担当者が性犯罪者処遇プログラムを担当する場合の難しさについて述べるとともに，この領域に女性担当者が携わる意義に関して事例を示しながら考察する。

I 性犯罪者処遇に携わる専門家

　刑務所などの矯正施設では，国家公務員（多くは心理学や教育学の専門職）が性犯罪受刑者の心理・教育的プログラム（刑事施設における性犯罪者処遇プログラム）を担当している。担当する職員のなかには，性犯罪者処遇への関心が高く，自ら携わることを希望する者もいるが，一方で，性犯罪者処遇に携わることを希望していたわけではない，あるいは，これまでグループ療法の経験もない者，または，新年度になって刑務所に配置転換になり，心の準備がないまま性犯罪者処遇を担当するという職員もいると思われる。筆者は，かつて後者に属する者であった。少年鑑別所に勤務

していたときから性犯罪・性非行の理解は難しいと感じており，集団の場で話すことも苦手なほうでグループワークはあまり好きではなかった。鈴木（2014）によれば，一般に，セラピスト自身がグループ療法を好むかどうかはグループ療法を担当するにあたっては問題にならないとは言われるものの，性犯罪者処遇に携わる前は，自分がグループワークを担当するなど想像できなかった。

　最近では，刑事施設で活躍する処遇カウンセラーも多く，民間の医療機関や相談機関で性犯罪者の治療に携わる専門家も増えていると聞く。処遇カウンセラーの場合は，希望して性犯罪者処遇に携わることもあるのかもしれないが，たとえ希望していたとしても，実際にグループを進める過程で，どう対処してよいか困るような問題に直面することもしばしばあるだろう。民間の医療機関などの場合には，刑事施設のように，対象者が受刑中に心理・教育的プログラムの受講を義務づけられるといった強力な枠組みがあるわけではない。つまり，一般的には，家族などの周囲からの希望も受け入れていることを含めれば自分の自発的意思で治療に通っていることになる。しかし，それだけに，継続的治療への動機づけを維持することがむしろ難しいこともあるのかもしれない。また，セラピストが私生活を送る地域社会のなかで性犯罪者治療を担当することになれば，セラピスト自身が治療に関わることに一層の不安や抵抗感を抱くこともあるのではないだろうか。

　この章は，特にかつての筆者のように思いがけず性犯罪者と仕事で関わることになったものの，不安を感じている初心者や，経験の浅い専門家を主な対象としている。筆者の経験は多少偏っているかもしれないが，実際に性犯罪者処遇を担当することになった際に感じたことや困ったことを，失敗談も含めたエピソードを交えながら述べたい。この章を読む初心者が，少しでも安心して，そして，適度に楽な気持ちで，性犯罪者処遇に携わることに役立ちたいと願っている。

2 始める前に

1 まずは自分の不安に気づくこと

　性犯罪者処遇プログラムを担当することになって筆者がまず行ったことは，性犯罪やグループ療法の理論，心理・教育的プログラムの基礎となる認知行動療法について勉強することだった。刑事施設には，性犯罪者処遇プログラムのための分厚いマニュアルや理論が書かれた冊子が山ほどある。そのほかにも先輩たちから勧められた書籍やDVD教材もあり，プログラムを始める前にできるだけ多くのことを頭に叩き込まないといけないと思い込んで，職場でも家に帰ってからも毎日ひたすら資料や文献を読んでいた。今振り返ってみると，当時，急に性犯罪者処遇を担当することになって心のなかは不安でいっぱいだった。

　不安に駆られて勉強をするなかで，被害者についても関心をもつようになり，被害者の方たちが自らの体験を綴った書籍を読んだり，性被害に関する講演会にも足を運んだりした。その結果，性犯罪によって人としての尊厳を踏みにじられた被害者は，新たに自分の価値を見出し前進するのが難しいことや，実際の事件後も続くトラウマがあること（大藪, 2007）を改めて知り，加害者臨床に携わる自分の立場に抵抗感や葛藤も抱くようになった。

　たしかに，性犯罪者処遇を実施するうえで，性被害の実情や被害者の立場について学ぶのはとても大事なことである。しかし，今振り返ってみると，性犯罪被害者への関心は，職務上の使命感からだけではなく，性犯罪者処遇に携わることになった筆者自身の不安の強さが色濃く表れたものであったと言える。性犯罪者処遇プログラムで被害者に対する共感性を高めるための介入は，性犯罪者の恥の情動を喚起させたり被害者非難と認知の歪みを助長させたりする可能性があることが指摘されており，再犯リスクの増加につながるとも言われる（Proeve & Howells, 2005）。当時の筆者は，

受講者に被害者への共感性を高めることで，再犯を抑止することが重要だと考えていたが，加害者臨床に携わるセラピストが何より優先することは，まず性犯罪被害について学ぶことであったかと振り返ると，そうとは限らないように思われる。現在の筆者は，性犯罪者処遇プログラムを担当することになった初心者が最初にすべきは，自分の心のなかにある不安を認識し，それとしっかり向かい合うことであると考えている。そのうえで，性犯罪の理解や性犯罪者処遇に必要な勉強を焦らずに地道に続けていくのがよいと思う。

2　完璧な準備というものはない

　性犯罪者処遇においては，専門家としての自分がもつこれまでの臨床経験があまり応用できないと感じることがしばしばある。筆者の場合，たとえば，受講者がプログラムへの不安や不満を攻撃的な形で自分にぶつけてくるケースが，それであった。いくら勉強したとしても，実際に受講者に相対し，性犯罪者処遇を始めてみなければわからないことが多く，担当者は実際に「経験する」ことを通して，いろいろなものを理解しなければならない。

　経験を積み重ねることはいずれの臨床領域においても重要だが，性犯罪者処遇の分野でとりわけ重視されるのは，ひとつに，「性」というテーマがもつ特殊性にも起因するのだろう。「性」というテーマの前では，受講者のみならず私たちも正面から向き合うことに抵抗を感じやすく，このテーマを自由に扱いにくい面がある。現代において「性」は，ある意味非常にオープンで，マスメディアやインターネットには性の情報が氾濫しているが，その反面，情報源は偏っていて正しい情報はあまり知られていない。性は，おおっぴらに語られているように見えながら，私たちの日常のなかではどこか陰に置いておきたいもので，歪めてとらえやすいところがある。たとえば，性風俗の実態や近年の性行動の多様化について，刑務所におけるプログラム担当者が十分具体的に把握しているかと問われれ

ば，必ずしもそうではない。また，性行為の情報が氾濫し，性行為について中学生のほとんどが知っているのに，人工中絶や性感染症の予防に必要な情報は十分もっていないという，とてもアンバランスな状況がある（木原，2006）。こうした現実のなかにいて，私たち自身も性について虚心で向き合うことが難しい面がある。このような「性」のもつ特殊性から，別のテーマが主となる領域での経験を応用しにくいのだろう。特に，真面目な初心者ほどよく勉強してはいるものの，性を取り巻く偏った情報ばかりのアンバランスな状況のなかで頭でっかちになりやすい傾向があるように思われる。しかし，そうした傾向は，受講者に対してきちんと率直に向き合わないまま，知的な理解のみにとどまる姿勢を生むため，プログラムではむしろ弊害になると感じている。初めて性犯罪者処遇を担当することになった専門家は，自らの戸惑いを自覚しつつ，「経験をしないとわからない」というごく当たり前のことを念頭に置きながら，受講者から学んでいこうという姿勢で経験を積み重ねていくことが望まれる。

3　開始してから

1　適度に楽な気持ちで始めよう

　心理療法でセラピストが消耗しないために大切なこととして，熊倉（2004）は，「あきらめ」と「好い加減」という言葉を挙げ，次のようなメンタルヘルスの現場での体験談を述べている。

　　　某保健センターで私が見たのは，スタッフ全員が実に多くの仕事をこなし憔悴する姿であった。スタッフの神経性疲労。スタッフの相談役は私の仕事であった。しかし，どのように切り抜けたらよいか。私にはわからない。ただ，その場に顔を出して話を聞くだけである。
　　　その日も不安を持って現場を訪れた。すると予想に反して皆の表情

は明るい。何が起きたのだろう。驚いて聴いてみると,「仕事は今も大変。状況は何も変わらないから。でも全部はできない。あきらめた」と笑いながら答えるではないか。 (p.26)

　熊倉（2004）は,「あきらめ」という言葉は,日常的にはネガティブな意味であるが,この場合,状況が明らかになるというポジティブな意味が含まれており,新しい視点に立つことによって「生」のポジティブな力が発現すると指摘している。また,多様な個性が出会うメンタルヘルスの現場での連携は,人的ネットワークの「好い加減」なバランスを探ることであると言い,この「あきらめ」と「好い加減」という言葉は,ともに自分の思い込みを捨てて他に委ねるという点で共通すると述べている。そして,「あきらめ」といっても,実は少しもあきらめてはいないのであり,一種のしぶとさと実際的な感性を身につけただけだと解説する。

　ここには,性犯罪者処遇の領域に初めて足を踏み入れる専門家にとっても,学ぶべき大切な視点が含まれている。また,グループワークは長期間にわたるものであり,それに携わるプログラム担当者の仕事は本当に大変で,特に初心者は戸惑いや苦労が絶えない。とはいえ,グループワークというものは,受講者同士の相互作用もあって日々成長していき,我々担当者の想像の及ばない変化も起こりうる。そうしたポジティブな意味において,「あきらめ」という言葉がしっくりくる。性犯罪者処遇を開始する前から自分がなんとかしなければと力んだりせず,グループに対して心を開いて,身を委ねるくらいの気持ちでよいのかもしれない。失敗をする前から心配するよりも,実際にグループを始めてから,失敗や挫折を経験したときに,「しぶとさと実際的な感性」をもって,それをどのように受け止め,そこからどのように立ち上がるかを考えることのほうが重要であろう。

2　担当者の疲労・消耗

　バーンアウト研究によると,看護師,教員,ヘルパーなどのヒューマン

サービスの仕事に携わる人々が、過重な負担に耐え切れず、バーンアウト症状を示すことが多いことから、バーンアウトは「理想に燃え使命感にあふれた人を襲う病」と言われている（久保，2004）。性犯罪者処遇に携わる者においても、性犯罪の再犯防止や犯罪者の立ち直りといった理想をもって働いているだけに精神的な負担が大きく、バーンアウト症状を呈することがある。また、そこに至るほどではなくとも小さな消耗を繰り返し、疲労を蓄積させることは多い。

　特に初心者は、そもそも自分が精神的に消耗していることや疲れていること自体に気づかない場合もあることに注意が必要である。性犯罪者処遇における消耗とは、たとえば、職場にいる時間だけでなく、家に帰ってからも休みの日までも担当するグループのことを四六時中考えて追い詰められたような気持ちになり、その結果、暗く憂うつな気持ちで過ごすようになり、プライベートな時間を楽しむゆとりがなくなるといった状態である。このような状態が続くと、心身共に参ってしまい、家族や同僚など周囲の人が異変に気づく頃にはすでに深刻な状態に陥っている可能性もある。

　できるだけ早い段階で、これらに対処できることが望ましいが、そのためにはまず、自分の心身の状態を正しく認識することである。久保（2004）は、ストレス研究に携わるベルニエ（Bernier, 1998）が深刻なバーンアウトからの回復を経験したヒューマンサービス従事者 20 名のインタビューデータを分析して、バーンアウトの回復過程を 6 段階にまとめたものを、表のように整理している。その第 1 段階は「問題を認める」である。研究の対象が深刻なバーンアウト経験者であるため、性犯罪処遇プログラムの担当者にすべてを当てはめることはできないが、その後の第 4 段階までの「仕事から距離をとる」「健康を回復する」「価値観を問い直す」という過程は参考になり、こうした知見から応用できることも多い。「仕事から距離をとる」という段階については、たとえば、一時的に担当しているグループから離れる、グループでの担当者の役割を交代する（リーダーとコ・リーダーの交代）など、それぞれの消耗の段階に応じた選択肢が考えられる。

表　バーンアウトからの回復過程

第1段階 ［問題を認める］	疲労，身体の違和感，不眠，過緊張，不快感などの心身の異常が，一過性のものでなく，その原因として心理的要素が深く関わっていることを自覚する。
第2段階 ［仕事から距離をとる］	仕事との間に心理的な距離をとることが求められる。
第3段階 ［健康を回復する］	最初の時期は，心身をリラックスさせることが重要である。
第4段階 ［価値観を問い直す］	今までの生活を振り返り，自分自身を再発見する。この時期を境にして，ひたすら仕事にのめりこんでいく姿勢を改め，個人の生活に重きを置いた価値観を獲得する。
第5段階 ［働きの場を探す］	再び社会との接点を求めて，自分の新しい生活スタイルに合った職を探しはじめる。
第6段階 ［断ち切り，変化する］	新しい職場での生活を選択するケースも多い。

（注）久保（2004）の示した表を筆者が要約したもの。

3　必要な援助・職場での人間関係

　では，プログラム担当者や周囲の同僚たちが自ら能力を発揮するために，できることは何だろうか。浦田ほか（2012）は，刑事施設において性犯罪者処遇に携わる担当者に質問紙調査を行った結果，自らの仕事ぶりに自負心や自信をもっていることや，担当者が同僚などの周囲と積極的な関わりがあると感じられることが，情緒的満足感の高さやバーンアウトの抑制に関連していることを見出した。そして，担当者同士が援助・支持し合える雰囲気づくりやプログラムの効果が認められた際は，それを評価し合えるような関係づくりが必要であると指摘している。

　これと関連して，同じような立場にある仲間が，体験を語り合い，回復を目指す取り組みである専門家のピアグループの有効性を指摘しておきたい。そうした場では，担当するグループがうまくいかなくなった場合に，

自分では思いつかない具体的な方策を同僚からアドバイスしてもらえることがある。また，日頃からグループの状況を話し合う経験によって，互いにスキルを高め合ったり，先行するグループの状況を参考に性犯罪者処遇の過程で生じやすい問題に対して，事前にさまざまな対策を立てたりすることもできる。

このように，職場の同僚や上司，あるいはスーパーバイザーとの一対一の関係からは得られないメリットがピアグループにはあるが，ここで重要なのは，情報の質や量という点のみではない。ピアグループというグループ体験そのものが大きな意味をもつ。グループの一員として，同じ悩みや課題を抱える専門家がピアグループの場に身を置いて，それについて安心感をもって語り合うことができれば，そこにいる者は知識や情報に加えて，仲間からの支えを感じ，意欲やエネルギーをもらえる。それは，受講者のグループ・プロセスと重なる面があり，この点でもプログラム担当者同士のグループ体験は重要と考えられる。グループ体験のなかで感じ，考えることは，担当するグループに活かされるはずである。

4 グループのもつ力を信じること

筆者の場合，個別面接にはないグループならではの難しさがある半面，受講者の相互作用が織りなす力，つまりグループの力の大きさに驚かされることも多かった。ヤーロム（2012）は，11あるグループの療法的因子のなかで，第一に「希望をもたらすこと」を挙げている。そして，自分と同様の問題を抱えた者たちがセラピーの結果良くなっていくのを見ること，つまり，他者が回復していくのを眼のあたりにできることが，まさに「希望をもたらすこと」だと述べている。また，武井（2002）は，グループではさまざまな体験を語り合うことが，問題解決に直接役立つ情報源になるうえに，自分の辛い体験を語ったり，ほかの人の話に耳を傾けたりするだけで，誰かの支えになり，役に立っていると知ることになると言う。さらに，それまで自分の問題だけにとらわれ，無力感に陥っていた人にとって

は，自分の価値を再発見する体験にもなると言う。

　筆者自身の日常生活を振り返ってみても，悩んでいるとき，同じような問題を抱えている人と悩みを互いに話し共有できただけで，緊張が解けてほっとしたり励まされたりする。グループが各受講者にとってそのようなものになったとき，プログラム担当者や他の受講者の支えを感じるなかで，率直な自己開示が進み，グループ全体が動いていくという実感がある。グループそのものが生きているように感じられることが筆者にもあった。グループの終盤で受講者がプログラム終了の寂しさや不安を訴えた際に，「グループはみんなにとって特別なものだから大切にしてほしい。私もこのグループを大切に思っている。グループが終了しても，ここで得たものはみんなの心のなかにある」と伝えたことがある。受講者一人ひとりの成長への力とともに，グループそのものがもつ力をプログラム担当者が認識することは，性犯罪者処遇に希望をもつことにつながり，グループに対する過剰な責任感から解放されることにもなる。

4　女性担当者の抱える困難とその応用価値

1　女性という特性がもたらすもの

　性犯罪者処遇にあたる担当者は，性犯罪者から事件の話やその背景を聞き取り，彼らの攻撃性，偏ったものの見方や性的嗜好などと関わるなかで，家庭生活と職業生活の双方においてさまざまな影響を受ける。なかでも，女性の専門家は男性よりも，クライエントに脅かされ危険にさらされているという感覚を抱きやすいことが指摘されている（Ellerby, 1996）。女性担当者の場合は，性犯罪者処遇の影響で不安や恐れを抱きやすくなり，自分の家族，特に子どもの安全を守ろうとして過度に外界に対して警戒的になるようである。また，女性担当者が受講者から性的な話題を振られたり，好意を向けられたりすると，戸惑いや嫌悪感などさまざまな感情を抱くこ

とになる場合もある。

このように，女性が性犯罪者処遇を担当する場合の難しさはあるが，こうした難しさによって，受講者の問題性や課題がかえって明らかになる面もある。そして，それをプログラムのなかで活かすことは可能である。たとえば，女性担当者は，受講者からさまざまな女性イメージを投映されることをなかば避けられない。もちろんその精神的負担も大きいが，担当者が一人の女性として適応的な言動を取ることによって受講者の女性に対するイメージの修正を図ることができるかもしれない。

2　男女の協働

性犯罪者への心理・教育的プログラムでは，担当者は男女のペアで行うことが推奨されている。良好な男女間のロールモデルを提示するとともに，女性の視点をグループに取り入れることなどが含意されている（高橋，2006）。

しかし，実際のところ，男女のペアが協働してグループを進めていくことは時に簡単なことではない。女性担当者が，受講者に心理的安全感を脅かされやすいことは既述したが，同僚である男性担当者が女性担当者に与える影響もかなり大きい。たとえば，グループで受講者から女性担当者への攻撃的な発言があった際，受講者の発言よりも，その場面での男性担当者の言動に対して彼女が相当に傷ついてしまう場合もある。

この背景のひとつとして，「ジェンダー・バイアス」と言われる社会的・文化的性差別あるいは性的偏見が，性犯罪者だけでなく私たちの社会一般のなかにも存在していることが挙げられる。プログラム担当者もそれらからまったく自由であるとは必ずしも言えず，また，「性」というテーマの受け止め方が男女で違うという面もある。「ジェンダー・バイアス」の問題は，正面から取り上げられることはあまりないが，性犯罪者処遇に携わる担当者がつねに意識しておくべき重要な課題である。

そして，これと関連して，男女の担当者が互いに向け合う期待も見落と

せない。たとえば，女性担当者は男性担当者に対して，受講者の良き男性モデルとして，「こうあってほしい」という期待を抱きやすい。また，心理・教育的プログラムを進める過程では男女の担当者が互いによく理解し合いたいと思うものであるが，そもそも河合（1992）の言うように，男女が理解し合うことは実に大変なことである。長期間のプログラムの過程では互いの理解がどこか噛み合わず，担当者同士の関係性に気を取られがちになることもある。

そうはいっても，この困難な挑戦をしている姿をグループのなかで見せることも，受講者に対しては治療的・教育的になりうる。受講者が自己理解を深め再犯防止に向けて取り組むことという性犯罪者処遇プログラムの目的に立ち返って，男女の担当者がリーダーあるいはコ・リーダーとして，また，男性担当者あるいは女性担当者として，グループにおいてどういう役割，立ち位置を取ることが目標に適うのかを考えねばならない。

3 事例からの考察

筆者は，女性担当者が性犯罪者処遇にかかわる意義はたしかにあると考えている。そう感じた事例を簡単に紹介する。

かつて筆者が担当していたグループで，離婚歴があり元妻や子どもとの関係をめぐって傷ついた経験のある受講者がいた。彼は，グループへの参加には積極的で，グループでは他の受講者の話もよく聞き，鋭く的を射たコメントをしていたが，自分自身のことについてはあまり語りたがらなかった。プログラム担当者たちに対しては，皮肉っぽく恰好をつけがちな面も見られた。しかし，あるとき，彼がこれまでの自身の生活歴を語った際，彼の傷つきや努力を受け止めて，その旨をストレートに伝えた筆者に対し，彼は変化を見せはじめた。皮肉っぽい態度はだんだんとなくなり，グループでも時折甘えや弱い部分を見せるようになった。担当者の姿勢に，自分を一人の人間として尊重し，理解しようと関わってくれるような，これまでとは異なる「女性像」を見出した可能性も考えられる。

土居（1992）は，セラピストがクライエントを一人の苦しんでいる人間として捉え，そういう意味で尊敬の念を抱けば，クライエントにも伝わるのだと述べている。それは，まさに性犯罪者処遇にも当てはまる。この事例のように，女性を傷つける性犯罪を繰り返す性犯罪者のなかには，母親や妻，恋人などの身近な女性たちとの間で自らも傷ついた経験をもつ者たちもいて，そうした受講者に対して女性担当者が彼らを一人の人間として尊重し，きちんと向き合うことの治療的・教育的な意味合いは大きいと思われる。

文献

Bernier, D.（1998）A study of coping : Successful recovery from severe burnout and other reactions to severe work-related stress. Work & Stress 12 ; 50-65.
土居健郎（1992）新訂 方法としての面接．医学書院．
Ellerby, L.（1996）Impact on clinicians : Stressors and providers of sex-offender treatment. In : S.B Edmund（Ed.）Impact : Working with Sexual Abusers. Safer Society Press, pp.51-60.
河合隼雄（1992）こころの処方箋．新潮社．
木原雅子（2006）10代の性行動と日本社会．ミネルヴァ書房．
久保真人（2004）バーンアウトの心理学――燃え尽き症候群とは．サイエンス社．
熊倉伸宏（2004）メンタルヘルス原論．新興医学出版社．
大藪順子（2007）STAND――立ち上がる選択．いのちのことば社．
Proeve, M. & Howells, K.（2005）Shame and guilt in child molesters. In : W.L. Marshall et al.（Ed.）Sexual Offender Treatment : Controversial Issues. John Wiley and Sons., pp.125-140.（小林万洋・門本 泉＝監訳（2010）性犯罪者の治療と処遇――その評価と争点．日本評論社）
鈴木純一（2014）集団精神療法――理論と実際．金剛出版．
高橋 哲（2006）カナダにおける性犯罪受刑者の査定と処遇（後）．刑政 117-6 ; 108-116．
武井麻子（2002）グループという方法．医学書院．
浦田 洋・山本麻奈・西田篤史（2012）性犯罪再犯防止指導（R3）担当者に与えるプログラムの影響．犯罪心理学研究 50（特別号）; 144-145．
アーヴィン・D・ヤーロム［中久喜雅文・川室 優＝監訳］（2012）ヤーロム グループサイコセラピー――理論と実践．西村書店．

7

性犯罪の理解
査定面接でのフィードバックから動機に迫る

與那覇聡

> **キーワード** 性犯罪者調査,査定,性欲,プライド,癒し,共感的で協働的なフィードバック
>
> **要約** 刑事施設において,性犯罪受刑者に性犯罪者処遇プログラムを実施するに当たっては,事前に個別の心理面接を実施して,彼らの再犯リスク,性犯罪につながる問題性と処遇ニーズを査定する。面接のなかでは,受刑者が自らの性犯罪の「動機」を理解し,また面接者から理解されることで,刑事施設における性犯罪者処遇プログラムの受講への動機づけを高める働きかけが可能である。本章では,性犯罪の動機についてのシンプルな理解枠を提示する。実際の事例も交えながら,協働的に進む査定面接について考察する。

1 性犯罪者との査定面接

　本邦では,刑事施設における性犯罪者処遇プログラムの受講の要否,受講するプログラムのタイプ,時期などを慎重に検討する必要があると認められた受刑者に対して,全国に8カ所ある「調査センター」で,詳細かつ専門的な査定を行う(朝比奈,2010)。特に,RNR原則(コラム❷参照)を踏まえて行う査定面接は「性犯罪者調査」と呼ばれ,性犯罪者処遇プログラム受講の前に,例外なく行うものである。
　性犯罪者調査は,性犯罪者処遇プログラムの実施に向けて,再犯リスク

の程度，処遇プログラムにおけるターゲットを査定することが主たる目的である。だが，筆者はそれだけにとどまらず，この査定面接自体が彼らが自己理解を深める契機となり，肯定的な変化をもたらすきっかけにしたいと考えている。そのために筆者が積極的に取り組んでいることは，性犯罪の動機などについての理解を，彼らにもわかりやすい言葉を用いてフィードバックし，話し合うという協働作業である。

2　「なぜ」への問い

1　性犯罪受刑者は性犯罪の動機をどう自己分析しているのか

　実は性犯罪受刑者自身，なぜ自分が性犯罪をしたのかよくわかっていないことが多く，そのことを率直に打ち明ける者は少なくない。たとえ自分なりに動機を振り返ったとしても，「性欲」の問題だと単純に捉えて済ませていたり，「日頃のストレス」や「規範意識の乏しさ」が原因だと自己分析するにとどまっていたりする。

　「性欲」が問題だったとしても，たいていの性犯罪者は，性欲を刺激するあらゆる性犯罪（強姦や強制わいせつ，痴漢，下着盗，のぞき，盗撮，露出など）を取り入れているわけではなく，実行する性犯罪の手口はある程度決まっている。「性欲」という理由だけでは，「なぜこの性犯罪はするのに，あの性犯罪はしないのか」という問いには答えることができない。そして，「なぜこの性犯罪なのか」について彼らは，「性癖のせいだ」で済ませてしまうことも多い。これらの便利な言葉（「性欲」「性癖」「日頃のストレス」「規範意識の乏しさ」など）を使い回すことによって，彼らの多くは自分がなぜ性犯罪をしたのかわかったような気になっている。

　彼らを取り巻く人たちも，彼らからこの便利な言葉を聞くと，何となくわかったような気になってしまう。そして，わかった気にもなれない異様な（奇異な，残虐な）手口の犯行を目の当たりにすると，「彼は病気（あ

るいは"変態")だ」などと非難して，心の折り合いをつけようとする。

　性犯罪受刑者との査定面接の際には，この「何となくわかったような気になってしまう」ことにいつも注意していなければならない。実際にはわからないまま彼らの問題性に言及したり再犯リスクのレベルを決めたりすると，間違った指導指針を提示し，適当ではないプログラムを選択し，その結果，再犯が繰り返されることになりかねない。

　それでは，「なぜ性犯罪に至ったのか」をどのように理解していけばいいのだろうか。

2　「性欲」と「プライド」と「癒し」

　藤岡（2006）は，「性暴力は，性的欲求によるというよりは，攻撃，支配，優越，男性性の誇示，接触，依存などのさまざまな欲求を，性という手段，行動を通じて自己中心的に充足させようとする「暴力」である」(p.15)と述べている。すなわち，性犯罪につながる本来の欲求は「性的欲求以外の欲求」ということである。この考え方は，査定面接におけるフィードバック・セッションにおいても有効である。

　筆者は性犯罪受刑者との査定面接において，なぜ性犯罪に至ったのか（以下，「動機」という）についての筆者なりの理解を呈示するときには，藤岡が示す「攻撃，支配，優越，男性性の誇示，接触，依存などのさまざまな欲求」を「プライドと癒し」というシンプルな表現（キーワード）に置き換えて説明している。このキーワードを用いて彼らと話し合うと，彼らの反応（理解）が格段に良くなるという実体験を重ねてきたためである。おそらく，日常的な言葉を用いた説明が彼らの腑に落ちるのではないかと考えている。日常的な言葉を用いている分，言葉の定義があいまいであることはご容赦いただいたうえで，ここではこれらのキーワードを用いて性犯罪の「動機」について説明したい。

3　「性欲」の奥にある「プライド」

　ここでいう「プライド」とは，自分の能動的な行動によって自力で欲求充足を果たす体験を通して自己の有能感を確認し，優越感を味わい，自らに性的な魅力があることを実感するという意味として定義する。他者と（同意のうえで）性的関係を結ぶということは，視点を換えると「自分との性的関係を同意する他者」の獲得であり，それを達成することが有能感や魅力ある自己の確認につながっていると考える。その行為は性的な色彩を強く帯びているだけに，この「プライド」は男性の場合，「男らしさにまつわるプライド」といったニュアンスが強くなる。他者との性的関係は「性欲」を充足させるだけでなく，同時にこの「プライド」も充足させているのである。そのため，日頃から今ひとつ自分に自信がもてずに自己嫌悪感を募らせていたり，理想と現実のギャップに悩んで現状に満足できなかったり，失敗や挫折を味わって劣等感を抱えていたりする者にとって，それらの不快な感情を払拭して「プライド」を獲得する，あるいは回復させるためにも，他者との性的関係はしばしば非常に有効な手立てになるのである。

4　「性欲」の奥にある「癒し」

　「癒し」とは，ここでは，他者との直接的・間接的なふれあい（スキンシップ）を通して他者との親密な関係性を疑似的にでも実感し，寂しさや孤独感を消し去り，対人関係における安心感や安堵感を味わうというような意味合いである。他者と（同意のうえで）性的関係を結ぶということは，視点を換えると「自分との性的関係を同意するくらい，相手は自分のことを受け入れてくれている」と感じられる体験であり，それが対人関係における安らぎや癒しの感覚の獲得につながる。他者との性的関係は「性欲」を充足させるだけでなく，同時にこの「癒し」も充足させているのである。そのため，日頃から対人関係における寂しさや物足りなさ，孤独感を感じている者にとって，それらの不快な感情を払拭し，「対人関係における癒し」

を獲得するためにも，他者との性的関係は有効な手立てになるのである。

5　性犯罪の奥にある「プライド」と「癒し」

　他者との性的関係は「性欲」を充足させるだけではなく，同時に「プライド」や「癒し」も充足させているという機制を踏まえて性犯罪の動機について考えると，人が性犯罪に及ぼうとするのは，「(男らしさにまつわる)プライド」か「(対人関係における)癒し」のどちらか，もしくはその両方を得たいという欲求（焦り）が募ったときであり，その際に「性欲」を充足させる（性的な刺激，興奮，快感を獲得する）手段を用いるのだと考えることができる。表向きは「性欲」が前面に出ているため，性犯罪は「性欲」に基づくものだと思いがちだが，実際にはそれよりも「プライド」や「癒し」の欲求に飢えていて，それを充足したいがために「性欲」を利用しているのである。「プライド」や「癒し」に対する飢えが，「性欲」を充足させようとする行動を後押ししているとでも言えばよいだろうか（図）。そのため，彼らは自分が飢えているものを充足させられる方法で犯行に及ぶことはあっても，それを充足させられない手段は，いくら「性欲」を充足させることができたとしても採らないと考えられる。たとえば，癒しを渇望し，性的満足で充足させようとする人は，被害者の激しい抵抗や嫌がる姿はなるべく見たくないため，強姦など相手が外傷を負うような暴力的性犯罪を選ぶことは少ない。こうした理解の枠組みは，性犯罪に至った本人たちに比較的抵抗感なく受け入れられやすい。

　さらに，このような視点で性犯罪の動機を捉えると，再犯防止の手がかりが見えてくる。性犯罪の奥にある「プライド」や「癒し」に対する渇望状態が強まれば再犯に近づき，弱まれば再犯が遠のくとしたら，その渇望状態が過度に強まらないようにする手立てと，それが強まった場合に犯罪ではない方法で対処する対策を練ることが必要である。つまり，これが，性犯罪者処遇プログラムで彼らが取り組む目標のひとつになる。再犯防止のために「がまんする」「パートナーを早く見つける」「性風俗で発散する」

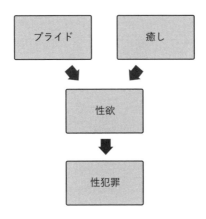

図　日常的な言葉を用いた性犯罪の理解

といった性欲のコントロールの対策を考えるよりも，現実的で有効な対策を練ることができる。

3　性犯罪の動機についての理解をフィードバックする

1　なぜフィードバックするのか

　性犯罪の動機に適切に対処することが再犯防止の手がかりのひとつになるのであれば，性犯罪受刑者が自己の性犯罪の動機を理解することには意味がある。しかし，先に述べたように，彼らはその動機について不十分な自己洞察にとどまっていることが多い。

　性犯罪者は逮捕されてから起訴や裁判など一連の過程のなかで，さまざまな立場の人から事件に関して追及される。それは警察官や裁判官であったり，面会での家族や友人，知人であったりする。時には叱責や非難をされるであろうし，自分で自分自身を責め立てることもあるだろう。報道のなかで事件が大きく扱われていれば，社会から強い非難を浴びる。そして，

周りから「なぜそんなこと（性犯罪）をしたのか」と説明を求められ，彼らは周りが納得してくれそうな言葉や，自分でも折り合いが付く理由を探さなければならなくなる。

ただ，そのときには周りからの叱責や非難で萎縮していたり，罪悪感に加えて羞恥心や自己嫌悪感，周りへの反感，反発，現実を受け入れられない（受け入れたくない）という現実逃避の感覚など，さまざまな感情や感覚が入り混じり，混沌としたなかで彼らなりの答えを見つけ出すことになることが多い。そして，この混沌のなかでの答えの探索は，自分にとって都合の良い理由や何となくつじつまの合う理由，周りに説明がつきやすい理由に収束していく。それが，先に示したような，「性欲」「性癖」「日頃のストレス」「規範意識の乏しさ」などの便利な言葉であり，核心からは遠い着地点に降りることにつながってしまう。なかには，それでも逮捕された現実を受け入れられず，「自分はやっていない」「相手は同意していた」などという否認に至る場合もある。

このようにさまざまな感情や感覚が入り混じって気持ちに整理のつかない状態は，往々にして自己洞察を不十分なものにとどめてしまう。したがって，面接者はまず，未整理状態を解消することから始めるための対応をすることが求められる。面接者は，性犯罪受刑者の言い分に真摯に耳を傾けるとともに，裁判記録などの客観的な情報を可能な限り収集し，冷静かつ客観的に情報を突き合わせる。そして，時にはそこにあるデータの相違を，彼らが理解しやすい言葉を使ってフィードバックする必要がある。面接者が冷静に対応すると，彼らも次第に物事を冷静に考えることができるようになる。性犯罪の動機について，自ら考え，またフィードバックを真剣に吟味していこうとする姿勢も生まれやすくなる。彼らは「便利な言葉」でわかったつもりになって話すことも多いが，その一方で，それがごまかしだということを実は直感的に理解しているのだ。だからこそ，彼らには新たな視点で自己理解を深める機会が必要なのである。

表　クライアントに提示する心理アセスメントの結果の整理（Finn（2007/2014）を一部改変）

レベル1の結果	クライアントが普段もっている自分についての考えが正しいことを証明し、フィードバック・セッションで簡単に受け入れてもらえるアセスメント結果である。この情報を伝えられたときには、クライアントは「たしかに私のことですね」と答えることが多い。
レベル2の結果	クライアントが普段もっている自分についての考えを修正したり広げたりするものの、セルフ・エスティームや自己知覚を脅かさないアセスメント結果である。この種の情報を伝えられたときには、クライアントは次のように言うだろう。「自分のことをこんなふうに考えたことはなかったですね。でも、あなたのおっしゃることはぴったりきます」。
レベル3の結果	クライアントが普段もっている自分についての考えからはかけ離れていたり、食い違っていたりするアセスメント結果であり、フィードバック・セッションでは受け入れられないことが多い。通常、レベル3の結果はかなり不安をかき立てるものであり、性格防衛のメカニズムを働かせることになる。

2　フィードバック上の留意点

　スティーブン・フィン（Finn, 2007/2014）は、「アセスメントがいかにして治療的になりうるのか、どのような方法であるとより治療的なものにできるのか」という視点から、「治療的アセスメント」を提唱している。「治療的アセスメント」は半構造化された技法であり、ステップ1からステップ6までの枠組みがある。性犯罪者調査においてはそのステップすべてに踏み込むことはできないが、その中核となるステップ4（まとめと話し合いのセッション）では、効果的なフィードバックをする手順がレベル1からレベル3まで示されており（表）、性犯罪受刑者に対するフィードバックの際の有効な手がかりとなりうるものである。特に、レベル2に当たるフィードバックで、性犯罪についての意味づけをリフレームすることが、性犯罪受刑者に新たな気づきを促すという意味では特に有効だと筆者は感じている。

　また、影山（2009）は、矯正施設における心理検査のフィードバックに関して以下のように表現している。

> 「相手にとって受け入れるのにちょっとエネルギーがいるけれど，かろうじて受け入れられる」ように相手の心の準備状態や精神成熟度を見極め，言い方を工夫しながら話題に取り上げ，その後の問題意識につなげられるように伝えるのがミソだと感じている。　(p.182)

> 鑑別，調査する側が一方的に考えるというよりは，対象者とともに考えるよう努め，これまで考えることをせずにきた相手には，しっかり問題と向き合って考えていくように促しながら，一緒に改善すべき点や目標を見出していき，面接の傍らで，早速変化を促していくわけである。　(p.171)

 面接者の理解を一方的にフィードバックすれば目的が達成されるわけではない。彼らの心に届かなければ，フィードバックの目的が達成されたとは言えない。そのために，彼らの状態を見極め，彼らが理解しやすい言葉を用いて話し合っていくことが肝心であることを，影山（2009）は示している。

4　事例

 実際の査定面接のなかで，性犯罪の動機についての理解をフィードバックして，性犯罪者処遇プログラムに引き継いだ例を示したい。

> 　Dは20代の男性で，出会い系サイトで知り合った女性を車のなかで強姦する手口の犯行を繰り返し，有罪判決を受けた。Dは，これはナンパの延長での出来事であり，相手とは同意のうえでセックスしただけで，決して無理やりではない，だから強姦ではないと主張していた。
> 　Dはとてもエネルギッシュで，負けず嫌いで自己顕示欲が強く，自信家であるという印象であった。熱心に取り組んでいたスポーツでの

成績が認められて、スポーツ推薦での進学につながるなど、その自己顕示欲を支えるだけの実力も行動力も備えていた。そのスポーツで挫折して高校を中退することになるが、すぐに仕事に矛先を変えて精力的に取り組んだ。何回かの転職を繰り返すが、どこへ行っても最初から熱心に取り組み、仕事を覚えるのは早いほうで、要領よく仕事をこなしていたことを自負していた。ただし、社会にいた頃は仕事のことで上司や先輩と意見が対立しても譲らない頑固さが、転職を余儀なくさせる一因になっていることは明らかだった。それでもDは上司や先輩を批判、非難し、自分の正しさを主張していて、転職を繰り返していることを後悔する素振りは見せなかった。

　Dの場合、スポーツ、仕事、それにまつわる人間関係で有能な自分を感じたいと思いつつも、一つ所で定着できず、その結果実力を発揮する場を失うことの繰り返しだった。やがてそれは、ナンパや出会い系サイトを利用して多くの女性と出会い、性的な満足によって有能感を得ようとすることにつながった。

　そんなDが性犯罪を繰り返したのは、「(男らしさにまつわる)プライド」を獲得したいという焦りが強かったからであろうというのが筆者の理解であった。そこで、それをDにフィードバックすることにした。

　実際には、いきなり核心(性犯罪に関すること)から切り出すのではなく、まずは彼の特徴的な性格のうち、彼自身の自己イメージに沿う印象から指摘し、それの良い面と悪い面の両方を取り上げた。とてもエネルギッシュで、負けず嫌いでプライド(ここで言う「プライド」とは、「自負心」の意味に近い)が高く、そのプライドに見合うだけの行動力を備えている、といった具合である(治療的アセスメントのレベル1)。そして、その特徴が功を奏すると社会のなかで活躍したり充実した生活を獲得したりするための大きな原動力になっていたことを、Dのこれまでの生活のエピソードを具体的に取り上げながら説明した。同様に、その特徴が仇となって失敗や挫折をしたり、そこ

から挽回しようとして焦るとますます問題をこじらせてしまうことも，具体的なエピソードを交えて説明した。つまり，Ｄのプライドの高さは諸刃の剣で，長所にもなれば短所にもなりうることを強調したのである（治療的アセスメントのレベル1）。

　そして，この性犯罪はプライドの問題が短所として表れてしまったことが顕著な例であり，日頃の生活のなかで思うようにプライド（自負心という意味に加え，有能感を感じたいという性犯罪の動機としての意味合いが加わる）が満たされない状態から抜け出そうと焦ったことが，女性を暴力で支配することにつながったのではないか。そして，性的な心地よさを味わい，自分は自力で女性を性的に手に入れることができるという「かりそめのプライド」を手に入れようとして，性犯罪という手段を採ったように見える。そのように性犯罪の動機についての面接者の理解をＤにフィードバックした（治療的アセスメントのレベル2）。さらに，性犯罪で捕まるという現実に直面し，性犯罪をしたことを実は自分自身が強く恥じていて，自己嫌悪に陥り，その現実から目を背けたいという思いが，「あれは強姦ではなく，同意のうえでのことだったのだ」という言い分で折り合いをつけようとする気持ちにつながったのではないか，そこにもあなたのプライドの問題が関わっているのではないか，と本件を動機面で否認していることについても言及した（治療的アセスメントのレベル2もしくはレベル3）。

　すると，これまで自分の非を認めようとしなかったＤが，憑き物が落ちたかのように率直な自己開示を見せはじめた。自分の性犯罪を認め，「本当のところは，どうしてあんなことをやってしまったのか自分でもわからなかった。でも（面接者の）話を聞いて，これまで自分で言葉にできなかった自分の気持ちを代わりに言ってもらったような気がする」と述べた。そのうえ，その頃の心の葛藤も言語化し，スポーツ推薦で進学したのに中退したこと，両親の期待を大きく裏切り，以後，特に父親との溝が深まったこと，父親に見下されているような気がして面白くなく，仕事で成功して父親を見返してやりたかったが，

なかなかうまくいかなかったことを振り返った。表向きは強がっていたが内心は必死で余裕がなく，プライドを保てる状態ではなかったとも打ち明けた。それに対して，筆者は本当は父親を見返してやりたかったのではなく，仕事で成功して父親に認められたかったのではないか（治療的アセスメントのレベル 3），この点に関してはとても大切なことなので今後じっくり考えてもらいたい，そして，性犯罪者処遇プログラムのなかでもそのことを是非話してほしい，自己洞察を深めるさらに良いきっかけになるはずだと伝えた。性犯罪者処遇プログラムに対する動機づけを高めるこのような働きかけをして，実際のプログラムに引き継いだ。

5　心理・教育的な働きかけの場としての査定面接

1　性犯罪者処遇プログラムへの後方支援として

　厳密に言えば，査定面接は処遇プログラムに向けての準備段階の取り組みであり，処遇プログラムそのものではない。しかし，フィン（Finn, 2007/2014）が述べているように，共感的で協働的なフィードバックを用いれば，査定のプロセスにおいても治療的介入は可能である。上述のDの事例では，性犯罪の動機などについての筆者なりの理解をフィードバックしたことが，Dにとっては自分で明確に言語化できない自分自身のことを，他者の映し返しを使って実感した体験となり，Dは自分の「プライド」を守るために必死に構えていた己の心の鎧を取り外すことに成功した。査定面接自体が，Dが自己理解を深める契機となった。

　面接者との協働的な関わりをもつことにメリットを感じることができた受刑者たちは，今後，性犯罪者処遇プログラムでも，担当者と協働的な関わりをもつことに積極的かつ前向きになることが期待できる。この点について，中村紀子は『治療的アセスメントの理論と実践』の「訳者あとがき」

で以下のように述べている（中村，2014）。

> 治療的で協働的なアセスメント・フィードバック・セッションがうまくいくと，その後に続くセラピーが継続しやすくなるという研究結果が発表されています。たとえその後にセラピーが展開しなくても，このアセスメント・フィードバック・セッションによって自分について理解することのできる体験をしたクライアントは，そこから得た洞察を生かして，必要な変化を自ら生じさせていきます。　　（p.354）

このように，処遇プログラムへの後方支援として，査定面接の果たす役割は決して小さくはない。

2　心理臨床家としての手応え

何十セッションもあるプログラムと比べると，性犯罪者調査では，性犯罪受刑者と関わる時間は少ない。その少ない機会のなかで，治療的・教育的な関わりは限定的なものにすぎないと，ある種のあきらめを抱きたくなる者もいるだろう。しかし，共感的で協働的なフィードバックを用いれば，それが十分に可能だという理論的・実証的な裏づけ（Finn, 2007/2014）がある。実際，筆者には面接のなかで彼らが自己洞察を深めた場面に何度も立ち会えた経験があり，これも心理臨床家の役割だという認識が支えとなっている。フィードバックがうまくいくと，これまでに引き出すことができなかった心情やエピソードを共有できるようにもなり，ますます精度の高い査定面接が可能になる。

この手応えがあるからこそ，今後さらに査定面接の質を高める努力をしたいという，面接者の動機づけも高まる。

文献

朝比奈牧子（2010）加害者の再犯抑止——アセスメントと介入の枠組み．In：田口真二ほか＝編著：性犯罪の行動科学——発生と再発の抑止に向けた学際的アプローチ．北大路書房，pp.152-168．

Finn, S.E.（2007）In Our Clients' Shoes : Theory and Techniques of Therapeutic Assessment. Lawrence Ealbaum Associates.（野田昌道・中村紀子＝訳（2014）治療的アセスメントの理論と実践——クライアントの靴を履いて．金剛出版）

藤岡淳子（2006）性暴力の理解と治療教育．誠信書房．

影山英美（2009）非行少年や受刑者に対する心理検査の活用．In：竹内健児＝編：事例でわかる心理検査の伝え方・活かし方．金剛出版，pp.170-200．

中村紀子（2014）訳者あとがき．In：野田昌道・中村紀子＝訳（2014）治療的アセスメントの理論と実践——クライアントの靴を履いて．金剛出版，pp.353-357．

8

性犯罪者のグループワーク ❶
8つの類型から考える性犯罪者と向き合う姿勢

犬塚貴浩

> **キーワード** 規律，枠組み，起動，担当者から降りないこと，「個」への働きかけ
>
> **要約** 本章では，筆者の経験を踏まえ，性犯罪者に向き合う際に求められる姿勢や態度について考察する。刑事施設の性犯罪者処遇プログラムは，規律という強い枠組みに支えられているのが第一の特徴であり，その治療的意義は大きい。規律を治療的・教育的処遇の「味方」とし，そのうえで自らプログラム担当者としての感覚を磨いていく必要がある。本章ではグループリーダーとしての自己を起動させるために筆者が実践していることを紹介する。プログラムの第二の特徴は，受講が義務化されていることであり，グループワークでは受講に拒否的な人を含めて多様な受講者像が存在している。筆者のこれまでの経験に基づいて，試みとして彼らを8つの型に分類し，処遇事例として報告する。

I プログラムの構造

刑事施設で行う処遇プログラムは認知行動療法の理論的枠組みに基づいており，性犯罪者を小集団に編成し，グループワークを用いて実施している。全国19庁で実施されていて，各庁によって運用に若干の差はあるが，原則として統一的に実施されている。筆者の勤務していた奈良少年刑務所の場合，1回のセッションは90分で，回数は50数回から70数回程度である。プログラム担当者は「リーダー」と「コ・リーダー」の2名体制で

表 1　規律の維持

目的	主な職責者	職責者の基本的構え	具体的業務の例
施設内集団の雰囲気(衆情)の安定／「今ここ」での再犯防止	刑務官	行動(表に出ているもの)の重視／厳格,信賞必罰／指示的,統一的,抑制的	遵守事項を遵守させる／目の前の作業に落ち着いて取り組ませる／不正を見過ごさない

表 2　プログラムの特徴

目的	主な職責者	職責者の基本的構え	具体的業務の例
個人の育成／内面の修正／「将来」の再犯の防止	プログラム担当者	内面の重視／受容的／ホスピタリティ／開示的	グループワークおよび面接を行う

ある。個別面接は，事前面接を除いては原則として実施していないが，プログラムへの動機づけが極端に低い人や，何らかの事情で途中で参加できなくなった人，能力的に制約があるため補習的アプローチが必要な人などがいる場合，目的と回数を定めて実施している。

2　刑務所という枠組みの治療的・教育的要素

　刑務所において最優先される「規律の維持」について，❶目的，❷職責者，❸職責者の構え，❹具体的業務の順を示したものが表 1，他方，プログラムの特徴について示したものが表 2 である。

　以下，この 2 つの表を比較しながら論を進める。刑務所の性犯罪者処遇プログラムは規律の維持の上に成立しており，規律維持的な要素(以下，「規律」という)は全体においてプログラムの治療的・教育的要素を下支えし，一部においては相乗効果をももたらす。ここに刑務所臨床のユニークさがある。

1　規律とプログラムの目的

　規律は何より衆情の安定を図る意味で集団管理を目指すが，処遇プログラムにおける治療的・教育的要素はあくまで個人の育成（そのための認知の変容など）を目的としており，グループワークはその手段である。また，両者は再犯防止という目的を究極的には共有しているが，規律は「今ここ」での再犯防止，すなわち施設内における不正に目を光らせ，それができない環境づくり，また生じた場合の摘発，調査，懲罰の手続きを取る。処遇プログラムは出所後に再犯させないことを目的としており，教室（プログラムが行われる，いわばセラピールームに相当するもの）における「再犯＝問題行動」をある程度許容する。今までの性犯罪者としてのあり方，認知と行動に関するパターンが，そこで「安心して」表出されることで，介入の材料が生まれる部分がある。筆者も，受講者から怒声を浴びたり，侮蔑的なことを言われたり，テキスト類を強く机や床に打ちつけられたりするなど，相応に威嚇されたことがあった。女性のプログラム担当者が性的にからかわれているのではないかと感じる場面もあった（無論，受講者が皆そういう人というわけではなく，犯罪を後悔し，プログラムに前向きな人たちのほうが多い）。これらは教室の外であれば職員に対する反抗＝反則行為とみなされるであろうが，教室では表出されている感情を受け止めつつも，機を見て，なぜこのような行動に出るのかについて考えるよう促す。

2　職責者

　規律の維持を担うのは主に刑務官である。処遇プログラムは，主に教育職や心理職が行っているが，プログラム担当者であっても，ここが刑務所という規律最優先の場所であることを，つねに心のどこかで意識していることが求められる。筆者は，グループワーク中に「不正通信」（プログラムとは関係のない受講者間の情報のやりとり）を見つけ，その場で刑務官に連絡した経験があるが，後に幹部の刑務官から，「不正は今後も躊躇な

く報告してほしい。その後の処置は刑務官が行うので心配することはない。何かあればすぐに連絡するように」と伝えられた。正直なところ筆者としては，プログラム中に不正があったことを叱責されると思っていたが，事態は逆であり，安心した。いざという時には刑務官が支えてくれるという安心感は，担当する際の安心感＝自信にもつながっている。

3　職責者の基本的構え

　規律の維持においては，規律に即した行動ができているかが問われる。受講者がたとえいわゆる面従腹背であったにせよ，それはそれで適応として評価されうる。一方，プログラムの実施においては，行動に至るときの内面（認知と感情）を問題とする。内面に目を向けるためには，受講者から率直なところを教えてもらう必要があり，それが「治療同盟」を結んでいく基礎ともなるため，面従腹背の態度には一般に懐疑的である必要がある。このように対立的とも言える構えの差異があるが，一方で「まずは形を整えよ」という規律の視点がプログラムの実施を支えている側面もある。受講者のなかには「形をつくる」ことが第一の課題であるタイプ，すなわちパーソナリティの偏りの大きい人や感情統制が苦手な人がいる。彼らにとって規律によって強制的に形を作られることは，もちろん不快なことではあろう。だが，それによって彼らはプログラムの枠組みに入ることができ，枠組みのなかで抱えられていくことになる。

　規律の維持においては「目の前の作業に落ち着いて取り組ませる」ことが重要であるが，プログラムにも落ち着いて淡々と取り組んでもらうべき要素が多い。ワークブックにはたくさんの課題があるが，筆者は受講者に対して，「あれこれ考える前に，まずやってみよう。やってみてから考えよう」「続けているうちに意味がわかってくるから，今は意味がないと思っても，やってみよう」と伝えることが多い。淡々と，黙々と取り組んでいるうちに，その意味がじわじわとわかってくる経験は，「今さえ良ければいい」という信念のもとに行動しがちな彼らにとって，重要なものだと考えている。

4　実社会から遮断されることの意義

　性犯罪受刑者は，規律の存在により性的刺激から遮断されている（認められる可能性があるのは，ソフトな内容の成人雑誌くらいである）。認知の歪みの背景には，さまざまなメディアからもたらされた情報があるが，それらから一旦強制的に遠ざけられ，自分を眺めてみる機会は，重要な意味をもつ。

3　事前面接に臨む姿勢

　刑務所におけるプログラム担当者と受講者の最初の関わりは，事前面接である。事前面接は，受講者の動機づけレベルによって，その進行が大きく変わってくる。受講に対して拒否的な人に対しては，「動機づけ面接」を実施する必要が生じるが，本稿ではそれには立ち入らないことにする（動機づけ面接については第9章参照）。

1　導入のために

　筆者は事前面接を，通常，「いよいよプログラムが始まることになりました。そう伝えられてどんな気持ちになりますか」という質問から始めている。「早く始まらないかと待っていました」と言う人から「別に」という人まで反応はさまざまだが，導入時に大切なのは，返す言葉の内容以上に，プログラム担当者としての態度である。まずは，「あなたに関心がある」「あなたの役に立ちたい」という熱意を，押しつけがましくなく示すことが重要である。そのうえで，プログラム担当者と受講者という決定的立場の違いはあれど，それを超えて心に浮かぶことを率直に話し合っていきたいと思っていることを伝える。同時に，「ここ」が刑務所である以上，プログラム担当者と受講者は，「率直さ」と「規律」を両立させながら，協

力する必要があることも伝えている。

2　プログラムの目的

　プログラムの目的は「再犯防止」であるが，それ自体は社会の側から要請されることであり，受講者の立場で考えた場合，出所後どのように安定した生活を送っていくのかという問題が先にある。筆者は「再犯防止はプログラムの究極的な目標ではない」とあえて話し，次のように伝えている。

　　再犯防止は，前提でしかないと思います。大事なのは出所後あなたが安定してよい人生を歩むということです。そのためには，どう生きていくかというしっかりした方向性をもちたいですね。事件ではエネルギーを性犯罪に向けてしまったけれど，そのエネルギーを他の方向に向ける可能性もあったのだと思います。その方向性を見つけるために，まずは自分を理解しましょう。つまずいた原因はどこにあったかを考えるとともに，自分では気づいていない多くの可能性も探しましょう。グループワークを通して，そういう自己発見をたくさんできるようにしましょう。

3　なぜ個別ではなくグループなのかを伝える

　なぜ個別ではなくグループなのか。この点も十分に説明し，理解してもらうことが重要である。筆者は，人的・財政的理由から，個別面接の余裕はないことを率直に伝え，それ以上の理由として，個別のやりとりでは生じにくい，グループならではの治療的・教育的意味があることを伝えている。具体的には，プログラム担当者からのフィードバックだけでなく，グループメンバーからのフィードバックにより，気づきの可能性が増えること，対等で温かい対人関係を形成する練習の場となること（刑務所での対人関係もよくなるかもしれない）を伝えて，理解を促している。

4　ルールについて説明する

　上述のように、グループを支える大枠は刑務所の「規律」であるが、それに比して小枠はグループワーク独自のルールである。筆者は以下のように概要を説明している。「プログラムの効果を上げるために、そしてこの場を安全な場とするために、まず大切なのはルールです。率直に言う、人の話はしっかり聞く、この場の話題は外には漏らさない、暴力的な言動はしない、この4つを守ってください。再犯防止に向けて、お互い協力していきましょう」。相手の能力に応じてこれら一つひとつについて、噛み砕いて説明することはあるが、「ルールについてどう思いますか？　守れそうですか？」などとルールをめぐって話し合うことはしない。「ルールはルールなので守ってください。もちろん私も守ります」。このようにルールはあらかじめ設定されているものであり、プログラム担当者も受講者も動かしがたいものとして存在していることを伝えている。

4　グループワークに臨む姿勢

1　プログラム担当者自身のウォーミングアップ

　「グループには走っている電車に飛び乗るつもりで入れ」。これはスーパーバイザーから受けた印象的なコメントであり、筆者はつねに意識している。リーダーが「始めましょう」と宣言してセッションは始まるが、グループはその前後も絶えず動いている。筆者は、この動きつづけるグループに「飛び乗る」ために、次のようなことを心がけている。

> ❶コンディションの確認——自身の体調や気分の自覚のことだが、筆者は前日の睡眠状況（時間と質）を確認したり、そのときに抱えている仕事や課題においてどのようなプレッシャーを感じているか、

グループに入るに際して自分がどのような気分になっているかなどをチェックしたりしている。大事なのは、たとえ調子が悪くてもリーダーという「先発投手」を任されているという感覚を保持することであり、プログラム担当者としての責任から降りてしまわないことである。ここでコ・リーダーとなるパートナーに対して、「ちょっと今日は調子が出ないから、あなたメインでお願いね」などという態度に出ると、そのパートナーを不安にするだろうし、受講者に対して、「調子が悪ければ、サボっていい」という雰囲気を伝えることになってしまう。

❷ コ・リーダーとの会話──会話の内容は、まずはグループのこと、すなわちセッションの進め方の確認、ホームワークへの取り組み状況や刑務官から入手した受講者に関する情報交換であり、また刑務所の規律に関わることである。グループワークの基礎はリーダーとコ・リーダー関係にあり、そこでの関係がグループワークに投映される。プログラム担当者間で、相手の個性への関心がもてると、それがグループ全体に広がっていく。パートナーの世界にどこまで敬意と関心をもてるだろうかという自身への問いかけは、受講者の世界にどこまで敬意と関心をもてるかという問題につながっていると考えている。

2　起動すること

　グループの実践において、筆者は、最初にウォーミングアップの時間を取ることを重視してきた。それは心理的作業空間をつくるという意味で、グループを起動するためである。セッション開始からしばらくの時間（筆者の場合は通常10分）、受講者を「この場」に集合させる感じで行う。ここは刑務所であるけれども特別な場である。心に浮かんだことは原則的に何でも話してよい、それが怒りにまみれていても、悲しみにまみれていても、言葉としてまとまらなくてもよい。その感覚を呼び覚ます。方法とし

て筆者は,「自分がウォーミングアップできる話を,何でも話してください」とグループに伝えて,受講者1人ずつに話してもらい,話の内容以上に話の源流（どこから出て来た話なのか）や展開（どこに行こうとしているか）に反応することを心がけている。

　肝心なのは，プログラム担当者自身もグループリーダーとして「起動」するために，受講者よりも先に動くことである。どのような世界に生きて，どのようなことを考え感じているのか，受講者よりも先を行く感じで語りたい。あるいは受講者から出てくるものに反応するよりも，受講者のこういう特徴を引き出すためにこう動く，自分自身をこう見せたいからこう動くというように，意図をもって先に動いて，受講者の想像力を刺激する。受講者は規律のもとに受け身でいることに慣れている（いわゆる「指示待ち」の姿勢を身につけている）ため，その関係性を意図して反転させるような刺激を与える。その刺激が，自主性や自律性を喚起していくきっかけになっていくことが多い。

3　自己開示

　刑務所の職員として自己のプライベートに関わる情報を受刑者に伝えることは原則認められていないため，それを避けつつも，しかしプログラム担当者として，自分の認知と感情を積極的に言語化することを筆者は意識している。性犯罪者が，認知と感情を言語として表現できるように導くために，そのモデルを示す。「私はこう思った」と表現する場合もあれば，短く「驚いた」や「腹が立っている」と感情を話すときもある。自己開示の効用として，これがグループのカンフル剤となり，グループは受身的で依存的な雰囲気から，より洞察的で対等的な雰囲気に変化するように思う。

　なお筆者が自己開示において注意しているのは，自身がネガティブな体験をして落ち込んでいたり疲れていたりする際，そのままそれを口に出さないことである。プログラム担当者のネガティブな感情の直接的な自己開示は，受講者を不安にしたり,「手加減してほしいということなのか」といっ

た遠慮の気持ちを芽生えさせたりしてしまう。仮にネガティブな感情しか出てこないような状況に陥った場合は、ネガティブな感情を開示している自分についても、メタ認知を働かせて（他者にどのように映るかを俯瞰的に考えて）言及する必要がある。そうすることによって、グループを運営するプログラム担当者としての役割にとどまらなくてはいけない。

5　グループにおける「個人」の理解

　グループワークはグループのためにあるのではなく、メンバーである受講者個々のためにある。個に働きかけるため、彼がどのような人かを知る必要がある。そのため筆者の手元には、「調査センター」で調査された記録（知的能力や性格傾向、生育史など）や裁判の記録（謄本であり詳細な事件内容がわかる）など、質量ともに豊富な資料がある。対象者に自分が関わることが決定した時点から、これらの書類を読んで、「どのような人か」を把握する。同時に、事前面接からグループ初期の段階において、「どのような人か」を自分で確かめる作業も行っている。

　筆者は性犯罪者処遇を実践するなかで、❶問題性を認識しているか、すなわち自分の犯罪行動および自分が受刑者になったことに、問題意識をもっているか（自分自身に解決すべき問題を感じているか）、❷性犯罪をしたという認識があるか、すなわち性犯罪をしたことに自覚的であるかどうか（自身の行為に性犯罪のニュアンスがあることを感じているか）、❸プログラムへの積極性、すなわちこれから始まるプログラムに意欲をもっているか（「義務として受ける姿勢」の人は「意欲がある」とみなさない）、という3点について次第に意識するようになった。

　試みとしてこの着想を発展させてみたい。3点の「有無」を掛け合わせると、性犯罪者を8つのタイプに分類できることになる（表3）。3点の有無に続く項目は、グループワーク開始後についての記述である。「グループにおいて顕在化する認知の例」の欄には、筆者が出会ってきた例を挙げ

る。「特徴の理解」とは,この「認知」をどう捉えるかである。「介入の例」とは,グループワークにおける当面の介入方針の例である。その人に積極性があれば心理教育的な介入を大胆に行えるし,逆に積極性がなければプログラムへの動機づけが必要となるため,まずはプログラム担当者との関係をつくることを当面の目標にしなければならない。「注意していること」は,筆者が「落とし穴」として自覚しているところである。最後の「主観的処遇困難度」は,筆者が接しているときに感じる直感的な「難しさ」,あるいは疲労の度合いである。

　次節では,筆者が接した性犯罪者を想起しながら,グループワークでの様子や,彼らを筆者がどう理解しどう接したのか,事例を報告したい。

6　事例

　表3で示した類型をもとに,以下で事例を紹介する。なお,いずれも個人を特定されないよう,事実を加工している。

1　完全否認型・事例E

　Eは20代で,男子学童に対する強制わいせつ事件を起こした。能力の高い,理屈っぽいタイプであった。アルバイト先で,小学生高学年の男児と「恋愛関係」に陥り,男児の「合意のもと,性的関係をもった」とのことだった。

　彼はグループ立ち上げ早々から,自信満々に見えた。背筋をビシッと伸ばし,過剰なほど言葉づかいは丁寧で,隙を見せない感じであった。再犯リスクについて扱う序盤のセッションで長い自己開示があり,「法律には反したけれども,道徳的に間違ったことをしていない。［中略］自分の恋人は小学生だったけれども,いわば成熟した小学生であり,自分の判断で僕を受け入れることができた。彼の親に

よって関係を壊されたが，彼は最後まで自分を受け入れていた。このプログラムはそのあたりの事情まで考慮されていない。性犯罪というのはレッテルにすぎない」と，滑舌よく一気にまくし立てた。筆者はあまりの勢いにたじろいでしまい，「かなり早い段階から，自分の事件を話してくれましたね。しかし話をしてくれるのが少し早すぎる感じです」と発言するのがやっとであった。その後のセッションにおいても，Eは自分の正当性を主張し，教材として使用していたワークブックには，「事件」時の光景をつぶさに描写した。「事件」の分析も熱心に行い，再発防止計画もつくったが，自らの歪んだ認知に対する問題意識は最後までもつことができなかった。

　Eのような人は，自身の認知と行動に問題意識をもたず，むしろ高いプライドをもっているような場合があり，筆者としては最も困難を感じるケースのひとつである。このような人の場合，ひとまずは教室まで足を運んで，グループそのものを楽しく体験してもらうことが最重要であると考えている。特にはじめのうち，動的リスク（コラム❷参照）に当てはまるものがあるかどうかなど，認知の変容に正面から向き合うことは避けたほうがよい。そして，「自分の存在が誰かの役に立つという体験」など，「グループ体験」による効果を目指すことを優先したい。実際にEも，グループのメンバーに対しては，積極的にフィードバックする姿勢が見られ，このグループの話し合いの推進役となった。これは彼が今までの人生において経験してこなかったことであった。

2　社会性未熟型・事例F

　Fは30代で，男児に対する性加害を行った。Fは自身を「子ども」だと認識していて，子どもと同じ目線で遊び，事件はその延長で起こしたものであった。事前面接では笑顔を見せながら，小学生の「仲間」と山で遊んだ話などをしてくれた。しかしプログラム開始後，教材や

表 3 性犯罪者の 8 つの類型

	アセスメント			グループにおいて顕在化する認知の例	筆者の提案			主観的処遇困難度
	問題性の認識	性犯罪をしたという認識	プログラムへの積極性		特徴の理解	介入の例	注意していること	
1 – 完全否認型	無	無	無	（性行為について）相手の合意はあった／自分は性犯罪者ではないから、プログラムを受ける必要はない	著しい社会性欠如に根ざす深い歪みがある	他者の役に立つ体験などグループ体験を活用	説得的・対決的にならない	高
2 – 社会性未熟型	無	無	有	自分の行為がまさか事件になるとは思わなかった／プログラムでどこに犯罪性があるのか気づきたい	対人関係における自己中心性	心理教育／同意の手順など、基本的対人スキルを高める	「大人扱い」しない	中
3 – 規範無視型	無	有	無	みんなやっていることだ／たまたま見つかって運が悪かっただけ	刹那的快楽主義／規範意識の欠如／ゲーム感覚	犯罪と刑務所入所という「損」から考える	「道徳的観点」を控えやすい／規律違反を起こしやすい	高
4 – 思考停止混乱型	無	有	有	自分がどうして性犯罪をしたのか全然わからない／プログラムを受けてわかりたい	思考の停止、混乱、放棄／思考力の乏しさ	生活上のエピソードからの思考パターンの探索	性犯罪の要因分析を急がない	中
5 – 積極型	有	有	有	欲望をコントロールできなかった／自分を抑える方法を知りたい	自己統制力の脆弱さ／隠された認知の歪み	自己統制スキルを習得させる／認知の歪みの探索	「手がかからない」ために放任してしまいがち	低
6 – 問題錯綜型	有	有	無	再犯防止策は自分で考えているからプログラムは必要ない／自分がどうしたらよいか、今さら振り返っても何の意味もない	過剰な自信、または自尊感情の乏しさ／それらの背景にある認知の歪み（悲観主義、サポート志向など）	他者の役に立つという体験などグループ体験の活用	問題性の認識、性犯罪をしたという認識、どちらも表面的／認知の歪みが高い／認知の歪みの「修正」にこだわりやすく／表面的レベルで「手を打ちたく」なる誘惑がある	中〜高

7－性犯罪否認型（意欲あり）	有	無	有	暴力は振るったが、たまたま胸を触っただけ／性犯罪とは言われたくない／自分の暴力について性については見つめたい	性的事象への拒否感、苦手意識／「男」としてのプライドの保持	暴力行動に至るまでのプロセスに関する心理教育的介入／性的なことを安心して話せるグループ体験	プライドを汚さないこと／「性」の問題と「犯罪」の問題を分ける	中
8－性犯罪否認型（意欲なし）	有	無	無	被害者に脅迫や強要をしていない／性犯罪はしていない以上、プログラムへを受ける理由はない	加害者意識の乏しさ／性的価値観の倒錯	他者の役に立つというグループ体験の活用	グループに侵入されないか、怯えているタイプがあるが、怯えをなくさない	中〜高

グループの成人メンバーになじめず，他のメンバーが楽しそうに話していても，Fだけは表情を変えずに黙っているようなことが多くなった。中盤からワークブックの余白を使って，「自分のことなどわかるはずがない，関わってほしくない」という趣旨で，プログラムやプログラム担当者の批判を記入するようになった。赤いボールペンで，ワークブックの一面を塗りたくり，真っ赤に染め上げてしまうようなこともあった。筆者は相当迷ったが，Fには「グループに置いていかれている怒り」や「なじめない思い」があるのだろうと理解し，グループワークと並行して個別面接を行い，F専用のワークブックを作成することにした。全国統一プログラムのため勝手なものはつくれないものの，「子ども向き」教材の作成を意図し，❶イラストやひらがなを多用，❷オープンクエスチョンは避けていくつかの選択肢を示して選ばせるなど，より親しみやすい内容を工夫した。それを手渡すと，彼は再び課題に取り組みはじめた。結果，Fは50余回のセッションを最後まで受講することができた。

　Fとの関わりから，グループワークだけでは心理的・能力的についていけない受講者もおり，そういう人には個別での関わりをグループワークと並行させる必要があること，「ついていけない思い」に共感するとともに，その人のレベルに相応しい教材を準備しなくてはいけないことを実感した。性犯罪者処遇プログラムはグループワークが基本であり，個別指導（個別面接および個に応じたホームワーク）を並行することはコストがかかりすぎる点で非現実的だが，それでもFのような人にはそれを実施し，個別の場で「自分もできる」という自尊感情を支えつつ，グループの場にいつづけるよう援助する必要があるように思える。

3　規範無視型・事例G

　Gは20代半ば，罪名は迷惑防止条例違反である。Gは飲食店で客

引きの仕事をしていて,「仕事とナンパを兼ねて」女性に声をかけ,肩を抱いて胸に触れたことで逮捕された。彼に言わせれば,「客引きをしていて誘いに乗ってきた女の子がいたら,「タッチ」は当たり前で,自分好みの女性であれば,ナンパに発展することもある。嫌がっているのに触ったことを性犯罪だと言われればまあ認めるけれども,この程度のことはみんなしていて,たまたま女の子が親に言って,親がいきり立って警察に届けたから,こうなっただけです」とのことであった。すなわちＧは性犯罪をしたことは認めているが,「みんなしていること」と考え,問題意識はもっていなかった。仮釈放が欲しいからプログラムには最低限取り組むが,課題に対しては消極的姿勢が続いた。筆者は,「あなたにとっての普通は,決して一般社会の普通ではない」という前提で,認知の歪みの変容に挑戦しようとしたが,これはのれんに腕押しで,ほとんど前に進む感じがなかった。

　途中から,認知の変容はいったん脇に置いて,「刑務所に入ることは割に合わない,という考え方はどうでしょうか？　逮捕されない方法を考える,そういう観点で再犯防止プランをつくりませんか？」とこちら側もある種割り切って対応するようにした。そうするとＧとの対立的関係は後退し,なんとか同盟らしきものを組んで,グループワーク中の作業に取り組めるようになった。

　性犯罪者処遇に関わりはじめた初期の筆者にとって,Ｇのような人は最も腹の立つ受講者であった。みんなやっていることをしただけでたまたま被害者が過剰に反応した,運が悪かった,と悪びれずに言うタイプである。その罪悪感のなさには閉口した。しかしここで「呆れて」しまうと先に進まない。なぜそのように考えるのか,関心をもたないといけないと考え直し,Ｇの罪悪感の乏しさがどこから来ているのか,生育歴を追いながら,ある程度これを探索することができた。しかしそれが難しい人も多い。本人自身がしばしば虐待的環境で育ってきていて,「人間として大事にされていない」過去を有する人はその典型である。同じタイプの人に,父親との関係について質問していたとこ

ろ，怒気を含んだ声で「もうええやんか！」と鋭く遮られたこともあった。当時の筆者はパンドラの箱を開けてしまったような感覚になった。

4 思考停止混乱型・事例H

　Hは30代後半で，罪名は強姦，被害者は実子だった。事前の面接では，「実子は自分を受け入れていたが，行為が妻に発覚したため事件になった。そもそもどうして実子に性欲を向けたのか，自分でもわからない。性犯罪だとはわかっていた，しかしどうして問題なのかわからない。プログラムでは実子になぜ性欲を向けたのか考えたい」と神妙に話していた。筆者はまず近親姦というインパクトから，自分自身がどう冷静になるかという問題に直面したが，スーパービジョンを受けることによって，Hのことを，社会的文脈との関係で親密性の形成過程に着目したうえで理解できるようになった。その後，Hの自分史のエピソードに注目し，Hが家族に依存的で，浮気やギャンブルなど好き放題にしていた事実がわかってきた。Hにとって実子や妻は，何をしても許してもらえる存在であった。それを伝えると，本人は同意した。

　Hのように性犯罪をしたという認識はもっているものの，なぜ自分がそうしたのかわからないと白旗を揚げているようなタイプには，まずは「あなたの自己理解を助ける」というサポーティブな姿勢が必要である。社会生活上のエピソードや刑務所生活でのエピソードから，「○○さんの話を聞くと，○○さんは△△な人に思えました。そういったところは，事件にも出ていたのかもしれないですね。どうでしょう？」というような感じで，積極的に「仮説」を出して，選んでもらうような接し方をすると，関係が比較的早くつくられ，本人の主体的自己理解が進んでいくように思う。

5　積極型・事例 I

　Iは30代前半で，深夜に車で徘徊し，ターゲットとなる女性を見つけると，待ち伏せをして凶器で脅し，胸を触って逃げることを繰り返していた。事前面接段階から，「悪いことをしていることはわかっていたし，こんなことを繰り返していれば，いつか逮捕されると思っていました。でも自分が止められなかった。プログラムで自分を止める方法を身につけたい」と語り，積極性を示した。プログラム受講中も意欲的で，ワークブックはびっしり記入し，発言も多く，グループを牽引する役割を果たした。事件分析において，事件当時，妻が家事を放棄して遊興に耽っていて，制止しても止めなかったため，徐々にストレスが蓄積されていったと話していた。そのことを繰り返し発言する点に筆者は注目し，「ここまで話を聞いていると，性犯罪は奥さんに手を焼いたからやってしまった，ということになります。Iさんだからあえて言いますが，責任転嫁に聞こえてきますね。どうして性犯罪に向かったのか，Iさん自身のなかにも原因があるのではないでしょうか？」と直面化した。すると，Iは成育史を改めて振り返り，学生時代からの性的関心の偏りを思い起こし，さまざまな形で自問するようになった。また，女性を脅す際に凶器を使用する自分の「卑劣さ」にも目を向けるようになった。

　Iのように積極的なタイプは，筆者は「鍛えがいのあるタイプ」と捉え，上記のような大胆な問いかけを意識して用いている。そうしなければ，ある意味手のかからないタイプであるだけに，優等生的にやりすごしてしまい，認知の歪みの特定にたどりつかない。「ストレス対処法が間違っていた」というミクロの視点で終わらせずに，その背景にあるもの，Iの場合であれば巧妙な責任転嫁の問題（マクロの問題）に踏み込まねばならない。その際，プログラムへの意欲の高さにはつねに敬意を示すためにも，「あなただからあえて言いますが」という言い方を筆者の場合はするようにしている。また，このような積極型

の人との探索的なやりとりは，グループワークの雰囲気を引き締める印象がある。

6 問題錯綜型❶・事例J

　Jは40代後半で，電車内での痴漢行為の常習者である。能力が高く弁が立つタイプであり，痴漢を性犯罪だと認めており，「見ず知らずの男に触られるのだから，気持ち悪いと思います。男性客そのものが怖くなり電車に乗れなくなるなど，心の傷として残ると思います」と，それが被害者を傷つける行為であることも相応に認識している。しかしプログラムの必要性となると，「二度と刑務所には入りたくないと強く思っていますし，自分はすでに再発防止策を考えていますので，特に受講の必要は感じません。しかし義務なので受けます」と，さらりと言う。プログラム開始後は，課題をこなし，他者に対して活発にフィードバックするなどしていたが，自分のこととなると，「痴漢をした」と言うだけで詳細は語らず，「満員電車にはもう乗る必要がありません。電車には乗らない仕事が自分にはありますので」と話し，「痴漢の快感を思い出してしまったら，どう対処しますか？」と筆者が問いかけても，丁寧だが頑とした態度で「もう思い出すこともないでしょう。読書など私には新しい趣味が見つかっています」などと正面から答えようとはしなかった。テキストの情報もあまり真摯には受け取らず，そういう態度を指摘すると，幾分面倒臭そうに「そうですね，万が一痴漢をしたい欲望が再発したら，カウンセリングにでも通います」と応じるレベルであった。

　Jのようなタイプは，グループ・プログラムの進行に抵抗を示すことはまずないものの，プログラムの必要性を感じていないため，いわば「高みの見物」的態度を取りがちで，筆者としてはどこか見下ろされているような感覚を抱くタイプである。なぜ彼がそういう態度に出るのかを考えるとプライドの高さに行き着く，というのが筆者なりの

結論である。

　対応方法は，まずもってプライドを「潰さない」こと，何より事件のいきさつについて根ほり葉ほり聞かないということである。痴漢行為をした自分を本当は認めたくはないからである。そう考えると事件分析から再発防止計画に進むプログラムの「表向きの」デザインは，この手の人にとっては必ずしも有効ではない。過去の話は資源を探すという意図で，仕事などで活躍していた話を中心にしてもらい，焦点は現在から未来にもっていくほうがよいと感じている。実際Jの場合も，「今ここ」，すなわちグループの場で他者の役に立とうと努力し，またメンバーからも「長老格」（このグループは，比較的年齢の若い受刑者によって構成されていた）として一定の尊敬を集めることになった。また，高みに立とうとするという問題も，メンバーの一人がJのそのような態度に反応して怒りを示したことを通して，「今ここ」の課題として直面することになった。このことを通して筆者は，「今回のように，Jさんが気づかないうちに相手を刺激してしまう，ということがあるのではないですか。それは今回の事件と無関係ではないように思います。相手を刺激しているのに，気づかずにいるというのは，事件のメカニズムに通じるものがあるように私には思えました」というフィードバックができた。これが「表向きではない」プログラムの進行方法である。

7　問題錯綜型❷・事例K

　Kは30代後半で，事件は男性に対する強制わいせつ行為である。Kは同性愛者で，ナンパでホテルに連れて帰った男性に睡眠薬の入った酒を飲ませて意識を喪失させ，行為に及んだ。事前面接では背筋をピンと伸ばし，丁寧な口調で自分の事件の悪質さについて実直に話した。しかし将来の話になると，「自分は身寄りもないし，あてにする知り合いもいないから，出所後の生活など考えたくない。自分はどう

しようもない人間なので，プログラムを受けても何も変わらない」と今にも泣き出しそうな感じであった。「そういう思いはあなただけではないかもしれませんよ。今の状況から抜け出すためのヒントが何かあるかもしれません」。筆者はそう励まして，プログラム参加を促した。

　事件分析の際には，被害者が男性であることはグループで話したものの，詳細に語ることは避けた。また，今まで体験した職業などについても話そうとしないなど，とても防衛的であった。しかしながら，それはかえってKの消極性や対人不信感を浮き彫りにした。転機は，若いメンバーが，「そんなにビビる必要ないと思いますよ。僕はゲイの知り合いもいますよ。大差ないですよ」などとKを励ましたことであった。それ以降，徐々にKはグループに信頼を寄せるようになり，「過去にこういった（心の）つながりがあったなら，事件は起こしていなかったかもしれません」と話すようになった。

　Kのように自分の問題は認識しているが，将来を悲観し，「自分なんてダメだ」と考えているタイプは，自分は「できる」と思っている前述のJのタイプと比べると，グループへの参加を促すことができれば，グループの力を借りて自信をもち，プログラムに前向きに取り組みはじめることが多いように思われる。

8　性犯罪否認型（意欲あり）・事例L

　Lは20代半ばで，事件名は強制わいせつである。事件は仕事を通してあらかじめ事情を把握していた一人暮らしの女性の家に訪問販売と称して訪れ，体調不良を起こしたとして介助を求めるうちに，どさくさにまぎれて女性の体に接触したものである。相手の「善意」につけ込んでいるところに特徴がある。事前面接でLは，相手の女性を騙した問題は認めるが，あくまで「女性に優しくしてほしかった」のであり，性欲に基づいて接触したのではないから，性犯罪にはあたらないのではないかと話した。とはいえ，女性を騙したという点で反省

しているし，自分を情けないと思っているため，プログラムで改善したいと意欲は見せていた。プログラムにおいては，活発でよく質問を出したり，メンバーにコメントをしていたが，何かにつけて要求事が多く，また，少し自分が不平等な扱いを受けていると感じると，苦情めいたことをよく発言していた。

　Lのようなタイプは，言わば「性犯罪者になりきれない」タイプであり，その理由として考えられるのは，犯行に至る一方で性犯罪をする人間を軽蔑しているからである。Lの場合は妻子がいて，妻が身元引受人であり，性犯罪者にされたら格好がつかないため，あくまで衝動的な暴力犯にとどまっていたいという意図が透けて見えていた。このような場合，「たまたま」「衝動的」といった本人の語るストーリーが，自分に都合のよいものであり，実際のところ計画があり，意図して犯罪を行ったと自覚し，率直に表現できるように働きかけることが当面の目標となる。

9　性犯罪否認型（意欲なし）・事例M

　Mは30代後半で，事件名は強制わいせつである。女性に暴力を振るったことは認めるが，胸を触ろうという動機からではなく，懲らしめとして暴行したにすぎないと話した。胸に接触したが，それはまったくの偶然であり，性犯罪を受けたと被害者が訴えているから性犯罪者になってしまったという。事前面接では，自分はプログラムを自分は受ける必要はないが，義務として受けるという姿勢であった。

　MのようなタイプはHと同様に，暴力犯であることを認めても，性犯罪者と呼ばれることを受け入れないのが特徴であるが，プログラム参加に関する積極性が欠ける分，グループワークでは扱いにくいタイプである。なぜ「性犯罪者」と呼ばれることに抵抗があるのか，そこを探ることが初めの一歩となる。刑務作業をする工場での立場が危うくなる，家族に対して申し訳なさがあるなど，「仮説」をいろいろ

考えたうえで，本人に確かめていく必要があると思われる。事件分析などもおそらくは「形だけ」になりがちなので，プログラム担当者として「内面」に踏み込めるよう準備しなくてはいけない。

7　性犯罪者処遇において大切にしたいこと

　手元に『新任法務教官のしおり』（矯正協会，1996）という小さな冊子がある。筆者が法務省に採用された際に手渡されたものだが，本稿執筆の機会に読み返してみると，「少年を処遇する上で，一番大切な心構えは何ですか」という問いの答えとして，こう書かれている。「少年と少年を取り巻く環境を理解する」「少年に信頼される職員となる」「先輩職員が，どのような処遇をしてきたかを知る」。この3点はそのまま本稿で筆者が伝えたかったことに連なっている。介入の前に理解があること，相手との関係に目を向け関係づくりに努めること，スーパービジョン（同僚からのものも含む）の重要性である。ここで性犯罪者処遇を意識して筆者がもうひとつ付け加えるならば，プログラム担当者が「自己の内面に関心をもつこと」である。今，このセッションの場で，担当者自身に何が生じているか，それはどこから来たのか，つねに考えて表現していくことである。そして，自分の認知や感情を「発見」していく喜びを語ることである。その姿勢がモデルとなって，意欲の乏しい人が自分に向き合いはじめることを助けることになる。担当者自身の内面への関心は，性犯罪者が認知の特徴に自ら気づき変容する習慣を身につけていくことにつながるように感じている。

文献

ジェイムス朋子（2009）小集団療法．現代のエスプリ 504；59-70.
矯正協会（1996）新任法務教官のしおり．矯正協会.

9 性犯罪者のグループワーク❷
グループの停滞（拒否と抵抗）

森田陽子

> **キーワード** 抵抗，否認，解離，協働的な関係
>
> **要約** 刑事施設における性犯罪者処遇プログラムでは，受講者がさまざまな形で抵抗を示すため，グループが停滞しやすい。司法的，社会的制裁を科せられた状況下においては，受講者が不安，脅威，苦痛から自己を守り，自尊心を維持しようとして否認や解離の機制が働きやすくなっていること，受刑者という立場上，仕方なくプログラムを受講させられ，プログラムを単なる押しつけだと受け止めがちなことが，受講意欲を希薄化させることにつながっている。プログラム担当者は，受講者が安心して自らの問題に向き合える場を築き，意欲を引き出す工夫が必要になる。初任プログラム担当者にとっては，動機づけ面接の手法を学ぶことが参考になる。ただし，プログラム担当者自身の性犯罪者に対する否定的な認知や感情が，グループの停滞を誘発している可能性にも留意する必要がある。

I グループが停滞するとき

1 ある日のグループワーク

リーダー 今日は○×刑務所性犯罪再犯防止プログラム全50回の第4回目ですね。今回は前回勉強した，性犯罪につながるリスク要因を考えましょう。［中略］Nさんは，自分のリスクは何だと思いますか？

N わしは，酒さえ飲まなかったら性犯罪なんてしない。刑務所に来て

からのみたくなったことは一度もない。やめようと思えばいつでもやめられる。だから，こんな授業に参加したって意味ないですわ（両腕を組んでふんぞり返る）。

O　俺も覚醒剤を使わなかったら性犯罪しませんわ。薬物をやめるプログラムだけ受けさせてもらえませんか。この授業が始まってから「あなた，性犯罪プログラム受けてるんでしょ？　薬物で刑務所入ったって言ってたのに」って他の受刑者に勘ぐられて困ってるんですよ。性犯罪者だってばれたらいじられるから，がんばって隠してるのに。いい迷惑ですわ（眉をひそめてリーダーをにらみつける）。

コ・リーダー　これは性犯罪受刑者のためのプログラムです。国の政策で決まっているのだから，我慢してまじめに受けてください。このプログラムを拒否すれば，刑務所から罰を受けることになりますよ（注：平成17（2005）年の法改正後，刑事施設の長から指定されたプログラムの受講は受刑者の義務となった。つまり，正当な理由のない受講拒否は刑事施設における遵守事項違反の対象となりうる。それにしてもこのコ・リーダーはずいぶんと高圧的であり，心理臨床家の姿勢としては不適切である。後述するが，こうした姿勢はグループの停滞につながる要因となる）。

P　（いら立たしげに，足を小刻みにゆすりながら）こんな授業に参加したって意味ありませんよ。私は幼い頃の虐待で心に「闇」ができたせいで犯罪をしているのですから。事件は私の責任ではない。受刑者の心の闇を治す治療とか，国にはそういう施策を願いたい。

リーダー　これは認知行動療法という心理療法に基づく，自らの再犯を予防するためのプログラムです。そもそも，あなたは「私の責任ではない」なんて言えるのでしょうか。あなたは弱者である女性にひどい仕打ちを繰り返して，憎まれる立場にあることを忘れてはいけません。

Q　まあまあ，そんなに言い合いしなくても。性犯罪がこんなプログラムでやめられるわけないでしょ。今日は，わしの大好きな名武将，真田幸村の話でもしてみんな仲良くしましょうや。幸村の兜には六文

銭がついてましてな，変な形だけど面白いでしょ。そのいわれは……（にこにこしながら場を和ませようとするQであるが，プログラムに関係のない話が長々続く）。

コ・リーダー （いら立たしげに，Qをにらみながら）関係ない話はしないでください。Qさんはいつもくだらない話で場を乱しますね。Rさんは自分のリスクについてどう思いますか？

R （冷淡な表情で）私にはリスクなんかありません。そもそもストレスなんか感じたことがない。とにかく再犯しなければいいんでしょう？これからのことを考えればいいだけなんだから，昔の自分のリスクなんて考える必要がない。以上。

リーダー （深いため息）ストレスを感じたことがないとか，人としてありえないでしょ。まじめに考えてください。リスクの勉強，もう一度やり直しかなあ。Sさん，どうですか？

S （険しい顔つきで腕組みしながら）女の先生（リーダー）がいる場で，自分のことを話したくない。どうせわかってもらえないのだから話すだけ無駄です（そっぽを向く）。

コ・リーダー （つっけんどんに）そうですか，はいはい。話すだけ無駄なら時間もないし，先に進めましょう。Tさん，どうぞ。

T ……（口をとがらせて下を向く）

リーダー Tさん，何か話しましょう。グループワークなのだから話さないと意味がありません。

T ……（下を向いたまま指遊び）

N （意気揚々と）ほうら，Tさんも授業嫌がってるじゃないですか。ほかのみんなもそう思ってるのと違いますか。ある日突然こんな授業に引っ張られて，無理やりやらされて。ほんとに迷惑な話ですわ。もうやめにしましょう，解散，解散～。

リーダー／コ・リーダー ……（うなだれる）（心の声：ああ言えばこう言うばかりのあなたたちの相手なんか，私たちだってしたくないわ!!）

2　グループの停滞──拒否・反発

① グループの停滞の実態

　冒頭ではショッキングな架空の（しかし，実体験をもとに構成した）グループワークを紹介した。先に注で記した通り，刑務所では改善指導（この例の場合，性犯罪者処遇プログラム）の受講が義務であり，受講者は，プログラムが定める枠組みやプログラム担当者の方向づけに従うことが法律上求められる。しかしながら，受講者がプログラム担当者に反発したり，受講を拒否したり，時には部屋から退出しようとしたり，良くない形で受講者が徒党を組んだりといった事態，そしてそれに影響されたプログラム担当者も心理的に混乱するという事態が，性犯罪者処遇プログラムではとかく生じやすい。特に，このプログラムの導入当初はそうであった。こうした事態はプログラムに関わる実務家の切実な悩みのひとつである。

　この章では，こうした事態をどう理解するか，どのように対処するのかに焦点を当てたい。なお，受講者の拒否的な態度や反発的な言動により，担当者やプログラムが想定する方向にセッションが進まず膠着する現象を，ここでは「停滞」と呼ぶことにする。

　それにしても，先に紹介した架空のグループワークのビネットにおけるプログラム担当者の発言は，国民の声として性犯罪受刑者にぜひとも理解してもらいたい正論のように思える。しかしながら，この担当者たちの方法はあまり賢明な手段ではない。なぜなら，この方法は受講者の心の機微を無視した正論の押しつけであり，そうした頭ごなしのかかわりは往々にして変化や成長への意欲を薄れさせるからである。このままではプログラム進行は空回りし，グループは停滞しつづけるだろう。

② 停滞に対するプログラム担当者の反応

　処遇プログラム受講は受刑者にとって義務であるが，プログラム担当者にとっても，果たさねばならない職務上の義務である。グループの停滞に直面した担当者は，「自分が下手なのだ」「このままでは彼らの出所までに

プログラムを終えられない。どうしよう」「プログラムが何も進まなかったなんて上司に報告できない。叱られる」と不安や切迫感にさいなまれ、何としてもプログラムを進めようと焦る。それでも思うようにならず落ち込んだり、自分や受講者に腹を立てたりすることもある。

このように、グループの停滞に直面したプログラム担当者の内面には、❶不安・焦燥、❷悲しみや抑うつ、❸我慢や忍耐、❹怒りなどの情緒やストレスが増幅する。そして、この「停滞」が解決されずに経過すると、否定的情緒は一層強まり、事態への冷静な対処がますます難しくなるという悪循環に陥る。こうした事態を避けるため、性犯罪者処遇プログラムに携わる者は、グループの停滞への対処力を身につける必要がある。

まずは、グループが停滞するときそこで何が起きているのか、何が停滞を引き起こしているのかを理解する鍵として、心理臨床場面における「抵抗」や、防衛機制のひとつである「否認」、また「解離」などの概念とそのメカニズムを学ぶことが有用であると考えられる。

③ 抵抗

ラプランシュ（Laplanche & Pontalis, 1967/1976）は、抵抗を「精神分析治療の期間において、無意識への到達を妨げるような、被分析者すべての言動」と定義した。山本（1992）によれば、治療場面での抵抗とみなされる言動は以下のように例示される。

❶遅刻、欠席のほか、早期の時点での治療終了の申し出など、治療に費やす時間を短縮しようとする。
❷治療中の沈黙、特定の話題の固執、回避など、面接治療における話の量や範囲を限定しようとする。
❸治療場面と現実生活の態度を使い分け、治療と現実生活を分離しようとする。
❹不安のもととなる心理的葛藤を心のなかに持ちこたえられず、衝動的に行動化することで葛藤を解決しようとする。

❺まだ回復していないのに「もう良くなりました」などと強調し、自分は健康だと偽ろうとする。

　また、嗜癖や生活習慣病の治療やプログラムの実施現場において、患者やプログラム対象者がさまざまな抵抗を示すことが知られており（Miller & Rollnick, 2002/2007）、ローゼングレン（Rosengren, 2009/2013）は嗜癖者や生活習慣病患者の抵抗を「変化する理由を押しつけられることに対する能動的なプロセス」と説明している。すなわち、慣れ親しんだ「不健康な」生活習慣の変化を促された場合、患者がその必要性を頭では理解していても、「望ましい方向に自分を変えられる」という自信や確信をもてなければ変化への一歩を踏み出せず、従前の生活習慣にしがみつこうとするというのである。そして、彼らは、変化への促しを単なる押しつけと受け止めて反論を繰り広げ、言い訳を重ねたり、治療者の話を適当に聞き流したりして、治療への抵抗を示すことになる。

　抵抗は一般的な心理療法においてもよく見られるものであるが、犯罪者に対する再犯防止を目的とした処遇プログラムにおいては特に頻発しやすい。受刑者の場合は、自分の意志ではなく、プログラムの受講を刑務所などから指示され、ある意味「仕方なく」受講させられる人が少なくない。その場合、プログラムの内容や担当者の働きかけを単なる押しつけと認識することにつながりやすく、一般的な心理療法以上に強固な抵抗が生じることとなる。そうすると、冒頭で紹介した架空グループワークのように、このプログラムは自分に必要がないと拒否したり、女には自分の気持ちなどわかるはずがないとプログラム担当者を攻撃したり、何を聞かれても押し黙ったりするなどして、担当者やプログラムへの抵抗があらわになり、グループは停滞することになる。

④ 否認や解離

　何が抵抗を生み出すのか、そして、グループの停滞という事態の背景で何が起きているのかをより深く理解するため、ここでは防衛機制のひとつ

である「否認」「解離」に目を向けたい。

　防衛機制は，脅威から自己を防衛するために作用する内的過程である。マックウィリアムス（McWilliams, 1994/2005）によれば，「強烈な脅威と関連する感情（不安や悲嘆等）の回避，管理や，自尊心の維持等の目的を達成するための作用である。その多くは健全で適応的な生活を維持するための良性の機能を含んでいるが，一方で，原始的で未熟な水準の防衛機制があることも知られている」（p.114）。グループの停滞に関連すると考えられる否認や解離は，より未熟な防衛機制に分類されることが多い。

　否認について，マックウィリアムス（McWilliams, 1994/2005）は次のように述べている。

　　否認という防衛は，抑圧よりも原始的な過程を示しているとみなされる。何かを抑圧するには，何らかの方法でそれを認めたうえで無意識に追いやらなければならない。否認は，瞬間的で非論理的な処理過程である。「これは起きてしまったのだ，でも忘れることにしよう，あまりにつらいことだから」というのに比べると，「こんなことは起きていないのだ」というのは不快なことに対する魔術的な方法である。
　　　　　　　　　　　　　　　　　　　　　　　　　　（p.116）

また，解離については以下のように述べている。

　　誰でも，自分の対処できる範囲を超えた破局的状況に直面すれば，そして特にそれが耐えがたい痛みや恐怖を伴っているなら，なおさら解離するかもしれないのである。
　　　　　　　　　　　　　　　　　　　　　　　　　　（p.134）

　総じて，否認や解離の防衛機制は耐えがたい不安や苦痛を処理し，自尊心を維持しようとするための未熟な内的過程であり，そうした不安や苦痛が喚起されそうな事態への「対処行動」のひとつが，抵抗と呼ばれる言動であると言える。再犯防止を目的とする処遇プログラムは，犯罪に関連す

る自己の問題や短所に向き合うという要素を含むため，目の前の辛い現実を認めまい（否認），何も感じまい（解離）とする機制を脅かしがちである。受講者は，この脅威への反応として，自分の何がいけなかったのか，自らの行いが自他にどのような悪影響を及ぼしたのかを真摯に振り返ることはせず，自己の生活上の問題や犯罪に結びつく自らのリスクを特定する自己観察や自己分析の作業にも大きな支障を来たしやすい。

　こうした機制が作動した場合には，冒頭の架空グループワークのＰ（「事件は私の責任ではない」），あるいはＲ（「私にはリスクなんかありません」）のように，事件に関する自己の責任から目を背け，自分には問題などないと言い切るような抵抗が現れやすい。また，場を和ませようとにこやかな表情で戦国武将の話を繰り広げ，話を脱線させたＱのように，一見すると親和的な言動に，自己の弱さに向き合う辛さから逃れようとする機制が隠れていることもある。場合によっては，その場は和やかで，停滞が生じているように見えないかもしれない。しかし，プログラム担当者が隠れた抵抗に気づかず，何も対処をしなければ，プログラムの方向性はとりとめなく曖昧になり，グループは結果的に停滞に陥ることになる。

3　性犯罪者の立場に起因する否定的な認知や感情

　前項まで，再犯防止を目的としたプログラムにおいて，否認や解離の防衛機制が働き，抵抗が生じやすく，それがグループの停滞につながりやすいことを指摘した。とりわけ，性犯罪者処遇プログラムでは，グループの停滞がより生じやすいというのが実務家の共通認識であろう。

　性犯罪者処遇プログラムの受講者は，他の罪種の者と同様に，欲求，感情，行動などのコントロールに失敗し，被害者の心身を深く傷つけた結果，警察に身柄を拘束され，取調や公判過程で自らの過ちを徹底的に追及されるだけでなく，家族や身内に面会などで厳しく叱責され，場合によっては家族や職場から見放されてきている。すなわち，自己制御の重大な失敗を犯して，強烈な司法的・社会的制裁を受けてきている。弱い立場の人が標

的となりやすく，被害者の心身に重大な損害を与える性犯罪の場合，社会から加害者に向けられる感情は峻烈になって当然であるとも言える。このような体験を経て，彼らの自尊心は一般に低下状態にあると推察される。

　加えて，刑事施設の受刑者には罪種によるヒエラルキーが暗黙裡に存在する。つまり，性犯罪者は，他の罪種の受刑者からも否定的なイメージをもたれやすい。そして，一般の人々の性犯罪者イメージよりも他の受刑者からの性犯罪者イメージのほうが，より否定的であることも指摘されている（森田ほか，2008，2009）。一般の人々が思う以上に，性犯罪者は刑事施設のなかで他の受刑者から見下されていると感じ，迫害を恐れ，萎縮していることが多い。性犯罪者処遇プログラムが間もなく開講することを職員から告げられた受刑者のなかには，プログラムが始まれば何かの拍子に自分が性犯罪者だと他の受刑者に知られるのではないかと不安を募らせ，それを理由に自分をプログラムから外してほしいと主張し，受講を拒否しようとする者も散見されるのである。

　なかには，身柄拘束を回避する条件のひとつとして民間クリニックの治療に通うことを選ぶ者も珍しくないと聞く。しかし，これらの人でさえも，ある意味「仕方なく」治療プログラムに参加するのである。これらを踏まえて，性犯罪者処遇プログラムの受講者たちの心の内を推し量れば，以下のような心象風景が推察できる。

　　自己統制の失敗や家族，社会からの制裁を受けて自尊感情が低下している状況下，自分の問題を見つめろ，自分を変えろという声があちこちから飛んでくる。弱者を襲った性犯罪者は社会のクズだ，無用な人間だといった社会の厳しい論調が聞こえてくる。刑務所に入れば，他の受刑者からの蔑みに耐えねばならない。いたたまれず目をつむり耳をふさごうとすると，この期に及んで抵抗するのか，自分の非を認めないのかと追い打ちをかけられる。

　追い詰められた彼は，捨て鉢にこうつぶやくかもしれない。

誰が何と言おうと，俺は俺のやり方，生き方を変えるつもりはない。どうせ俺は変われやしないのだから。

このように心を閉ざした彼らは，自分へのかかわりを素直に受け入れようとせず，犯罪に結びつく自らの問題について考えることを避けようとすることになる。

4 プログラム担当者自身がもつ性犯罪者への否定的な認知や感情

次に，プログラム担当者側にもグループの停滞を引き起こす要因がある可能性に着目したい。担当者自身が個人として普段から抱える性犯罪への否定的なイメージや価値観は，グループ内で受講者への拒否的・攻撃的態度として表されると，それがどんなに微妙なものであっても受講者の意欲低下を引き起こす可能性がある。

性犯罪に関する報道に触れた人の多くは，こう思うだろう。「性犯罪は絶対に許せない。性犯罪者が受ける司法的・社会的制裁は，社会の決まりや常識に照らしてごく当たり前の仕打ちである。厳しい刑罰を受けるのは自業自得である。性犯罪者に共感できるわけがなく，彼らを社会から切り離し，自分や社会一般の人の目から見えないところに押しやってしまえばいい」。こうした考えは，ある意味ごく正論であるとも言える。社会生活を営むうえで許されないこと，それが犯罪だからである。

たとえ性犯罪者処遇プログラムの専門家であっても，このような否定的なイメージや価値観を相応に有していると思われる。むしろ，社会一般の認識に同一化できなければ，目の前の受講者を更生させ，二度と被害者を地域社会で出してはならないという使命感は生まれてこないだろう。

しかしながら，こうした認識にとらわれすぎたらどうなるだろうか。事件を起こした受講者への嫌悪感，反発心，侮蔑の念，場合によっては「こんな人は手厚く処遇するより"成敗"されるほうが，よほど世のため人の

ためになる」と考えてしまえば，それらはセッションの場で知らず知らずのうちに，しかし確実に口調や表情や仕草などににじみ出る（冒頭の架空グループワークに登場した，ずいぶんと脅迫的なコ・リーダーを思い返してほしい）。

　さまざまな不安にさらされて自尊心が低下し，脆弱な心理状態にある受講者は，プログラム担当者からの表面的な受容的・協働的なメッセージに隠された，否定的メッセージを敏感に嗅ぎ取ることが多い。そして，そのメッセージに反応して心を閉ざせば，グループは停滞する。つまり，そもそもプログラム担当者の側からグループの停滞を誘発している可能性があるのである。しかし，これに気づかない担当者は「この人たちはやる気がない。あんなひどいことをしたうえに反省する気もないなんて，本当に駄目だ」と考えるかもしれない。こうして性犯罪者に対する否定的な認知や感情は，今度は専門家としての経験として強化されることになる。

2　動機づけ面接法の概要

　グループの停滞を解消するためには，受講者の抱える不安，悲嘆，恐怖などの低減や自尊感情の維持に注意を払いながら働きかける必要がある。初心のプログラム担当者には，動機づけ面接法の考え方を学ぶことが助けになることが多いため，ここではその概要を簡単に紹介する。

　ミラーとロルニック（Miller & Rollnick, 2002/2007）は，「動機づけ面接法は，個人の選択における自律性を，特に尊重する。それは処方ではなく，カウンセラーが，個人の心のなかにある変化への動機と資質を，見いだして呼び覚ます，協働的な面接法である」(p.54)，「動機づけ面接法の一般的な目標は，障害を乗り越えて変化を成し遂げる能力に対する，クライアントの自信を深めること」(p.53) と述べている。また，この面接法は，❶相手の感情や意見を受容的に傾聴し，理解する姿勢を示す「共感の表現」，❷その人がこうありたいと思う目標や願望と，その達成に向けて

問題が山積みの現状との矛盾にピントを当てることで，変化への動機を高める「矛盾の拡大」，❸直接的な議論を避け，思考の枠組みを少しずらし，捉え直しをするなど「抵抗に巻き込まれながら転がるように進む」，❹変わろうとする力が相手にあると信じ，相手の変化をサポートするスタンスを取る「自己効力感の援助」という4つの原理を土台に据えている（Miller & Rollnick, 2002/2007）。

つまり，プログラム担当者からの意見の一方的な押しつけや強引な教え込みは，まるで責められている感覚を相手にもたせ，身構えさせるため，プログラムを進めるうえで得策ではないと考えるのである。プログラム担当者は，受講者と協働的な関係を築き，相互的な対話を通して，彼らが自分が望ましい方向に変化できるという自信をもてるようにし，自ら変化に向かおうとする意欲や自律的な姿勢を引き出すことに重点を置く。そして，自分自身が変わりたいと思う理由や変化するとどのような利点があるかといった話（動機づけ面接法では「チェンジトーク」（Miller & Rollnick, 2002/2007）と呼ばれる）を相手がするよう導くことで，さらなる変化を促すことを大切にするのである。

動機づけ面接法の基本技術は「OARS（オール）」と呼ばれる。ローゼングレン（Rosengren, 2009/2013）は，この手法を次のように解説している。

❶ O：open-ended questions（開かれた質問）――「はい」「いいえ」で答えられない「開かれた質問」であり，これをほどよく使うことで，相手が重要だと感じている事柄をじっくりと話してもらうことができる。

❷ A：affirmations（是認）――相手の長所や強みに面接者が気づいていることを伝え返す手法であり，相手の良さをあるがままに認め，ほめることである。その際，「あなたは」で始まる言葉を使うと効果的である（筆者例：「あなたはタバコの害悪という大事なことを理解できていますよね」）。

❸ R：reflective listening（聞き返し）――聞き返しはこの手法の主要な

スキルである。これは単なる「質問」ではなく，相手から受け取った言葉を伝え返す対話スキルである。聞き返しを行う際には，相手の言葉に秘められた心の内側を想像し，理解しようとする姿勢が重要である。

❹ S：summaries（要約）――面接者が相手の話を要約し，伝え返す対話スキルである。これによって面接相手は自らの体験を整理する機会をもてる。

3　動機づけ面接法の活用

　動機づけ面接法を用いる際には，「プログラム担当者の押しつけではなく，自分の力で主体的に，社会的に望ましい方向で考えることができている」という実感を受講者にもってもらうことが肝要である。ここでは冒頭の架空グループワークをもとに，動機づけ面接法の活用例のひとつを紹介したい。

　この架空グループは一見，プログラム担当者（リーダー，コ・リーダー）の発言に「ああ言えばこう言う」式に受講者が難癖をつけ，論点をずらすように見える反応が目立つ。初心の担当者であれば，このグループは何をしても刃が返ってくるという感覚に陥りやすく，グループの日は朝から「今日は何を言われるのだろう」と憂うつになることもあるに違いない。しかしながら，動機づけ面接法の視点や手法を取り入れることで，このグループは異なる様相を呈することになるだろう。

　まず押さえておきたいのは，この架空グループの「本日のプログラムテーマ」が「自分の再犯リスクを考える」であったことだ。このテーマに沿った発言が少しでも出てくれば，プログラム担当者は徹底して，「是認」「聞き返し」のスキルを使い，受講者に「自分の力で自分のリスクを考えることができた」と感じるよう支援することが重要である。

　たとえば冒頭で，ＮとＯの各氏が「酒・薬物さえ体に入れなければ自

分は性犯罪をしない」旨を述べた後，それぞれに「こんなプログラムは意味がない」「性犯罪者だとばれるのが嫌だから授業を受けたくない」などと抵抗を示している。「自分の再犯リスクを考える」課題は，自分の弱点を見つめるのとほぼ同じことであるため，NやOの心のなかに，否認や解離の機制が作動したと考えてもおかしくはない。ところが，ここに出てくる担当者，すなわちコ・リーダーは「国の政策で決まっているのだから」と抵抗に真正面に反応した挙げ句，「プログラムを拒否すれば罰が与えられる」などと脅迫的に抵抗を抑え込もうとしている。受刑者に，義務を教えるというのは正論だが，そのようなことをここでプログラム担当者が対峙しても，事態はまったく改善しないことが予想される。

　プログラム担当者が対応すべきだった勘所は，NもOも，性犯罪に結びつく自分のリスク（酒や薬物）を自分から話した点にある。もちろん，プログラム終盤に至っても「自分の性犯罪は酒のせい，薬物のせい」と他責的な構えに終始するならば，新たな介入の手続きを考える必要もあろうが，このグループはプログラム序盤である点を考慮すると，まずは自分のリスクに自分で気づけたことを是認し，以下のように伝え返したい。

> **コ・リーダー**　Nさんはお酒，Oさんは薬物が，ご自身の性犯罪とつながるリスクだと考えているのですね。お酒，薬物が体に入っているときといないときとで，自分の状態が違うことに気づいていることも，非常に大事な視点ですね。

　ここでは受講者の抵抗に直接的に反応するのではなく，テーマに沿って発言できた個所にピントを当ててそれを浮き彫りにする。そうすることによって，「プログラム担当者やプログラムに反発的なNとO」ではなく，「プログラムに沿って主体的に考えることができたNとO」という捉え直しを行うのである。そのうえで，「どんなときに飲酒や薬物使用をしたくなるのか」「飲まずに済ませられるときはどんな工夫をしているのか」などの開かれた質問を重ねることで，自己のリスクに関する洞察を深めること

が可能となる。

「事件は虐待由来の心の闇のせいであって，自分には責任がない」というPについては，以下のように伝え返すことができるかもしれない。

> **リーダー**　Pさんは，幼い頃から辛く苦しい目に遭われて，それが何かこう，心に影響したというか，マイナスの影響を受けてきたと。Pさんは，それが今回の性犯罪にもつながったんじゃないかと考えているということですね。

このように「自己のリスクを考える」というテーマに絡めた聞き返しや要約のスキルを用いて，「無責任なP」ではなく，「自己の生育歴とリスクを結びつけて考えることができたP」という捉え直しによって，建設的なグループワークへの道を模索するのである。「自分にはリスクなんかない。これからのことを考えればよいのであって，昔のことなんか考えても仕方ない」と言い放ったRに対しても，「未来の自分のことを考えるというのは，このプログラムの大きな目標のひとつですね」と切り返し，「今ここでプログラムの趣旨に沿った話をしたR」と捉え直し，相手の健全で賢明な部分を強化するのである。

ただし，注意したいのは，被虐待や劣悪な生育環境などの影響によってパーソナリティ全般の発達が阻害され，他者との愛着関係を形成する力が育っていないケースである。こうした事例では，性犯罪者処遇プログラムの受講という特殊な環境下のため抵抗が強まっているわけではない。そもそも安定した対人関係を築くことができず，他者との衝突が日常的なものになっている可能性がある。このPもそうした生育歴のなかで愛着関係の築き方に問題が生じている可能性がある。その場合，動機づけ面接法のスキルを一度や二度使ったからといって，すんなりと協働関係が深まるとは考えにくく，この後も何かと抵抗を示してはプログラム担当者を困惑させることが容易に想像できる。

それでもプログラム担当者は，相手の変化を信じ，受容的な姿勢で話に

耳を傾け，相手の賢明な部分にピントを当てた言葉を投げかけつづけ，受講者が安心して自分に向き合える空間をつくりながら，粘り強く相手の変化を待つことが求められる。筆者が実際に体験した例では，何かにつけてプログラムに難癖をつけ，ねちねちと文句を言いつづけた受講者に対し，内心辟易しつつもひたすら話を聞き，折を見ては介入の言葉をかけるなどしつづけた末，プログラムがもう折り返し地点を過ぎた頃，その受講者がある日突然「先生（筆者）が仏さまのように見えてきました」と態度を変え，プログラムを受け入れる姿勢に転じ，それとともにグループの停滞が解消に向かったことがあった。

今振り返れば，あの受講者はパーソナリティ水準が低く，単に極端な価値上げと価値下げの間を揺れ動いていただけのことではなかったのかという思いは拭いきれない。良い方向への変化であってもあまりに劇的すぎると，単にパーソナリティの一貫性がない（パーソナリティ水準が低い）だけではないかという解釈も成り立つ。とはいえ，あのときグループの担当者として「助かった」という実感と，グループ全体の膠着した雰囲気がほぐれていく感覚は，筆者にとっては印象深い体験である。

さて，まったく関係のない話でプログラムを脱線させたQには，どのように働きかければよいだろうか。なぜQは，リーダーたちと他の受講者がもめているところに首をつっこみ，場を和ませようとしたのだろうか。一見すると抵抗に見えない言動でグループを停滞させている場合，その言動にどのような心の状態が反映しているのか想像を広げる必要がある。もしかしたら，両親のけんかを目の当たりにして育ったのかもしれないし，学校でリンチを受けたのかもしれない。そんな生い立ちから，けんかを見ると不安が喚起され，いてもたってもいられなくなるのかもしれない。そうした対人面の繊細さは，職場への不適応だけでなく異性関係の深まりにくさにもつながっていて，それが性犯罪の遠因かもしれない。このようにグループ内の言動からさまざまな可能性を模索することができる。

しかしながら，グループはそれほど悠長に考える時間をプログラム担当者に与えてはくれない。グループは「生き物」である。グループの停滞に

つながりそうな場面では，すぐに手を打たなければならない。動機づけ面接法をはじめとしたスキルを活かすためにも，プログラムの開始前から，受講者の生い立ちや問題性について，情報を頭に入れておく必要がある。そのうえで，Qにはこんな言葉をかけられるかもしれない。

> リーダー　Qさんは，場が荒れだすと和やかな雰囲気を出そうとしてくれますね。社会でもけっこう人に気を遣うというか，そんなところがあったのかもしれませんね。

そうすれば，もしかしたら，以下のように展開したかもしれない。

> Q　どうもギスギスした雰囲気が苦手で……。事件の頃も，職場の人間関係で悩みがあって，胃に穴が開いていました。
> リーダー　事件当時，人間関係に関する強いストレスがあった……そういうことですね。
> Q　はい。
> リーダー　Qさんにとって，どんなことがストレスだと感じるのですか。

このようにして，動機づけ面接法のエッセンスを導入することにより，グループ停滞への対処の糸口を見つけることが可能になる。

ただし，介入技法を一通り学び，専門的なテクニックを身につけたとしても，それはあくまで受講者と向き合うに当たり，さしあたって便利なツールを手に入れたにすぎないことには留意すべきである。

4 性犯罪受刑者と協働するために

1 プログラム担当者の心構え

　悪質な性犯罪の報道や，性犯罪への厳罰化を求める世論に触れると，ふと思う。性犯罪受刑者と協働関係を築き，彼らが安心して自分の問題に向き合う場をつくることなど，社会一般の人は求めていないのではないか。むしろ，彼らが二度と立ち上がれないくらい厳しく叱り飛ばし，罰を与えることが求められているのではないか——そんな疑問が頭をよぎることがある。

　しかしながら，生まれた瞬間から「性犯罪者」としての人生を自ら選び取り，生きてきた人などいない。知能や気質などの生来的な資質，家庭環境，学校や職場などにおける人間関係，社会への適応状態，何らかの被害体験など，生育歴上のさまざまな要因が絡み合うなかで，性犯罪に結びつくリスク要因（性に関する認知の歪み，感情や衝動統制の困難さ，親密な人間関係の構築力の乏しさなど）が形成され，その結果として人は犯罪に走る。そうしたリスク要因の低減が再犯防止に直結するのであり，プログラム担当者の使命は，彼らが自分のリスクを自覚し，その低減に向けて具体的に行動する力をもつよう手を貸すことにある。そのためには，彼らとの協働的な関係を通して，自分の弱さに向き合う強さを，彼らが手に入れるよう促す必要がある。

　協働的な姿勢で性犯罪者処遇プログラムを行うためには，受講者が育てられた境遇，学校や職場などで積み重ねた経験を知り，彼らのリスク要因が形成された過程を推察することが大切である。「これほど劣悪な環境で育ったら，こんな考え方になる可能性は高いだろうな」「この人の強烈な劣等感や被害感の背景には，検査の結果にも見られる知的能力の低さや発達面のばらつきから来る，不適応の積み重ねがあったのだろうな」など，その人の歴史や経験に思いを巡らせ，人を人として知ろうとする努力が必

要である。

　ただし，これは決して性犯罪受刑者への安易な同情や許容を肯定するものではない。あくまで対象者と一定の心的距離を保ち，その人の生き様を客観的に俯瞰し，非行・犯罪理論を援用して犯罪に結びつく問題点を分析・考察し，そして具体的にかかわるという心理臨床家としての冷徹なスタンスが必要とされる。なお，刑事施設であれば，「性犯罪者調査」（第7章参照）による各種能力，心理検査の結果や，犯罪のリスク要因に関する分析などの所見が作成されているはずなので，性犯罪者処遇プログラムの開始前にそれに必ず目を通し，担当者自身の見立てを補強しておきたい。こうした複数の目による査定は，プログラム担当者の心の余裕につながり，ひいては，受講者との協働的な姿勢の支えにもなる。

　加えて，プログラムには受講者の否認や抵抗はつきものであり，むしろ，プログラムが受講者の問題の根幹に触れたからこそ，否認や抵抗が生じてグループの停滞が起きることもあると，発想の転換をすることも担当者にとっての助けとなる。グループ・プロセスが停滞しはじめたら，今まさに深い介入の機会や手がかりを相手が提示してくれていると思えばよいのである。筆者は，プログラム担当者としての懐が少しずつ深くなるうちに，受講者がプログラム担当者に何でも従い，担当者が喜びそうな美辞麗句ばかり並べる風景を目にしたとき，「もしかして，プログラムの内容が深いところまで響いていないのではないか」と心配になるセンスと能力を身につけてきたように思う。

2　プログラム担当者が「停滞」しない工夫

　とはいえ，いかに専門的な知識や技術を体得しても，プログラム担当者も一人の人間であり，現実にグループの停滞が解消されないままであれば，腹が立つものは腹が立つし，いら立つときはいら立つ。そうなると，受講者の人柄や発言を必要以上に厳しく評価し，脅しになりかねない不用意な言葉を発するなど，プログラム担当者自身が激しく行動化し，グループを

自ら攪乱し，崩壊させていく危険性が生じる。

　さらにグループの停滞が未解決のままの状態が長く続けば，プログラム担当者のメンタルヘルスに悪影響が起きる。困難を一人で抱え込んでも状況は好転せず，空回りするだけである。そうならないためにも，グループが停滞していると感じたら，共にプログラムに携わる同僚や上司のほか，スーパーバイザーに助けを求め，悩みを共有したい。そのうえで，グループのなかで何が起きていると捉えるのか，どのような点に注目してグループを進めればよいかなどを話し合い，停滞の解決策を組織的かつ協働的に模索する工夫が必要である。

文献

Laplanche, J. & Pontalis, J.B.（1967）Vocabulaire de la Psychanalyse. 5ᵉ édition. Presses Universitaires de France.（村上 仁＝監訳／新井 清・草野洋一・沢見やよい・田中郁夫・原田伸子・早水洋太郎・藤縄 昭・松本雅彦・三好暁光＝訳（1976）精神分析用語辞典．みすず書房）

McWilliams, N.（1994）Psychoanalytic Diagnosis : Understanding Personality Structure in the Clinical Process. The Guilford Press.（成田善弘＝監訳／北村婦美・神谷栄治＝訳（2005）パーソナリティ障害の診断と治療．創元社）

Miller, W.R. & Rollnick, S.（2002）Motivational Interviewing. Second Edition : Preparing People for Change. The Guilford Press.（松島義博・後藤 恵＝訳（2007）動機づけ面接法――基礎・実践編．星和書店）

森田陽子・星野芳之・寺西 晶・村田純子（2008）性犯罪に対して受刑者が持つイメージに関する実態調査．犯罪心理学研究 46（特別号）; 134-135.

森田陽子・星野芳之・寺西 晶・村田純子（2009）性犯罪受刑者に対するイメージに関する実態調査．犯罪心理学研究 47（特別号）; 110-111.

Rosengren, D.B.（2009）Building Motivational Interviewing Skills : A Practitioner Workbook. The Guilford Press.（原井宏明＝監訳／岡嶋美代・山田英治・望月美智子＝訳（2013）動機づけ面接を身につける．星和書店）

山本昌輝（1992）抵抗．In：氏原 寛ほか＝編：心理臨床大事典．培風館，pp.204-205.

10
性犯罪者のグループワーク❸
治療環境と「場」という視点

古根俊之

> **キーワード** 治療環境,「場」, 安心感, 目的, グループルール, 職員集団
>
> **要約** 性犯罪者に対する刑事施設の処遇プログラムに言及する際, プログラム内容やプログラム担当者の介入技法に加えて, 治療環境も重要な要素となる。プログラム担当者にとっても, 受講者にとっても, 環境における安心感をもつことができなければ, 治療的・教育的な対話を行い, プログラムの効果を高めることは難しい。そのため, プログラム担当者が治療の「場」を整理・整頓することは重要な仕事であり, 加えて, 目的, ルール, 時間設定などを含めた心理的な枠組みを整えることも大切である。担当者, 受講者, 教室を内包する施設の風土という視点からは, 組織のセクション間での情報共有が十分になされていることがプログラムの効果を一層高めると言える。

1 「場」の構造

刑事施設における性犯罪者処遇プログラムにおいては, プログラム内容や担当者の介入技法に加えて, プログラムを実施する部屋(教室, 会議室など)やプログラムを実施する施設の風土も重要な要素となる。

村瀬(2001)は, 以下のように治療環境について重要な指摘をしている。

　　治療関係がどのような時間, 空間的文脈の中にあるのかを常に認識

することが必要不可欠である。クライエントの行動や気分の変化を治療者とクライエントとの二者関係の因果関係においてばかりとらえようとするのでなく，家族や学校，友人，その他地域社会との関係，服薬効果の影響などの要因をも考慮に入れるセンスである。入院中や施設入所中などの場合には，いわゆる狭義の治療スタッフではない職員（掃除係，営繕係など）の影響で心理治療促進の触媒効果をもたらしていることもある。 (p.239)

　我々の現場で「治療」に相当するものは，処遇プログラムの遂行であるため，本章においては，治療環境について以下のように定義したい。狭義の「場」とは，プログラム担当者と受講者が性犯罪者処遇プログラムを実施する部屋（教室）である。そして，プログラム担当者，受講者，教室を内包する施設が，広義の「場」である。これら施設の外側に社会がある（図参照）。

2　場の安全性

　刑事施設における性犯罪者処遇プログラムは，認知行動療法がベースとなっている。人の不適応や症状は行動と環境の相互作用によるものとして，行動の変容と環境調整によって問題解決を図る認知行動療法によって，クライエントの周囲の環境に目を向けることは，プログラムの基本方針として大切である。加えて，認知行動療法では，セラピストにとってもクライエントにとっても，治療環境における安心感をもつことが，治療的な対話を行い，治療の効果を高めるために重要である。そして，セラピストはさまざまな方法で治療環境の安心感の醸成に努める必要がある。

　治療の場の概念について，遊戯療法は重要な示唆を与えてくれる。アクスライン（1972）が提起している「遊戯療法の8つの基本原理」のなかに，プレイルームのあり方が述べられている（p.95）。

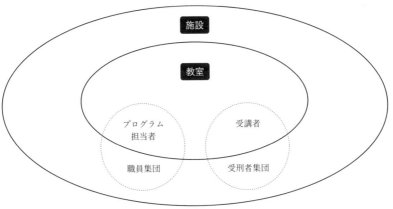

図　性犯罪者処遇プログラムが行われる環境

遊戯療法の8つの基本原理

❶治療者はできるだけ早くよいラポート（親和感）ができるような，子どもとのあたたかい親密な関係を発展させなければなりません。

❷治療者は子どもをそのまま正確に受けいれます。

❸治療者は，子どもに自分の気持を完全に表現することが自由だと感じられるように，その関係におおらかな気持をつくり出します。

❹治療者は子どもの表現している気持を油断なく認知し，子どもが自分の行動の洞察を得るようなやり方でその気持を反射してやります。

❺治療者は，子どもにそのようにする機会があたえられれば，自分で自分の問題を解決しうるその能力に深い尊敬の念をもっています。選択したり，変化させたりする責任は子どもにあるのです。

❻治療者はいかなる方法でも，子どもの行ないや会話を指導しようとしません。子どもが先導するのです。治療者はそれに従います。

❼治療者は治療をやめようとしません。治療は緩慢な過程であって，

治療者はそれをそのようなものとして認めています。
❽治療者は，治療が現実の世界に根をおろし，子どもにその関係における自分の責任を気づかせるのに必要なだけの制限を設けます。

(p.95)

　対象も，治療目的も，手法も大きく異なるものの，これらは成人対象の性犯罪者処遇プログラムにとっても示唆深い指摘である。遊戯療法においては，プレイルームの適度な広さやあたたかい雰囲気が重要であるとされており（基本原理3），また，時間と場所を一定にすること，遊具の持ち出しや持ち込みを禁止すること，子ども自身や治療者に対しての攻撃行動をさせないことなどの制限についても重要視されている（基本原理8）。
　村瀬（1999）は，遊戯療法における治療構造や制限について，以下のように述べている。

　　子どもに真に自己表現することを保証し，本当に護られた時空間を提供するには，遊戯療法全体を抱え支える「治療構造」が設定され，ある種の必要な「制限」が与えられてはじめて可能になる。ところで，「構造」や「制限」設定とは，治療関係の安定を保証し，治療過程の促進を目的に工夫されているものなので，それは当然治療目標にそった合理的なものでなくてはならない。クライエントのパーソナリティと病態や問題の質，治療者の所属している機関，治療者のパーソナリティ，経験と技能との相互関係の中で，どのように，この「構造」や「制限」が設定され，的確に活かされるか否か，そこが治療の成否を決めるひとつの鍵である。

(p.172)

　そこで，本章の前半では，どのように処遇プログラムを行う教室を整え，また，セッションという場にどのように制限をかけることが重要であるかを論じる。本章で言う「制限」とは，プログラムにおける目的，ルール，時間設定などを含めた治療の「枠組み」である。後半においては，プログ

ラム担当者，受講者，教室を内包する施設について考える。

3　狭義の場 ── 処遇プログラムの部屋

　性犯罪者処遇プログラムを実施する場（教室，会議室など）に関して，設備，採光，机，位置などの物理的側面の影響に加えて，心理的側面である目的，ルール，時間などの「枠組み」について論じたい。

1　物理的側面

① 設備

　事例1 ─── プログラム受講の動機づけが低い U は，治療プログラム受講前の個別面接において，受講そのものやセッションの録画，録音に拒否的な反応を示していた。そのため，場所を面接室ではなく，実際にプログラムを実施する教室に変更して2回目の面接を行った。刑務所の教室は，決して豪奢ではないが，U はこのプログラム用に整えられた明るい色の壁紙やカーペット，コピー機能付きのホワイトボード，空調設備，天井に設置されたモニターカメラなどの設備を見て，表情が和らぎ，「ここまで本気でやろうとしているんだ」と述べて，受講を受け入れるようになった。

　受刑者のなかには，否認の傾向が強かったり，また公判過程を経て，自尊心が低下していたり，公的機関への不信感をもっていたりする人がいる。こうした者にとっては，「自分が大事にされている」と思える施設のハード面での待遇が，受講の動機づけを高めるものとなりうる。U は当初狭く暗い教室で，セラピストから一方的に説諭を受けるようなプログラムを予想したわけだが，繰り返し面接を実施するセラピストと共に実際の教室の設備を見て，プログラム受講への動機づけが高められたようだった。

プログラム担当者は，技法（たとえば動機づけ面接法（第9章参照）や認知行動療法などのテクニック）を学ぶことも必要であるが，それ以前に，治療的・教育的関わりの場を整理・整頓することも大変重要な仕事である。
　寺沢（2011）は，一般に研修講師を務める際の会場準備に関する留意事項を以下のように述べている。

> 「あなたに参加してもらって嬉しい」とおもてなしの心で迎え入れます。部屋の明るさ，温度，音（BGM），イスのレイアウト，香りといった場の環境に気を配りましょう。ホテルマンになったつもりでチェックします。先輩で，会場にお塩をまく人もいました。そのくらい神聖な気持ちで，与えられた場所を活かしましょう。こうした努力は，相手に最高の学習環境で学んでもらうためであると同時に，自分にとってその場をホームにするためでもあるのです。　　　　　　　　（p.76）

　こうした環境を整える姿勢は，性犯罪者処遇プログラムにも共通する重要な姿勢である。引用文中で寺沢は「ホーム」という表現を使用しているが，環境を整える作業を通じてプログラム担当者自身もプログラムの場に安心感をもつことができる。
　ほかにもプログラムの環境を整えることの例として，民間で実施している薬物依存症者への治療プログラムでは，飲み物や菓子を用意することによって受講者を迎え入れる姿勢を示す工夫をしている。花を一輪飾るだけでも教室の雰囲気は和らぐ。カーテンのフックをとめること，カレンダーをめくること，床に掃除機をかけること，これら一つひとつは単純なことであっても見落としがちなことは多い。治療的・教育的プログラムを実施する施設の予算事情や施設風土による制約はあるが，プログラム担当者ができることは工夫次第で多くある。

　事例2————Vは，プログラムの初期に，指導教室の窓から誰かに見られているようで不快であるとして，プログラム担当者にプログラ

ム実施中はカーテンを閉めるように求めてきた。プログラム担当者は、十分な採光を確保する必要があるため、Vの求めをそのまま受け入れることはできないと判断した。しかし、適切に理由を言語化して要求を述べたVへの配慮も行いたいと考えて、カーテンを半分だけ閉めることをグループに提案したところ、グループ内で採用され、Vは、しぶしぶながらも受け入れていた。当該グループにおいて、このエピソードは、物事を「白か黒か」や「勝ち負け」で考えるのではなく、他者と話し合うなかで落としどころを見つけることの象徴として、その後も繰り返し扱われることとなった。

環境や他者に影響を与えることが難しいと捉えている受講者、また、逆に他者を支配、操作しようとする再犯リスクをもっている受講者にとって、こうした身近な環境の調整は具体的な介入の契機となる。空調設備を誰が操作するか、温度設定をどうするかということも、同様の例として扱うことができる。

② 机・椅子と配席

机の形状、位置、配席も重要な要素のひとつである。グループ心理療法では、椅子のみで行うことが標準的だが、刑務所における性犯罪者処遇プログラムは、製本されたテキストやワークブックを用いるため、閲読・記入用の机が必要となる。

机を前に設置すると、対人不安の高い受講者にとっては、他者との物理的な障壁となり、特にグループ序盤での安心感の確保につながる。一方、机によって全身が見えづらくなるため、プログラム担当者にとって、受講者の緊張感やプログラムへの動機づけを査定する情報が少なくなる。予算事情が許せば、可動式の机を使用することで、心理教育を実施する場合は机を前に置き、集団討議が中心となる場合は机を後ろに置くというような運用をすることも考えられる。

事例3───犯罪事実を否認していたWは,プログラム当初は,机と椅子の位置を定位置よりも後ろに下げ,集団の輪から外れ,発言の声も小さかった。その後,プログラムが犯罪事実のみを扱うものではなく,価値観や感情,人間関係がテーマになるとわかると,本人が参加できる範囲で発言をするようになり,そうした主体的・能動的なグループへのかかわりから自信が増し,最終回では,机から身を乗り出す形で,他のメンバーに対して,グループを終えるにあたっての自分たち受講者の責任について語るようになった。

刑事施設では規律維持の観点から,起居動作については厳しく指導されており,Wの序盤のような姿勢も指導対象になりうる。しかし,プログラム担当者がチーム内で足並みをそろえ,このような態度について描写する(「あなたは,今日はその席にいたい気分なのですね」など)ことはあっても,変化を強要しないという方針で望んだところ,Wの内面の変化に対応する形で身体的姿勢にも変容が見られた。

また,反社会的集団に所属歴がある者は,自信がない状況や不安な状況では,足を大きく広げて座り,虚勢を張る態度も多く見られる。こちらも本人の不安の程度の指標と捉えると,刑務所職員としてのプログラム担当者との「直せ－直さない」という対立構造に陥らずに,担当者は余裕をもって受講者に接することができる。

配席については,受講者に各セッションで自由に選んでもらうか,プログラム担当者が指定するかは,慎重に検討したい。受講者に自由に席を選ばせる方法では,選ぶ席の変化によってプログラム担当者や他の受講者との関係性を査定できるというメリットがある。ただし,プログラム開始前から受講者間に対立または親密といった関係性がある場合や,暴力行為につながりやすい者がいる場合は,担当者が席を指定することで,ルールからの逸脱行為のおそれを減らせる。また,担当者の安心感の確保にもつながるというメリットがある。

③ 教室を安全に保つこと

　性犯罪者処遇プログラムは，性犯罪だけでなく，受講者自身の性的価値観についても扱う。このこともあって，受講者はグループに出ている自分を他者に見られる，聞かれることに過敏になりやすい。その意味で，可能な限り秘密性が保たれ，また，施設内の目立たない場所で実施することで安心する受講者もいる。

　一方，施設の方針によって，見学者，研修生が多く来訪する施設もあるだろう。グループ内に見学者などを受け入れることは安全感を損ねるデメリットがある反面，受講者が初対面の人とどのように関係をつくるかを査定できたり，コミュニケーションスキルの実践の機会ともなりうる。さらには，秘密の保持の取り扱いについて，グループの枠組みを再確認する機会にもなる。見学者や研修生を受け入れることを，事前に受講者に伝達，意思確認をする手続き自体が，受講者にとって「自分が大切にされている」という実感を生むこともある。

2　心理的側面

① 枠組みとしての「目的」

　刑事施設における性犯罪者処遇プログラムは，「再犯防止」を目的とする。「目的」は自明のこととしておろそかにせず，グループワーク前の個別面接やグループセッションの初回で扱うほか，セッション中もつねに使用教室に掲示するなどして明確化，可視化する必要がある。

　この目的は，施設によっては，「問題行動の低減」「不快感情の低減」「被害者視点の獲得」などと表現が変わるだろう。いずれの目的にせよ，そのグループが何の目的に向かっているかが明示されることが重要である。なぜなら，プログラム担当者は，長期にわたりグループワークを行うなかで，受講者たちの独特の価値観や支配的，操作的なかかわりにさらされつづけると，自らの介入の是非に自信がなくなることがあるからである。ややもすると，この是非が何を視点とした是非なのかが混乱し，不安にもなる。

しかし，そもそも受講者の振る舞いに翻弄されないようにしたり，受講者とプログラム担当者の価値観との相違を強調したりすることが重要なのではない。是非の判断では，あくまでも目的に沿っているかどうかが重要であり，その軸がはっきりすることで，担当者が揺るぎなくプログラムを進めることができる。そしてこれが，即時の適切な介入につながりやすくなる。

事例4――― 初任のリーダーが目的を初回に提示したのみでプログラムを進めていったところ，グループ内でプログラムやその担当者のかかわりの効果を否定し，グループに参加することに抵抗を示したり，担当者に対して不適切な交渉や支配を試みるような動きが散見されるようになった。そこで担当者のチームで改善策を検討した結果，「再犯防止」という目的を掲示し，プログラム中，「今，行っている作業は，この目的に沿っているか」とそのつど確認するようにしたところ，グループの風土は安定し，治療的な作業が行われるようになった。

この事例で重要な点は，目的を掲示して，その軸がぶれなくなったことにより，プログラム担当者に安心感が生まれたことである。初任のセラピストは，プログラム進行の責任を過度に負おうとすることによって，受講者との対立構造をつくりやすい。目的を掲示すれば，プログラム担当者と受講者が同じ方向を向いて目的を確認することになり，プログラム担当者は安心して受講者との協同作業を行いやすくなる。

② 枠組みとしての「グループルール」

グループワークを実施するうえでのルールは，プログラムテキストやマニュアルに明示されていることも多い。刑事施設でも，表現に差はあるが，「互いに配慮すること」「率直に話すこと」「秘密を守ること」という3点が多く使われている。場のルールを全員で確認し，承認し，枠組みとすることは非常に重要である。

たとえば，「お互いに配慮すること」をルールとして，暴力的な言動な

どをすぐに問題視することができる。性犯罪受刑者のなかには，自身の不快感情の扱いや表現が不得手な者もいる。適切な形で自己の価値観や感情を表現させること自体が，本人の再犯リスクを低減させることもある。また，「お互いに」と強調することで，一方的に自己の感情を抑圧するような，長期的には効果が見込まれない対処方法でなく，自身の安心感や安全感を尊重される体験を獲得する方法について検討しやすくなる。

　また，このルールはプログラム担当者にも適用されるものであり，プログラム担当者同士が互いにやりとりをすると，他者への適切な配慮についてのモデルを示すことになる。特に男女でグループを担当する場合，職業人としての男女間の対等な関係を受講者の前で見せることは，偏った女性観をもつ受講者に対して，大きな刺激となりうる。

　また，「率直に話すこと」をルールとすることは，メンバーの再犯リスクを扱いやすくするというメリットがある。刑事施設においては，職員は受刑者を評価する立場という側面をもち，受刑者は自身の在所期間を短縮させようとプログラム担当者におもねる動きをしたり，社会的に望ましい発言をしたりする者がいる。しかし，それでは介入のターゲットとなりうる向犯罪的な価値観や感情の問題を直接的に扱いにくくなる。プログラムの場はある意味特別な場であり，自身の価値観を率直に伝えることが評価される場であると明示し，プログラム担当者は自らそれを実践する必要がある。

　初任者が実践しやすい介入として，率直に語られた受講者の偏った価値観を即座に変容しようとすることがある。しかし，受講者が人生を通じて形成・維持してきた価値観を，プログラム担当者が即座に変容させることは容易ではない。特に，グループの治療的風土が醸成されていないグループ序盤にこれをすると，プログラム担当者と受講者との対立構造になりやすく，受講者が「率直に話すと不利である」と捉えかねないため十分な注意が必要である。

　「秘密を守ること」というルールは，受講者の個人情報の取り扱いに関するものである。具体的には，プログラム担当者・受講者を含めて，グルー

プの場で話されたことを教室という場の外で話さないというものである（事前事後の打ち合わせやスーパービジョンは除く）。刑事施設では，プログラム受講中，同じグループのメンバーが同一の工場や居室棟で生活することもある。そのため，このルールが徹底されていないと，受講者は，グループで話された内容が外に出てしまうという不安を抱え，グループの場で率直に話さなくなる。保護観察所や病院などの社会内のプログラムでは，プログラム終了後，時間差をつけて帰宅させるなど，グループ外でのメンバーの交流を避ける工夫が見られる。いずれにせよ，このルールの徹底のためにも，どこがプログラムの場の境界となるのかを明確にする必要がある。たとえば，プログラム担当者は「教室のこのドアから出たら，普段の生活の場に戻ります。この場で話されたことはこの場においていきましょう。そして，次回，このドアから入ったら，また目的に向けて作業を続けましょう」と伝えるとよい。

　また，守秘義務には限界も当然ある。セラピストは，組織の一員であり，グループ内で起こった出来事，受講者の発言について，関係部署，関係機関に引き継ぐことが求められる。情報が共有される部署とその目的についての受講者への告知は，できる限りプログラム開始の段階でなされることが望ましい。

　さらに秘密を守ることは，すなわち，グループ内の個人情報をグループ外でどのように扱うのかということであるが，逆にグループ外の情報をグループ内でどのように取り扱うかについての運用を明確にすることも大切である。刑事施設においては工場や居室棟での人間関係が（社会内のプログラムでは職場での人間関係や家族関係が），受講者の介入すべきターゲットを同定したり，対処スキルの訓練をしたりするのにふさわしい話題となりうる。しかし，その取り扱いや目的を意識しないと，グループの場がただの"人生相談"の場となってしまうおそれがある。プログラム担当者は，「プログラムの目的を達成するための材料として，グループ外の話題を，受講者本人の了解を得たうえで扱うことがある」と伝えるなど，グループという場の外に関する情報の取り扱いをきちんと管理することが重要である。

③ 個別の面接

　グループワークを行いながらも，個別面接を併用することは多い。しかし，個別面接の目的や取り扱いを誤ると，グループの治療的・教育的雰囲気を阻害しかねないことには留意が必要である。

　事例5 ─── あるグループの終盤，グループへの参加を拒否する受講者Xにプログラム担当者の一人が個別面接を実施した。面接において，Xはグループになじめないこと，自分自身の変化への不安，グループが終わることへの焦りを述べたため，プログラム担当者は拒否の理由がわかって安心し，Xに対してグループ終盤の「参加態度」について助言し，和やかな雰囲気で面接が終了した。ところが，その面接後のグループにおいて，この担当者が面接の内容を話題にしたところ，Xは，「先生だから話したことをこの場で話すなんて許せない！　だったらもう自分はグループで一切発言しない！」と怒りを表出し，他の受講者も，1名だけに個別面接を実施したことに不満を述べていた（刑事施設では受刑者が平等に扱われるという前提があるから，規律秩序が保たれるとも言える）。さらに，この個別面接については，プログラム担当者のチームの1人である非常勤職員に知らされておらず，結果的にチーム内の軋轢も生むこととなった。

　個別面接の目的は，あくまでもグループの目的の達成を補完することであり，個別面接をどのようにグループメンバーに提示するか，ルールや時間をどうするのかを慎重に検討したうえでの実施が望まれる。個別面接で話された内容をグループの場でどのように取り扱うかについては，面接の前にプログラム担当者と受講者間で共有されていなければならない。
　これに関連して，グループワークの前後に「宿題」として受講者に与えられるワークブックの類の運用についても，受講者の一種の重要な個人情報として，慎重な取り扱いが求められる。記載内容や記載状況をプログラム担当者が事前に承知しておくことは大切であるが，安易に記載内容をグ

ループ内でプログラム担当者が口にしたことで，当該メンバーだけでなく，グループ全体の安全感が損なわれることも起こりうる。グループという場の外の情報を丁寧に取り扱うことは，受講者にとって安心感の醸成につながる。

④ 枠組みとしての「時間」

　時間を守ることも枠組みのひとつである。統一的プログラムである以上，プログラム担当者は，プログラムを実施する各セッションの時間，プログラム全体のセッション回数を厳密に運用する必要がある。性犯罪者処遇プログラムのセッションの時間配分はマニュアル上で規定されているが，実際にはさまざまな制約（教室の空き状況，職員の配置状況，受講者の生活上の行事など）の影響を受ける。そうした外的要因による時間の変更だけではなく，プログラム担当者が自身の裁量で時間を安易に延長してしまおうとすることがある。たとえば，ある特定の問題をもう少し掘り下げて扱いたいといった動機があるときなどである。プログラムでは，定められた時間内に伝えたいことを伝え，終了時間が来たら気持ちを切り替えて教室の外に出るような自己統制力を受講者に求めることになるが，担当者が安易にセッション時間の延長をすると，結局はその学びを阻害することになる。

　セッション全体の回数についても同様である。プログラム担当者がこれを安易に増減すると，終了に向かってプログラム内容や気持ちを整理している受講者の動きに水を差すことになりかねない。

　事例6——プログラム序盤において，Yは毎セッションの終了時にプログラムの枠組みにかかわる質問をし，その結果，質問への対応でセッション時間を大幅に延長させることになっていた。プログラム担当者間で対応を検討し，「Yの行動は不安によるものではなく，場，時間，プログラム担当者をコントロールしようとする支配への試みであり，本人の再犯リスクにもつながっている。対応が必要である」「セッ

ション時間内で聞きたいことを聞くようにグループ全体に繰り返し教示する」「セッション時間の延長は行わず，セッション終了直前に出た話題については次回セッションで取り扱うことを予告する」という点を確認し，早速実践した。

　その結果，時間の枠組みのなかでプログラムを行うことがグループ全体に定着し，Yは，セッション時間内にした質問をリーダーやコ・リーダーに受け入れられ尊重される体験をすることで，支配的なかかわりが低減した。

　慣れないうちは，セッション終盤に出てきた話題が"重要である"と感じると，時間を延長してでも扱いたくなる。しかし，重要な話題であるなら，なおさら短時間の延長で扱えるはずもない。時間はプログラム担当者であってもコントロールできない「枠組み」であり，「時間になりましたので，セッションを終了します」と言い切っても何ら問題はない。むしろ，これが枠を守ることのモデルとなる。

　いずれにしても，厳密な時間の運用はプログラムの目的の達成やグループメンバーの安心感の醸成・維持が目的である。時間にルーズなプログラム担当者の態度や，唐突に時間変更を伝える態度は問題だが，グループの運営に変更が必要な場合は，プログラム担当者のチームや受講者を含めたグループ全体の合意のうえで行えばよい。

4　広義の場——施設・機関

　次に，プログラム担当者，受講者および狭義の場を内包する「施設・機関」という広義の場について扱いたい。治療的・教育的な関わりを担う者は刑事施設，学校，病院を問わず組織内の職員集団に属しており，また対象者も広い意味でその組織を構成する一人である。

　これらの設立目的はさまざまであるが，グループにおける適切な介入に

つながる担当者の安心感の醸成という観点や，彼らのメンタルヘルスの維持という観点からも，プログラム担当者が所属する職員集団は重要な要素である（詳細は第13章参照）。

1 セクション（部署）間の軋轢

　刑事施設を例に挙げると，受刑者の再犯防止という目的は一致していても，そのための手法，重点項目は所属するセクション（部署）によって異なっている。次の事例は，プログラム編入に対する価値基準や，重要な判断の責任の所在が明確でなかったり，性犯罪者処遇プログラムの運用についての情報がセクション間で共有されていなかったりする場合に起こる典型的な困難例である。

> **事例7**──衝動性の強いZが，セッション中の粗暴行為によって退室することとなった。これは反則行為であり，このことによってZは，施設としての処分が決定されるまでの間，性犯罪者処遇プログラムを離れることとなった。その後，処分後のプログラムへの復帰について，プログラムを担当するセクションと受刑者の生活指導を担当するセクションで意見が分かれた。Zを途中離脱させてはかえって再犯を早めるリスクすらあるとして，早期の復帰を望むプログラム担当セクションに対して，受刑者の生活全般を指導するセクションは，同様の事案が繰り返されればプログラム担当者や他の受講者に危害が及ぶことになるため，そうした事態こそ防ぐべきであるとして，Zのプログラム受講を中止するという意見であった。上席者は今後の意見調整を，グループのリーダー担当者にゆだねたが，解決はスムースには進まなかった。そのようななかでもZが欠席しているグループを進めなければならないが，残った受刑者は，Zのいないグループをむしろ歓迎しており，プログラム担当者間でも，当該受講者の復帰の是非について意見が分かれるようになった。リーダーは，これらに係る責任を一

手に引き受けることの疲労やいらだちが蓄積し，プログラムを続ける動機づけが低下していった。

　受講者のプログラム受講の可否判断は，本人にとっての利益，集団にとっての利益，組織にとっての利益を総合的かつ個別に判断する必要があり，一概には決められない。このため，プログラム編入に係る価値基準や使命がセクション間で異なることも多く，意見が相反しやすいため，しばしばその調整は難しい。判断する者の責任の所在が明確でない場合には，時にプログラム担当者が軋轢の調整役を担わざるをえなくなる。こうした状況では，プログラムの目的に反した動きがグループ内外に起こりやすくなる。

　このような困難な状況を回避するためには，個別判断の事例を積み重ねながら，性犯罪者処遇プログラムの運用についての情報をセクション間で共有し，組織として一定の基準を設けていくことが重要である。そうすれば，プログラム担当者の負担は軽減し，安心してグループ運営に臨むことができる。

　また，刑事施設では，他職種がチームを組んで，グループを行うことも多い。このセラピストのチーム内においても，それぞれの立場や役割の微妙な差により，セクション間の対立と同様に意見が分かれることがある。ここに，性差，指導経験年数が加味されると，チーム内の軋轢はさらに生じやすくなる。無論，この軋轢がプログラムの目的を直ちに阻害するわけではない。それはチーム内の軋轢を調整していくリーダーとしての姿勢自体が受講者のモデルにもなりうるからである。しかし，チーム内の軋轢によって担当者が安心してプログラムに臨むことに困難を感じた場合は，性犯罪者処遇プログラムの目的とルールに立ち返り，目的のためにチーム内で率直に話し合うことが望まれる。それでも，意見の調整が難しい場合は，チーム外の同僚，上席者，組織外の有識者などを交えてグループ運営方針を検討することが有用である。

2 情報の共有

　組織の規模が大きくなるほど，性犯罪者処遇プログラムに関するリアルタイムの情報は共有されにくくなる。各セクションの管理職間の伝達だけではなく，プログラム担当者自身が積極的に情報を発信し，他のセクションの動きも受信するほうがよい。以下は，他のセクションの職員との情報共有によって得られた情報を，「秘密の保持」を重視しつつ効果的に活用した事例である。

　事例8───知的能力に制約がある受講者を対象としたグループで，対人コミュニケーションスキルを獲得させるために，SST（ソーシャルスキルズトレーニング）の手法を用いて他者に謝る練習を行った。自尊感情が低く，その反動で謝ることは「負け」であると捉えて，かたくなに自己の正当性を主張することが多かった（A）は，SSTを通じて謝罪の必要性を実感するようになった。その後，（A）が刑務作業を行う工場の担当職員から，「最近，（A）は謝るようになったんだよ。プログラムの影響かな」と伝えられた。プログラム担当者は，プログラムの目的や効果を他のセクションの職員に伝える良い機会と捉え，工場担当職員にプログラムの概要を伝えた。さらに，情報の取り扱いの観点から，生活状況をプログラム担当者に伝えたことを（A）には話さないよう依頼した。一方で，グループの場で，工場生活におけるスキルの実践状況を（A）に尋ね，「謝れるようになったんですよ」と話した（A）を賞賛した。

　刑事施設で性犯罪者処遇プログラムを実施する場合は，刑務作業の場面，運動場面，居室での生活態度など，生活全般にわたって行動を観察する機会が与えられる。すなわち，本人の再犯リスクの裏づけや対処スキル獲得を確認することができる。したがって，この事例のように，他のセクションの職員との情報共有は有用であると言える。

ところが，これも一歩誤ると，ルールのひとつである「秘密の保持」に抵触し，受講者にとっての安全感を損ねかねない。以下の事例は，そうした安全感を損ねたケースである。

> 事例9——— 刑務所で性犯罪処遇プログラムが導入されて間もない頃，セッションの記録を決裁した上席者が，受講者のいる工場へやってきて，周囲に聞こえるような声でその受講者のプログラム中の前向きな発言内容について担当職員に話すことがあった。その上席者としては，もちろん悪気はなかったのだが，それを知った受講者は，グループでの発言が意に反して周囲にすべて伝わってしまっていると不安を感じて，口をつぐむようになった。その後，プログラム担当者が彼のプログラム参加の意欲を再び確認し，グループの場で自分について語ろうとするようになるまで，相当の時間を費やすことになってしまった。

3 グループの内部の役割と外部の役割

刑事施設においては，処遇プログラムという特別な場を一歩出ると，受講者は一人の受刑者に戻る。同時に，担当する職員も，別の仕事に移る。たとえば，刑務官がグループに参加している場合，グループの場では制帽を脱ぎ，笑顔を見せていても，グループの場を離れれば，毅然とした態度で受刑者に生活や作業上の指示を行う。こうした刑務官の変化は，受講者にとって，最初は役割イメージの混乱を招くものの，やがて「所属する集団の規範に沿って役割を果たすこと」のモデルとなっていく。そのためにも，グループの場を特別なものにする枠組みが非常に大切になってくる。

5 場の再考

性犯罪者処遇プログラムは，これまで述べてきたようなさまざまな複合

的な場や枠組みのなかで行われる。一つひとつの具体的対話は，やや大げさに言えば，こうした環境，体系，宇宙のなかで理解されるべきものと言える。

　ナラティヴ・セラピーにおける治療的会話について，ハーレーン・アンダーソンとハロルド・グーリシャン（マクナミー＋ガーゲン，2014）は以下のように述べている。

> 　セラピストとクライエントは，新しい意味，新しい現実，そして新しい物語を共同で開発する。治療者の役割，専門性，そして，力点は，自由な会話の領域を開拓し，「新しい何か」が生じるような対話プロセスの発生を促進することにある。大切なのは変化を起こすことではなく，会話のための空間を拡げることである。　　　　　　　　（p.49）

　筆者には，これは，心理療法という間主観的な場のみに当てはまることではなく，本章において述べたような具体的環境としての場の理解にも役立つように思われる。プログラム担当者は，治療的・教育的な会話ができるための「空間」とは何かを理解し，それを拡げ，維持・管理することが求められる。

文献

バージニア・M・アクスライン［小林治夫＝訳］（1972）遊戯療法．岩崎学術出版社．
シーラ・マクナミー＋ケネス・J・ガーゲン＝編［野口裕二・野村直樹＝訳］（2014）ナラティヴ・セラピー――社会構成主義の実践　遠見書房．
村瀬嘉代子（1999）プレイセラピストに求められるもの．現代のエスプリ389；168-182．
村瀬嘉代子（2001）子どもと家族への統合的心理療法．金剛出版．
寺沢俊哉（2011）プロ研修講師の教える技術．ディスカヴァー・トゥエンティワン．

II 性犯罪者のグループワーク ❹
性犯罪者処遇における「今ここ」

寺田 孝

> **キーワード** 「今ここ」,身体感覚,共感,協働関係,内省,スーパービジョン
>
> **要約** 性犯罪者処遇に筆者が携わっておよそ10年が経ち,実践の場においては「今ここ」でグループに生じることを重視するようになった。本章では現在の取り組みに至る経過とともに,「今ここ」の実践として,「セッション前に身体感覚を覚醒する」「共感を基にした協働関係を築く」「内省を使った介入」という3つの項目を立て,具体的に紹介する。

1 「今ここ」を扱うこと

 筆者は学生時代には社会学を専攻しており,心理学についてはまったくの素人であった。およそ10年前に性犯罪者処遇に携わることになった頃,集中して学びはじめた認知行動療法とグループ療法,とりわけ集団精神療法はとても斬新だと感じていた。認知行動療法では「あの時,あの場所で」に注目しながらも,セラピストとクライエントとの治療関係における協働作業が重視され,集団精神療法では「今ここ」でセラピストとクライエントが織りなす関係や,過去の人間関係が重視され,いずれもパーソナリティの成長を期する側面が強いと感じていた。それぞれの技法に惹かれるものはあったが,性犯罪者処遇の現場における技法の違いについては整理することができず,別物という印象を数年にわたりもちつづけていた。今となっ

てはまるで笑い話だが，認知行動療法のスーパーバイザーから指導を受けた後のセッションでは，しばらくの間，認知行動療法一色となり，集団精神療法のスーパーバイザーから指導を受けた後には，集団精神療法一色のセッションを展開するということを実際に行っていた。

　その頃は，「性犯罪者処遇に最もフィットするオリジナルの心理療法を，誰かに指導していただけないものだろうか」と，恨み節のような気持ちで考えることもあったが，本格的な性犯罪者処遇プログラムそのものが初めて行われているなかでは，その願いは叶えられそうにないことがわかってきた。そこで筆者は，どの流派のスーパーバイザーにも，それぞれの心理療法が効果的に展開していると認められるような方法を性犯罪者処遇で実践したいと考えるようになった。その取り組みを続けながら，実践においては受講者の抵抗に遭ったり，共同して指導にあたる担当者間で不和が生じたり，グループへの介入の効果が深まらないなどの性犯罪者処遇に特有の困難な状況を何度も経験し，そのつどスーパーバイザーや同僚および上司の助言を仰いできた。このような経験によって，認知行動療法や集団精神療法，動機づけ面接法などの知識が血肉となって生かせるようになったと実感している。

　現在は筆者なりに一貫した方法で性犯罪者処遇を実践するようになったが，さまざまな経験をしていくうちに，「今ここ」を扱うことはどの技法においても共通して重要であると思うようになった。以下に，「今ここ」をどのように扱っているのかを具体的に紹介し，「今ここ」に注目することで，性犯罪者処遇において効果的な働きかけができると感じ取っていただけたらと考えている。

2　「今ここ」で生じていること

　刑事施設における性犯罪者処遇プログラムでは，性犯罪そのものや生い立ちなどの「過去」が語られる場面と，再犯リスクへの対処や再犯防止計

画などの「未来」が語られる場面が多くある。過去や未来を考え検討することは，非常に重要であり欠かせないが，受講者の語りは，つねに現在（「今ここ」）のグループの影響を受けており，「今ここ」で生じていることへの注目が，プログラムの効果をさまざまな面で高めると考えている。この点に関してヤーロム（2012）は，グループに生じていることを次のように表現している。

　　メンバーたちは「今，ここで」生きている。彼らは他のグループメンバーたち，セラピスト，そしてグループに対してさまざまな強い感情を持つ。これらの「今，ここで」の感情が，グループ内のやり取りの内容の大半を占める。　　　　　　　　　　　　　　　（p.183）

　受講者の発言について，語られる言葉を追っていけばその主旨を理解できることは多いが，語られる言葉の字面を追うだけでは，その意味合いまでは理解できないことも多くある。受講者においてグループでの振る舞いと性犯罪を起こしていた当時の振る舞いが重なる部分があると見て，「今ここ」で生じている事柄をプログラム担当者が理解してこそ受講者への理解も深まり，ひいては性犯罪を起こした要因の理解も進むと考えている。また，筆者は「今ここ」で生じていることに注目して関わることが，受講者の感じ方や考え方，そして行動の仕方に対して効果的な影響を与えられると感じるようになった。

　そこで，ここでは具体的な事例を交えてその取り組みを紹介する。なお，本章で紹介する事例はすべて，これまでに筆者が経験した複数のケースを基にしたフィクションであり，個人が特定されないようプライバシーに配慮している。

3 セッション前に身体感覚を「覚醒」する

1 「今ここ」に注目しにくい状態

　セッションに臨むにあたっては，その回の目的を把握し，内容や時間配分について見通しを立て，懸念する事項については確認し，共同して指導するプログラム担当者間でそれらを共有することが，どの場合にあっても必要だと考えられる。ただし，セッションをマニュアル通りに行うという意識が強い場合や，「やるべきこと」を限られた時間内で実施することばかりに意識が傾いている場合は，「受講者にコンテンツを提供する」ことに注意が向いてしまいがちになる。そして，そのままの心持ちでセッションに臨むと，「予定しているものをいかに予定通りに提供できるか」ということが最大の関心事となってセッションが進んでいくことが予想される。するとセッションでは「今ここ」で生じていることへの関心が薄れてしまい，コンテンツを伝えるという「知識的支援」を優先してしまうことになる。

　また，性犯罪者処遇では一般的に，デリケートな「性」の問題を直接扱うことや，必ずしも受講者の参加動機が高くないことなどからさまざまな困難を伴うことが多い。それに起因してグループが停滞するような問題があるときには，プログラム担当者は負担感や不安を抱え，見通しをもてないままセッションに臨むことがある。そのような場合には「今ここ」で生じていることに自分では意識を向けにくくなる。受講者の言葉を曲解してしまいやすく，時として問題をより大きくしてしまうことさえある。

　ここでは問題を抱えながらも，セッションにおいて「今ここ」で生じることに敏感でいるためのプログラム担当者側の準備として，身体感覚を覚醒する方法を紹介する。

2 事例（B）

① プログラム担当者が困難を感じている状況

　事例（B）は高校卒業後，事務系の仕事に就くものの，電車内の痴漢行為で捕まっては職を解雇されることを繰り返していた。刑務所への入所は4回目となる。（B）は中年世代であり，自らの感情のモニタリングが困難である一方，議論好きで相手を論破したがる傾向があった。開始当初はプログラムに大いに関心をもち，積極的に発言するなど参加意欲は高かった。しかし，あるセッションにおいて，プログラム担当者が自己理解の一助のためにと，（B）の議論好きな傾向と攻撃性の表現とを関連づけることを意図して，（B）にそのことをどう思うか質問した際に，彼は「先生は自分のことをまったくわかっていないにもかかわらず，一方的な見方を押しつけてくる。もういいです」として憤慨した。それ以降，発言を促しても（B）は「はあ」「いいえ」などの短い言葉でしか発言せず，多少話すにしても他人事のように語るばかりで，自分に引きつけた発言はほとんどなくなった。

　（B）のその態度は5回のセッションを経過してもなお続き，そのような態度から醸し出される雰囲気に耐えられなくなった他の受講者のなかには，落ち度があったとしてプログラム担当者を責める者も出てきた。プログラム担当者は，セッションが行われる日になると出勤前からとても憂うつになるほどであった。プログラム担当者は，（B）が他の受講者に対して（B）自身への協力や理解の訴えを扇動するなどして，反抗や挑戦をしていると感じており，グループの進行を妨害しているとも感じていた。そして，指導単元は進むものの，どの話し合いにおいても関与しようとしない（B）の存在が重々しく感じられ，プログラム担当者はグループで行う作業に集中しづらくなり，他の受講者も集中力が散漫になっているように思われた。

② 深呼吸（1）――感情を受け入れること

　そこでプログラム担当者はセッションに臨む前に深呼吸を取り入れるようにした。普段からセッション前に深呼吸は行っていたのだが、この頃は（B）の対応に気を取られて、それすら忘れていた状態であった。久しぶりに深呼吸をして自らの身体に注意を向けると、肩に力が入っていたことや、呼吸が浅くなっていたこと、ため息を多くついていたこと、寝不足で疲労感がたまっていたことなどを実感できた。同時に自分自身を振り返ると、（B）に対して他人への操作性が高く、無言の悪意を含んだメッセージを出してくると受け止めていた。（B）への怒りや、絶対に負けまいとして無理をして（B）に対抗しようとしていた自分の姿にあらためて気づいた。

　深呼吸を続け、プログラム担当者が自身の感情をそのまま受け入れていくにつれて、グループの受講者全員が（B）を支持し、プログラム担当者を拒否していると感じていたことに関しては、不安ゆえの「過剰な思い込み」であったと思えるようになった。また、プログラム担当者はグループ全体に（B）が影響を与えていることに強い不満を感じていたが、これを逆から見れば、このグループをコントロールしたいというプログラム担当者の気持ちが極端に強くなっていたと、ありありと実感した。そして、（B）に過剰に反応していたのはプログラム担当者自身に問題があるかもしれないと捉え直すことができた。

　この深呼吸およびセルフモニタリングの結果、必要以上に不安を感じたり負担を感じたりする必要はないのではないかと考えるようになった。すると受講者の半数以上が意欲をもってグループに参加しており、再犯防止のために各人なりの関心をもって参加しているということを、客観的な事実として受け入れることができるようになった。

③ 深呼吸（2）――空(から)になること

　プログラム担当者は自身の感情状態を受け入れた後に、感受性のアンテナを高めるための深呼吸に取り組むこととした。ゆっくりと長く息を吐く

際に，先入観や負の感情や悲観的なイメージをすべて吐き出すように行った。この作業の最中に，(B) は単に攻撃を向けているのではなく，傷ついた自尊心を必死に守ろうとして攻撃的になっているのではないかというイメージが湧き上がり，事実それは彼の生育史からも了解可能であった。そう考えると，(B) に共感できる気がしたが，次々に浮かんでくるイメージは体外に吐き出すようにして深呼吸を続けた。やがて深呼吸のみに集中するようになり，それと同時に「今ここ」で生じたことを受け入れる心の器が広がるように感じられた。そしてただ器が広がっただけではなく，固まっていた心が緩くなったように感じ，目の前に起きることを比較的敏感に感じられるようになった。

3 身体感覚を覚醒すること

　事例では深呼吸を2回に分けて行っているように描いたが，実際は連続したひとつの流れとして行っている。「深呼吸 (1)」は，身体に関心を向けることによって，自分の率直な感情や態度に気づき受け入れることに主眼を置いたものである。事例紹介の記述の通り，(B) の抵抗は続いており，プログラム担当者は大きな心的負担を抱えたままであるが，何度も深呼吸をしては，不安や負担感にとらわれずに自身の率直な感情を受け入れられるようにしている。このようなときに自身のすべての感情を受け入れられるかといえば決してそうではなく，実際には思うようにいかないときも多々ある。仮に十分ではないときでも，身体感覚を覚醒することは，地に足を着けている感覚が得られるため，現実から離れた妄想を膨らませたり，いたずらに不安にとらわれたりすることが減るという実感がある。

　ちなみに，このような取り組みをしても自身の感情状態の変化が少しも得られないときには，グループの問題を抱えきれなくなっている危機的な状態であると受け止めるようにしている。筆者の場合，危機的な状態は同僚やスーパーバイザーなどの他者からの援助を必要としている状態であると判断して，「助けが欲しい」と自ら発信するようにしている。

続いて「深呼吸（2）」は「今ここ」での感受性を養うためのものである。セッションにおいて，目の前に生じていることをそのまま脚色せずに感じられる状態になることを目的としている。特に不安にとらわれやすいことを自覚している筆者は，自分を「空」にする取り組みを重視している。グループに対して問題を感じていない場合であっても，セッション前は内容の設定や方向性の組立にエネルギーを割かねばならず，いわば頭でっかちになっていることが多いため，日常的に取り組む必要性を感じている。

4　共感にもとづく協働関係を築く

1　共感することの意味

　認知行動療法は，セラピストとクライエントとの関係において協働関係を重視しており，治療に際して，セラピストとクライエントは協力して問題の解決にあたろうとする（坂野，1995）。性犯罪者処遇において，筆者は特に共感を基として協働関係を築くことを重視している。
　共感とは，ジェンキー（2014）が述べる「相手への寄り添い」と一致している。次に紹介する共感的な関わり方への言及は，受講者との協働関係を構築する際のヒントにもなると考えている。

　　"患者の主観的現実の理解"としての共感は，臨床に直接的な影響を与える。われわれの患者の多くにとって，彼らの苦しみ，ひいては，ある時点ないしは時間の流れの中における（ポジティブな）自己感の融和性の欠如でさえも，その根本的な理由は，自分自身のものの見方（とそれに付随した情緒状態）についてわかっていなかったり，信頼できなかったり，葛藤的であるという事実にある。したがって，共感すること，あるいは，患者の世界観にぴったり寄り添うことは，基本的な処で治癒的に働く。何故なら，自分は現実の把握の仕方がユニー

クであると患者が体験したとしても，もはやそれが，患者にも他者にも脅威として感じられないからである。 (p.47)

多くの患者にとって，自分の見解をいつも変わりなく，一貫して理解してもらえるというのは斬新な体験である。この体験が，自分自身や他者に対する捉え方において，確実性と一貫性を持てる可能性へと道を拓く。 (p.47)

また，ジェニキー（2014）は共感することの効能をさらに次のように述べている。

"理解することの臨床的効用"を十分把握するのにどれだけ重要であるかを明示したのは，他でもない，主たる養育者からの情動調律の欠陥であった。［中略］それがどのくらい必要かは，過去の情動調律の欠陥程度と相まって，自己体験の脆弱さやその脆さの程度によって決まってくる。 (p.49)

患者は自分の認知，感情，思考を基本的に信頼できるようになって初めて，それまでは未知のままであったり，矛盾していたりする自分の側面，そして，未知と矛盾ゆえに脅威であり危険であるとされてきた自身の側面を，体験し始めることができる。 (p.49)

シングラーとマン（2010）が，性犯罪者処遇においては受講者に敬意を払った，より共感的なアプローチが治療目標の達成を促すと述べていることと，ジェニキー（2014）が述べるところの共感は，互いに重なり合い，響き合っているように筆者には感じられる。

性犯罪者処遇プログラムの受講者には，養育環境に問題があった人や，思い通りに生きてこられなかった人が少なくない。彼らは，性犯罪に及んだとはいえ，現在まで生き抜いてきた一人の歴史ある人間である。ここでは，受

講者への共感をベースに,協働関係を築くことに重きを置いた事例を紹介する。

2 事例（C）

① 共感的な関わり

　30代の事例（C）は自閉的な傾向があり,こだわりの強さやコミュニケーションの乏しさが顕著であった。人間関係については意図的に身につけようとした結果,表面的な付き合い方はできるようになったものの,情緒的な交流をしたり他者を信頼する感覚をもったりすることは少なく,「人は裏切る生物と考えて,今は誰も信じていない」とグループの初期に述べていた。プログラムが開始されて程なく,出所後の身柄の引き受けを両親に拒否され,受刑生活全般に意欲を低下させており,性犯罪者処遇プログラムにおいては,その場を無難に過ごせればよいとする姿勢が顕著になった。そしてグループに関わることを極力回避し,他の受講者のなかでも特に仲の良い数名に対してだけ軽口を述べるようになった。

　プログラム担当者はそのような行動を取る（C）に対して,何かをあきらめきれない気持ちがあるように感じられた。刑の開始時に聴取された生育歴からは,信じていた人から裏切られたことについて相当の悲しみや絶望を感じてきただろうことが想像され,現在の行動は,それゆえに新たに人に期待することを回避しているように感じられた。グループにおいても（C）は意欲が高まらないまま30回目のセッションが過ぎ,プログラム担当者には迷いが生じていた。プログラムの半分が経過しようとしているにもかかわらず,（C）には変化する手応えがまるで感じられなかったからである。プログラム担当者は,（C）の現在の状態ではどのようにプログラムを展開しても上滑りしてしまい,何も身につかないのではないかと危惧していた。（C）と協働関係を築くのは困難であるため,関係づくりをあきらめ,セッション中の（C）へのアプローチはなるべく控えて,淡々とマニュアル通りに心理教育だけを提供しようかと考えたり,逆に（C）の問題に強引に直面化させて,無理をしてでも本人の問題に向き合わせた

りしようかとも考えた。

　しかしながら、それらのいずれもが（C）の人間不信をいたずらに高めてしまうと考え、結局（C）に寄り添い、理解し、共感しつづけることを選んだ。協働関係を築くためには（C）の発言に対して、「今ここ」で（C）が感じているであろう人間関係への期待やおそれにまで寄り添い、半ば情動調律的な働きかけが再犯防止のために有効であると見立てた。関係づくりがプログラムの終了までに功を奏さなければ、単に上辺だけのコンテンツの提供に終わるかもしれない。しかし、たとえそうであっても、この課題をクリアするまでは共感しつづけ、ひたすら（C）の感情を共に感じられる関係構築を目標とした。

　そう覚悟を決めると、プログラム担当者は落ち着いて（C）に共感する作業に集中できるようになった。すると、（C）の表面的な言動が出るたびに、人には見せない絶望やあきらめが「今ここ」で生じているように感じられ、プログラム担当者はそれに対して本当に悲しくなり、ときに涙があふれてくることさえあった。そしてそれを（C）にそのままの姿で見せるようにした。加えて、プログラムのコンテンツに関連づけながら、（（C）の表面的な発言とは何の脈略がなくとも）「過去の大事な出会いや、逆に人に絶望したことについて、話せるときが来たら話せるといいですね」と、彼の浮わついたトーンとは対照的にしっとりとした情緒とともに伝えつづけた。（C）の語りからは、本来的に持っていた繊細さが感じられる言動が増えはじめ、プログラム担当者は（C）の感情を言葉として添えるように口にしつづけた。また、プログラムに希望を捨てていないからこそセッションに参加しつづけていることが見て取れたため、そのことを強く是認し、現在の取り組みが向社会的な人間関係の資源となる可能性を意図的に、そして明確に伝えつづけた。

② 協働関係の構築と変化

　プログラムの4分の3を過ぎたあたりで（C）は、プログラム担当者の表情や言葉にひっかかりを感じていることを、毎回の筆記課題に自発的に

記すようになった。それを記載しはじめた当初は，疑問と混乱と気持ち悪さと自己否定とが混在した認知や感情が記されており，人を信頼する前の逡巡が見て取れた。

　その後，最終盤になって（C）は過去の大事な人から裏切られたことを，概略程度ではあるが口にするようになり，つねに寂しさを抱えていること，親密性が日常的に得られないこと，さらには，自分は親密性を感じるに値しない人間であると思っていること，それゆえ犯罪を止められるとは思っていないことなどを，いつもの浮わついた調子ではなく，とつとつと語り出すことがあり，そこから彼の行動は変わりはじめた。

　その後の話し合いにおいては，じっくりと考えてから，自分の気持ちに正直に答えようとしたり，グループの話題を自身の問題に引きつけて考えたりするようになった。プログラムの開始から中盤までのコンテンツに関して抜け落ちてしまった部分があったことは残念であったものの，プログラムの最終盤は一人ひとり個別のコーピングや向社会的目標を策定する時期でもあり，（C）の関係構築に至るプロセスそのものが資源になることを共有できたことは，ひとつの成果であると考えられた。また，この成果はプログラム担当者から得たのではなく，（C）の向社会的な志向性と努力の結果得られたと考えるように促した結果，（C）はこれをはっきりと肯定的に受け止め，プログラムを終了した。

3　協働関係と認知行動療法との重なり

　プログラム担当者が情動調律的な意図をもって共感することにより，受講者は適度な距離をもって自分自身の感情や思考を俯瞰的に見られるようになり，プログラム担当者と受講者は協働して，受講者自身の事柄について客観的に話し合えるようになることが多い。

　（C）の事例においては，前掲のジェニキー（2014）の言葉が生き生きと感じられる。

患者は自分の認知，感情，思考を基本的に信頼できるようになって初めて，それまでは未知のままであったり，矛盾していたりする自分の側面，そして，未知と矛盾ゆえに脅威であり危険であるとされてきた自身の側面を，体験し始めることができる。　　　　　(p.49)

　協働関係の構築とともに進むこのような変化は，認知行動療法におけるセルフモニタリング力の向上とも軌を一にしていると考えている。

4　「これまでの人生」への共感

　さて，事例にある通り，受講者に寄り添い，理解・共感するということは，「「今ここ」での受講者」と「これまでの人生」への共感とも捉えられる。「これまでの人生」への共感はパーソナリティや生育歴についての理解を必要とする。視点を転じると，「これまでの人生」とは今に至るまでの学習歴であり，認知行動療法的に言い換えれば，性犯罪に影響を与えるマクロ分析の対象とする部分になる。性犯罪を起こした原因には，何らかの誤った学習歴が深く関わっているという前提の理解が必要である。この学習歴を協働関係のなかで考えられるようになるには，「学習したことは人生のある時期において，生き抜くための支えとなっていた」とするプログラム担当者からの共感的な見方が有効である。筆者の経験では，受講者の動機づけや知的能力および対人関係能力などの個人的な資質やグループ状況などが影響して，ここまでの協働関係を築くには至らない場合も少なからずあった。しかしながら，学習歴を協働関係のなかで扱い，これまでの人生に肯定的な意味合いを受講者がもちえた場合には，長期的な課題を受講者が主体的に設定するようになり，再犯防止への効果は非常に大きいものになると感じている。

　ここでは，受講者を数十年の歴史の背景がある存在として見て，そのうえで「今ここ」での受講者に共感的でいるということが，協働関係の構築や受講者のセルフモニタリング力の向上に有効でありうることを紹介した。

5　グループ・プロセスの理解に自らの心を使う

1　「今ここ」でのやりとりの意味と内省を使うということ

　次に，受講者と向かい合う際，相手を理解するために自らの心を使う方法を紹介する。自らの心を使うということについて，ここでは「内省」という言葉を使っていく。理論的には祖父江（2015）が，「クライエントから送られてくる無意識的なメッセージを，セラピストが逆転移を利用してキャッチするという技法である」と説明している。これは，端的な説明であるが，グループに展開するとすれば，「今ここ」でグループに生じている出来事や，そこでのやりとりの意味を，内省を使って理解することと捉えられる。

2　事例（D）

① 性犯罪事件の説明場面

　40代の事例（D）は，青少年保護育成条例違反および脅迫によって6度目の服役となった者である。以前は窃視（いわゆる「のぞき」）や盗撮をして逮捕されていたが，最近では出会い系のSNSを活用して10代半ばの少女を買春することが多くなってきていた。（D）は自己卑下する傾向が著しく，内心では人並みに幸せになりたいとしながらも，自らの人生が不遇であったことや親密な関係を発展させる自信も経験もないことなどを理由に，半ばあきらめたように世の中は不公平であるとひがんでいた。

　あるセッションで（D）は性犯罪に至った理由として，「あれは向こうがいけなかったんです。18歳以上だと言って嘘をついていたし，しかも2回目にエッチしたときは最初の金額をつり上げようとしたので，それは理不尽だって脅かしてやったんですよ。ふつうは脅かすなんてことはせず，捕まることもないんですけどね」と述べていた。事件に関しては責任がな

く，自己正当化したいのだろうと感じられたが，話を聞いていること自体がどうも（D）の言い訳に利用されているような思いさえ生じ，不快な感情とともに残念な気持ちが生じていた。

② 内省を使った介入

　ある日のセッションでプログラム担当者は（D）の話を途中で遮り，「今，どういう気持ちですか？」と質問をした。（D）が問いかけを無視して話を続けようとしたため，再度同じ質問をした。すると（D）は「はあ？そんなこと関係ないじゃないっすか，今は。性加害のときの被害者との関係を話せと言われたから話しているのであって，なんでそれとは関係ない「今の気持ち」を言えというんですか」と反論した。

　プログラム担当者は，「事件を語るときのあなたは，いつもの大らかな感じが急になくなるんですよね。かといって，あなたらしく事件を見つめているようにも感じられないので，なぜか私は残念な気持ちになったし，困ったような気持ちにもなりました。あなた自身が自己理解を進めるためには今のタイミングで，どういう感情になっているのかを考えることがとても意味があると思ったんです」と伝えると，「いやいや，今は怒ってますよ。せっかく話そうとしたところなのに腰を折った先生が原因ですよ」と述べ，グループにはこの「対立」による緊張感が生じた。

③ やりとりの意味の理解

　この緊張が生じているタイミングでもう一人の担当者（コ・リーダー）が，「こちらの先生は，あなたが事件を語りながら「今ここ」で先生やグループという「人間関係」に何を求めているかについて関心をもっているみたいよ。それは一人ひとり違うものだし，大事なことを語るときこそ，誰にとっても人間関係に求めるものが特徴的に出やすいものだから。ここで一旦立ち止まって，事件を語るときの自分を見つめ直してみたらいいと思いますよ。私もあなたに関心をもっているので，ぜひそれを聞きたいと思います」と誘い水を出し，ようやく（D）は「今ここ」で自分が何をしよう

としているのかについて洞察しはじめた。すると，たっぷりと時間をかけてから「自分だけが悪いわけじゃないということを皆にわかってほしいし，自分でも自分が悪いわけではないということにしておきたい思いがあったと思います」と述べた。プログラム担当者が「今の気持ちはどうですか？」とさらに聞いたところ，やや不快そうに「イライラと恐怖」と小声で答えた。続けて，「自分が随分と情けなく見られるんじゃないかっていう恐怖。それを避けたかったからああいう（事件）説明になったと思う。だけど，だからといって，今すぐに違った言葉で事件を語る気にはなれない」と述べた。そのセッションの終了時の感想として（D）は，「今まで，事件について裁判の頃からずっと同じことを繰り返し言ってきたけど，そう語る自分自身の「深い部分」に初めて気づいた気がする。正直，面倒だけど……。プログラムの目的ってこれなのかなって初めて思えて，「プラスの気持ち」と，嫌な自分が見えて「落ち込む気持ち」の両方が今あって，複雑です」と浮かない表情ながら，何かしらの身体の力み(りき)が取れた印象であった。

3　自問すること

　ここでの事例は，プログラム担当者が「今ここ」での内省的な理解を伝え，（D）に洞察を促し，気づきを言語化して引き出そうと介入した場面である。プログラム担当者が内省を使うためには，相応の訓練や慣れが必要である。セッションにおいてプログラム担当者自身がセルフモニタリングをするには，しばしば自問することを自身に課しておくことが有効である。自問の中身としては，「今どう感じているのか」「今，快と不快のどちらの感情を経験しているのか」「モニタリングできる感情は本当に今の率直な感情なのか」「違和感があるとしたら無意識のところで何が起きているのか」「今，自分はどのような行動を取りたいのか」などがある。深呼吸を行うなどして身体的な工夫をしながら自問すると，自身の感情を捉えるのにより効果的である。このような自問の「答え」は，受講者はなぜ「今ここ」でその言葉を発しているのかを考える材料となり，やりとりの意味を想像するヒ

ントになることが多い。事例において（D）は，言葉では事件の説明をしながらも，そのやりとりの意味について「向き合いたくない自分」と向き合う恐怖が横たわっていることや，傷つくことなく周囲に受け入れてほしいと期待する欲求が大きいということに気づけたと考えられる。このような対人関係の持ち方は，事件を語るときのみではなく，集団場面やパートナーとの対人関係においても現れていたことが推察されるとともに，性犯罪にも何らかの形で影響していたのではないかと考えられる。

4 やりとりの意味を誤って理解すること

　なお，グループで生じるやりとりの意味を理解するにはいくつかの注意点がある。一つ目に，内省について，プログラム担当者自身に修正または治療を必要とする面があるかもしれないということである。たとえば，筆者の場合，具体的に用心し，実際に修正することが多い自己の感情として，❶自分自身の思考の固さを原因として，他者がすべきことをしていないと受け取ることからくる無意識的な「怒り」，❷援助したくなる気持ちとその背景にある自分自身への「有能感」への期待，または相手へ「同一視」した自分自身を救うことによる「慰め」への期待，❸受講者の失敗を見たくないため，有無を言わせずにアドバイス通りの服従を強いるという「嫌悪感」からの回避などがある。これらに気づくには，スーパービジョンや同僚によるピアスーパービジョン，そして自己を探求することが必須であると考えられる。プログラム担当者において自身を修正する姿勢やその準備性が低い場合は，担当グループにも相似した影響が出ることがある。このように，先に挙げた筆者自身が用心している感情，いわゆる逆転移の特性については，これに気づく努力や修正するように注意を払う必要があると考えている。

5　相手の反応をよく観察すること

　内省をするうえで次に注意したいことは，相手をよく観察するということである。相手の言葉だけにとらわれずに，話し方や声の質など身体全体を概観して観察することが効果的である。実際のセッションでは，つい言葉にとらわれてしまいがちになり，知らず知らず相手の人間関係のパターンに巻き込まれてしまうことがある。刑事施設の性犯罪者処遇プログラムでは一定の条件のもと受講者のセッションの様子を録画映像で残し，スーパービジョンに活用しているところであるが，セッション中の自分自身を後になって映像で確認すると，画面中の筆者は相手の言葉ばかりにとらわれてしまっており，その場では意味ある介入だと感じていたことが，客観的には案外効果はなく，独りよがりになっている場合がある。また，ある受講者と人間関係について話し合ったところ，セッションでは受講者の気づきを生むことができたと感じていた一方で，コ・リーダーはセッション終了後の担当者だけのシェアリングの際に，その受講者が相当無理をして筆者に話題を合わせているように見えたこと，筆者と話しながら机の下で自分の手を強くつねっていたことなどを報告してくれて，愕然としたことがある。

　このように，プログラム担当者はつねに受講者の「刺激」となっており，受講者はその担当者に影響されて反応を示していると見ることができる。グループのやりとりの意味までを探るうえで，受講者に表れる反応を見るためには，言葉の表面的意味合いだけでは足りないことがしばしばあると感じている。

6　躊躇せずに言葉に出すこと

　プログラム担当者の内省を受講者に伝えることは，相手にとって脅威になることもあれば，学びになることもあるので，変化への準備状態や協働関係構築の程度を考え，どのように伝えるかを吟味することが重要である。

ただしセッションにおいて,「今ここ」で感じていることを表に出すかどうかを躊躇していると,「今ここ」の新鮮味は失われ,グループにおけるやりとりから受講者が学ぶ機会も失われていってしまいがちになる。したがって,プログラム担当者の気持ちを「えっ」「あー」「うーん」などのように,何らかの「音」として表すことや,ただ客観的な記述として「いつもは淡々と話されますが,今は抑揚をつけて話されましたね」と言い表すことなど,「今ここ」でしかできない発言を躊躇しないことが,グループを活性化させていくと考えられる。

　事例では,プログラム担当者が性犯罪を説明する（D）の「今ここ」での感情に焦点をあて,しかも,そのグループのプログラム担当者同士が連携してフィードバックを行ったものである。その介入から自分の性犯罪を正当化し,合理化してきた認知があったことを（D）は客観的に受け入れるに至った。（D）はその作業を行うにあたって,「痛みがあったり,認めたくない気持ちが強かったりした」と述べている。相手の反応を見極めながらであるが,プログラム担当者は（D）がこの介入を受け入れることができると踏んで働きかけた。（D）には「痛み」が伴ったが,プログラム担当者が言外でその不快感にも寄り添っていたからこそ,フィードバックを受け入れる心の器をもつことができ,その痛みを言語化し,外在化できたものと考えられる。

6　「今ここ」を活用するもうひとつの意味

　本章は,筆者が性犯罪者処遇を行ううえで基本としている姿勢をまとめたものであり,「今ここ」に共通するいくつかの取り組みを紹介した。多くの心理療法では「今ここ」で起きることに焦点を合わせることが大切だとされているが,性犯罪者処遇においても「今ここ」で生じていることに注目することがグループに効果的に作用し,大きな影響を与えると考えている。しかしながら,いざ実践に移そうとすると,「今ここ」で生じてい

る"何"に介入するのか戸惑うことがある。前節においては，プログラム担当者が"自分の心"に注目することで，受講者の人間関係の持ち方やグループで展開されるやりとりの意味を心で感じることができ，受講者の自己理解に有用な働きかけができることを紹介したが，臨床の実践は毎回，答えの探究の繰り返しである。

　本章のはじめに，性犯罪者処遇の実践にあたってさまざまな心理療法を整理するために「今ここ」を重視するようになったと述べたが，本章をまとめるにあたって「今ここ」について，もうひとつの重要な意味があったと思い至った。それは，「今ここ」に注目することが，現在の筆者にできる最も効果的な関わり方をするための，いわばセンサーとして機能しているということである。その気づきと同時に，性犯罪者処遇に携わるプログラム担当者一人ひとりに特有の感じ方を，再犯防止に効果的に用いるレベルまで指導してくれるスーパーバイザーの存在は不可欠であると，あらためて実感している。

　筆者自身，まだまだ修正する部分や学んでいかなくてはならないことが多くあり，今後とも再犯防止に役立てるための精進を続けていきたいと考えている。

文献

クリス・ジェニキー［丸田俊彦＝監訳］（2014）関わることのリスク．誠信書房．
坂野雄二（1995）認知行動療法．日本評論社．
ジョー・シングラー＋ルース・E・マン［谷 真如＝訳］（2010）臨床における性犯罪者との協働
　　──治療とリスクアセスメント．In：ウィリアム・L・マーシャルほか＝編［小林万洋・門
　　本 泉＝翻訳］性犯罪者の治療と処遇──その評価と争点．日本評論社，pp.307-328.
祖父江典人（2015）対象関係論に学ぶ心理療法入門．誠信書房．
アーヴィン・D・ヤーロム［中久喜雅文・川室 優＝訳］（2012）ヤーロム グループサイコセラ
　　ピー──理論と実践．西村書店．

コラム❸
性犯罪被害に関する費用対効果の研究

　性犯罪がもたらす被害者やその周りの人々に対する深刻な損害を，費用に換算しようとする試みがある。被害の苦渋は金銭などでは置き換えられないものであるという憤りさえ覚える人もいるかもしれない。しかし，金銭に換算しうる部分のみに絞って，その被害が甚大であることを明示することは，性犯罪を防ぐためのコストについて納得の行く指針を示してくれる。

　犯罪者処遇プログラムの運用には，人件費を中心とするコストがかかる。性犯罪者の再犯を防ぐことは国民共通の願いであるとはいえ，❶性犯罪者処遇は再犯率を低下させることはできても，すべての再犯を防ぐことはできないこと，❷性犯罪者の再犯防止は一見，性犯罪者本人の利益を優先させているようにも見えること，❸他の処遇プログラムにも資源を投入すべきであるという考えもあることなどから，折に触れて「そこまでのコストをかけて実施するだけの価値があるのか」を問われる。

　これに対しては，処遇が効果をもたらす可能性について実証的なデータを示すこと，さらに，今後効果を上げうる方向性について模索しつづけることが，説明責任を果たすことにつながると答えることができる。費用対効果分析は，その一例である。

　ドナートとシャナハン（Donato & Shanahan, 1999）は，刑事施設内で性犯罪者処遇プログラムを行った場合のコストと防ぎうる再犯に係るコストを比較した研究を行った（表）。彼らは性加害がもたらす害悪を可視コストと不可視コストに分けて金銭に換算している。可視コストは，性犯罪が行われた場合に発生するコストのうち，比較的具体的で明らかなものを指す。加害者にかかるコストとしては，捜索のため警察が出動し，身柄を

表　性犯罪者処遇受講者1名当たりの純便益額＊（Donato & Shanahan（1999）から作成）

加害1件当たりのコスト＊＊	再犯率低下（%）			
	2	6	8	14
$157,290 可視コストのみ	-$6,850	-$560	**$2,580**	**$12,020**
	-¥527,450	-¥43,120	**¥198,660**	**¥925,540**
$176,940 推定最低値	-$6,460	**$620**	**$4,160**	**$14,770**
	-¥497,420	**¥47,740**	**¥320,320**	**¥1,137,290**
$256,740 推定中央値	-$4,870	**$5,400**	**$10,540**	**$39,870**
	-¥374,990	**¥415,800**	**¥811,580**	**¥3,069,990**
$356,190 推定最高値	-$2,880	**$11,370**	**$18,500**	**$39,870**
	-¥221,760	**¥875,490**	**¥1,424,500**	**¥3,069,990**

＊　純便益額は性加害1件当たりのコストから性犯罪者1人当たりの処遇受講コスト（豪$10,000，¥770,000を引いた値。上段は1998年豪ドル表示，下段は日本円換算値（1豪ドル＝77円レートを採用）。
＊＊　コストは，可視コストに不可視コスト（推定値$19,650から$198,900）を加えた値。

確保し，勾留期間中の衣食を供給し，検察が証拠を揃えて起訴し，複数回の裁判を行い，刑に応じて刑務所に収容し，出所までの衣食を供給するとともに身柄を確保するのに伴う人件費などが含まれる。被害者の可視コストは限定的で，心身の健康を回復するための医療費，必要に応じて発生する福祉関連経費などが挙げられる。一方の不可視コストについては，複数の研究者が推定値を算出している。ここには，医療費には換算しえない心身の不調，たとえば，トラウマ，不安，抑うつなどの症状とそれに伴うQOL（Quality of Life）の低下，これらが被害者の周囲に及ぼす影響などが含まれている。性犯罪者1人が処遇プログラムを受講するコストについては，オーストラリア各州とニュージーランドの例を調査し，より高額な推定値である豪$10,000（約770,000円）が用いられている。

　本研究はオーストラリアの状況を中心とした試算であり，日本とは司法制度や各種サービスの内容が異なるため，この結果をそのまま適用できるわけではない。しかしながら，最も控えめな推定値による試算をみても，治療・教育が再犯率を6%下げることができれば，費用対効果という観点

からも利益が勝るという点は，ひとつの到達目標になりうる。日本においては，政策評価全体に十分な実証研究が根づいている状況になく，矯正プログラムの費用対効果分析も行われていないが，いずれこのような観点からの評価が求められることになるだろう。

文献

Donato, R. & Shanahan, M.（1999）The economics of implementing intensive in-prison sex-offender treatment programs. Australian Institute of Criminology : Trends and Issues in Crime and Criminal Justice 134 ; 1-6.

第3部

応用・発展篇

12
臨床家のセルフケア

浪越康弘

> **キーワード** ストレス，対等な大人，抵抗，自身の影響，女性担当者，二次受傷，セルフケア
>
> **要約** プログラム担当者が，刑事施設において性犯罪者の治療的・教育的プログラムを担当するようになると，担当者自身にどのようなストレスが生じ，心身への影響が及ぶのか，女性の担当者にも焦点を当てながら，主なストレス要因について考える。そして，筆者や同僚たちが，実際に性犯罪者処遇を担当した際の具体的なエピソードを交えつつ，臨床家の感情面，行動面および対人面や家族関係などの変化や影響について紹介し，あわせてこの仕事に関わる専門家のメンタルヘルスの維持の必要性を説く。

　本章で論じる「臨床家」とは，刑事施設における性犯罪者処遇プログラムを担当する心理技官や法務教官，刑務官，処遇カウンセラーを指しているが，同時に，何らかの処遇や関わりを必要とする性犯罪者に職務として直接関わる専門家をも広く想定している。たとえば，査定のために性犯罪者調査を行う面接担当者，また，一部については，更生保護領域や民間クリニックなど，刑事施設以外で働く専門家にも役立つ部分があることを願っている。

　したがって，「プログラム担当者」として言及している部分については，適宜，「セラピスト」「カウンセラー」などと読み替えて読み進めていただきたい。

1　プログラム担当者のストレス要因

1　被害者の苦しみを感じながら取り組むこと

　まず，筆者の初期の体験を紹介しながら，いくつかの側面について考えていく。

　プログラム担当者は，受講者がどのような性犯罪に及んだのか，被害者の年齢や人数，性犯罪に至る状況や動機等々を，対象者の情報をまとめた資料（第7章参照）から収集する。

　強姦や強制わいせつなどの性犯罪は，「魂の殺人」と言われるなど被害者の心的ダメージが重大な犯罪である。被害者は大きな傷を負うことになり，それを一生引きずることになりかねない。筆者がこれまで担当してきたケースの資料を見ると，被害者が頻繁にフラッシュバックを起こすこと，家族や友人，恋人との関係が事件を機に一気に崩壊したことなどが読み取れ，性暴力の破壊性のすさまじさにあらためて呆然とすることがある。さらに，一番心に刺さるのは，被害者が事件以来，自分を大切にすることができなくなり，自分を責めつづけていることがわかるときである。森田（1992）は，「性暴力が他の暴力より深い心の傷を残すとしたら，その第一の理由は，本人自身からの拒否に他ならない。私も共犯者だ，私が悪かったからあんな目に遭ったのだという思い込みが，性暴力被害者に特有の意識である」と述べている（p.201）。このように被害者は自身を責め，自己を否定的に捉えてしまうことが性犯罪の特徴であるといえる。

　自らの性被害体験を公表した小林（2008）は，「被害者にとって，家族とは，とても近くて，とても遠いものになってしまう。近いからこそ受けるショックは，被害者にとっても家族にとっても望むべきことではない」（p.90）と，自身の家族との溝ができた体験を語っている。被害者の近親者に対して長く強い苦痛を与えつづけることも，性犯罪の特徴であるといえる。このように，性犯罪の被害に遭うということは，将来の夢や希望が閉ざされるだ

けではなく，人間としての尊厳や人生を壊すほど被害者に甚大な影響を受けることを意味している。

　刑事施設で働く性犯罪者処遇プログラムの担当者は，このような被害者を出さないという使命感のもとに，性犯罪受刑者に対し，治療的・教育的に関わろうとする。いわば，目の前の受講者に加え，会ったことのない被害者の苦しみを感じながら，その人たちに対する責任を感じて働こうとする。したがって担当者には，相当量の精神的エネルギーが必要とされる。

2　対等な大人として接すること

　刑事施設での性犯罪者処遇プログラムは，その根幹に集団認知行動療法，集団精神療法があるため，心理療法としての機能がある。プログラム担当者は，治療的・教育的なグループへと成長・発展させるため受講者の心に寄り添う。また，心理面への十分な配慮をしながら，再犯防止に向けた必要な知識や情報を提供し，再犯に及ばないための対処法について考えるよう促す。これらは受講者が自ら主体的に参加し，能動的に自己を理解しなければ意味をなさず，そのためには，プログラム担当者が受講者に自由に発言できる場を保証しつつ，対等な成人として接する必要がある。

　筆者がプログラムを担当して間もなくのこと，あるセッション中，一人の受講者がグループ内の別の受講者に対して，突然，「お前，俺を馬鹿にしとるやろが！」と言い出し，受講者同士で小競り合いが起きたことがあった。すぐさま事態を収拾したが，刑務所という場での出来事ゆえ筆者は「なぜ非常ベルを鳴らさなかったのか」と悔やんだ。「よし，次に何か問題を起こしたら……」などと思い，セッション終了後，それを同僚に話したところ，予想外に，「あんた冷たいな」と言われた。筆者は，小競り合いの当事者の一人となった受講者をトラブルメーカーとしか捉えておらず，心に寄り添おうとしていなかったことに気づかされた。セッションがスムースに進まなかった不快感とそれに対する筆者の反応は，自分の心の奥底にある「彼らを見下す自分」の発見につながり，受刑者を尊重し，寄り添うことの難しさを感じた。

3　心理療法という未知の分野に挑戦すること

　刑事施設における処遇プログラムは，調査専門官，教育専門官，刑務官および処遇カウンセラーが担当している。担当者は皆，受刑者を相手にすることに関してはプロフェッショナルであるが，必ずしも心理学を専門に学んできたとは限らない。プログラム導入当初，大半の担当者は，クライエントに対して治療的な介入をした経験が少なかった。

　しかし，一旦担当になれば，先輩職員の手ほどきを受けながら，これまでの履歴に関係なく体験も含めて心理療法を学ぶことになる。また，性犯罪者処遇プログラムに関する職務の研修会や研究会でも学ぶ機会が用意されている。しかし，セッションを重ねるたび，「これで良かったのか，もっと良い介入方法があったのではないか」と反省することは多く，プログラム担当者としてやっていけるのだろうかという不安を，筆者はいつまでも拭い切れなかった。

4　受講者の抵抗に対応すること

　プログラム開始直後は，受講者たちも受講に対するさまざまな不安や不満が強く，その感情の矛先がプログラム担当者に向かうことは少なからずあった。たとえば，「強制的に受講させられているのだから，作業報奨金を出すべきではないか」「工場の者たちに自分が性犯罪者だとばれたらどうしてくれるんだ」「受講すれば本当に再犯は防げるのか」などである。以前筆者が担当した受講者のなかに，プログラムに疑念を抱き，プログラムの有効性について，プログラム担当者に対し攻撃的に論破を試みる者がいた。刑事施設では，受刑者が職員に対して規律を乱すほど反抗したり，執拗に不満の言動を取ったりすれば，懲罰の対象となることがある。これは，場を選ばない刑事施設のルールである。しかし，プログラムにおいては，プログラム担当者としての役割に従って，受講者が感じている不安や不満をしっかりと受け止めなければならない。そして，グループで起きた

問題はグループで解決することを前提に，受講者がプログラム担当者に向ける感情を，彼らの抱える問題のひとつとしてフィードバックする。個人の不安や不満をグループメンバー全員が共有し，建設的な意見や考えを出し合うことによって，彼らの抵抗は次第に小さくなっていく。しかしながら，実際には言うは易く行うは難しであり，胃の痛む日々が続く。

5 女性が二次受傷を体験すること

　プログラム担当者は，性犯罪者にとって協働する男女の良きモデルとして男女のペアが望ましいと言われている。海外の矯正施設では，相当数の女性がプログラム担当者として関わるようになってすでに久しい。もちろんわが国の刑事施設でも女性担当者が数多く起用されているが，カナダやアメリカの水準には至っていないようである。

　女性がプログラム担当者としてグループに参加することの難しさは容易に予想がつくが，他方，その意義や意味は非常に大きい。あるグループにおいて，次のようなことがあった。受講者の一人が若い女性担当者に対して，「先生（女性担当者）は，痴漢にあったことがありますか？　先生は痴漢されやすいタイプですよ」などと性的なことを発言し，この女性担当者が，「私は一目で痴漢者とわかりますから大丈夫です」とぴしゃりと切り返す場面があった。これは，受講者が女性担当者に好意的な感情をもち，一面では性的対象として捉えていたことを示唆するものであり，場合によっては，セッション中に性的被害に似たやりとりになるおそれがある。この女性担当者は，この難局を，自分の身を守りながら，むしろそれを題材として治療的・教育的なやりとりに活かすように心がけていた。

　また，女性担当者の場合，受講者から性犯罪の生々しい話を聞くうち，まるで自分が性犯罪に遭ったかのようなストレス反応，いわゆる二次受傷を体験することがあると指摘されている。自分が性被害を受けたかのように追体験することで，対象となる性犯罪者に嫌悪感を抱き，場合によっては治療に好ましくない逆転移の問題が生じることがある。そして，ことさ

らプログラム担当者としての使命感，責任感などから無理して性犯罪者に向き合おうとすることが多くなる。その結果，不快感，憤り，被害者に対する罪悪感，疲労感などが生じるが，そのような状況に十分に気づかない状態が続けば，グループを続けていく気力を失いかねない。

2　プログラム担当者に現れる反応

　プログラム担当者は，性犯罪者処遇に携わることでさまざまな影響を受ける。その代表として以下のようなものが挙げられる。

1　感情面の反応

　筆者は今から10年前，刑事施設で性犯罪者処遇プログラムを担当することになった。当時，性犯罪者の集団心理療法を実践した経験がなく，不安や緊張感で一杯であった。そのため，セッション開始前は同僚の何気ない言動に反論したり，ささいなことでイライラしたりするなど，過度の緊張感から怒りっぽくなることが多かった。セッション終了後は，何とも言えない解放感を覚える一方，強い疲労感があった。コ・リーダーを務める同僚にそのことを話したところ，彼らは必ずしもそうではないことがわかり，リーダーとコ・リーダーという立場の違いと捉えていた。
　一方，同僚の女性担当者は，こう話してくれた。「受講者に会う前の資料を読む段階が最も疲れる。被害者をリアルに想像してしまう。しかし，実際に対象者と向き合うときは，セラピストや臨床家であろうと，受講者を懸命に支えるので「疲労感」は薄れる。するとそこにうっすらと罪障感が芽生える。対象者の問題を見落としていないかと。再び資料を読むなどすると，最初の疲労感が蘇る。とにかく，被害者をこれ以上出さないために性犯罪者に向き合いつづけるのだという目的を，自分に言い聞かせている」。この同僚は，被害者のことを想像し，抑うつ感，不快感が生じてい

ると理解できる。しかし，治療的・教育的なプログラムの担当者として性犯罪者に寄り添わなければならないという使命感，責任感から，そうした不快な感情を抑えてグループを担当していた。

　担当者によって形はさまざまだが，プログラムが進行しているなか，この問題に取り組んでいる担当者たちは内面で葛藤を抱え，多くの感情が交錯している者も少なくないと思われる。

2　行動面の反応

　プログラム担当者は，さまざまな自身の感情的体験のなかでグループワークを実践する。そしてそれは，行動面でも変化を生じさせることがある。たとえば，普段は見ないお笑い番組を好むようになったり，あるいは好きな音楽をずっと聴くようになったり，過食になったり，飲酒量が増えたりといった具合である。

　ある同僚は，「帰宅後の疲労感が増した。土日に出かける元気がなくなった。加齢のせいでもあるし，連れ合いの仕事にもよるかもしれないが，月曜日にセッションがある場合，日曜日には無理をしないようにセーブがかかる」などと話してくれた。

　筆者が経験したのは，セッション終了後，職場内のトイレで歌ったり，自宅の風呂場で歌ったりするようになったことであった。これまでは，自宅の風呂場でたまに歌うことはあったが，勤務中に歌うことはなかった（ちなみに刑事施設では規律・秩序の維持が重んじられるため，必要のないところで歌うことは奨励されない）。ところが，歌いたいというか，大声で叫びたいというか，とにかくそういう衝動が湧き起こっていたのを自覚していた。さすがに大声を出すわけにはいかず，トイレ内に設置されているハンドドライヤーを使用しながら歌えば，歌声がある程度消されると考えて実行した。当時を振り返ると，セッションの事前準備やセッション後の振り返り，資料の再読み込みなど，四六時中と言っていいほど性犯罪受刑者のことばかり考えていた。性犯罪受刑者のグループ以外にも，一般受刑

者の面接調査や書類仕事など多くの業務があり，一日の業務が終わるのは夜遅くで，オーバーワークであったと思う。

　女性の場合には，夜道を歩くのが怖くなったり，小さな物音に過敏になったりして，夜間一人で外出することを控えるようになることがあるようである。また，男女を問わず，子育て中のプログラム担当者であれば，子どもを外で遊ばせること，子どもだけで外出させることを過剰に心配するようになる場合がある。

3　対人面の反応

　性犯罪受刑者とのグループワークでは，性にまつわる受講者の認知の歪みや性に対する価値観のズレなどがクローズアップされる。彼らを理解できない自分を感じて自責的になり，彼らを理解しようと躍起になって，同僚などに「レイプ神話って信じる？」などと確認したくなることがある。性的な要素が強いだけに，プログラムに直接携わらない同僚からは嫌がられることもある。上司から，性的な話題をしていると注意を受けることもあるかもしれない。

　さらに，プログラム担当者として性的な問題を長く扱っていると，性の話題を他人に話すことへの抵抗が薄れるように思われる。日本人は，性の問題は一般にタブーであると考える傾向にあることから，仕事として性的な疑問や問題を率直に話しているだけなのに，周りから怪訝な顔をされたりする。あるいは逆に，「健全な性」の話題についていけなくなったりすることもある。

4　家族関係における反応

　プログラム担当者のなかには，家族とのコミュニケーションが減ったり，会話の内容が変化したりする者もいる。ある同僚は，家庭での変化について，「守秘義務のこともあるが，グループでの出来事を持ち帰らない，引

きずらないことを意識しすぎて，家庭では仕事の話をあえて避けるようになった。言わなくてもある程度察してくれているとはいえ，かえって「しんどそうやな」と言われることもあり，何とも言えない複雑な感じがする。中途半端に話しても伝わらない感じがして，また，もやもやする」などと話してくれた。

　筆者の場合は，家族との会話に気遣いすることはなかったが，妻のささいな言動に腹を立てるなどしたことが確かにあった。

3　臨床家がメンタルヘルスを保つことの必要性

　性犯罪者処遇に携わる者は，医師，看護師，カウンセラーなど対人援助の仕事に就いている人たちと同様に，高いストレスがかかるなかで働いていることはまず間違いない。ブラマーとビンゲイ（2005）は，看護職に対して，「ケアする人の情熱は，やがて疲労困ぱいと孤独そして怒りに置き換えられる。〔中略〕自分自身が人としてどう幸せに生きるのか，自己回復力をどう持つのかが大事である」（p.iv）と述べ，燃え尽き症候群にならないように，自身をケアしていくことの必要性を説いている。同種のことが，性犯罪処遇プログラムの担当者にも適用できると考えられる。

　一般的に臨床家自身へのケアといえば，読者は何を思い浮かべるだろうか。たとえば，普段より多くの睡眠をとる，趣味の時間を確保する，適度な運動をする，あるいは美味しい物を食べる，旅行に行くことなどであろうか。以下では，組織的なケアおよびセルフケアについて考えたい。

1　組織的なケア

① 複数の同性担当者の確保

　女性担当者のストレスについてはすでに述べた通りであるが，ひとつの現場に女性職員を複数配置できると，彼女たちの精神的安定には役に立つ

と思われる。ある女性担当者の経験談であるが，そう多くはないものの受講者が出てくる夢を見ることがあり，しかもセクシャルな意味合いも含んでいたという。そのときは，一緒にグループを運営していた女性カウンセラーに正直に話し，その夢の意味を考えたという。ただし彼女は，その際には夫や男性担当者には話しておらず，女性担当者がそばにいたことによって救われ，激しいストレス状況を乗り切っていたと理解できる。

女性のみならず男性担当者にも，二次受傷は生じうる。特に，受講者の起こした事件の理解に一人で対応しなければならない状況では，女性と同じくらいの影響を受ける場合もある。したがって同じ仕事をしている同性の仲間を，身近な相談相手として確保しておくことが必要であると考えられる。

② 二次受傷の予防

プログラム担当者が二次受傷を体験し，誰にも相談できずに苦しみ，日常生活に支障を来たすことは，極力避けなければならない。

大澤（2002）は，二次受傷の概念について，「専門家の間でも認知を得られていないのが実情である。その原因を臨床家としての資質にあると思い込み，最終的には，セラピストとしての人生に終止符を打った人もいるのではないかと推察する。このような悲劇を増やさないために，臨床家を対象に研修会やサポート体制の構築が望まれる。［中略］セラピスト個人が意識して取り組むのはもちろんのことだが，個人ができることには限界がある」（p.151）と述べている。そのうえで，❶スタッフの担当ケース量を適切にモニターする，❷スタッフが互いをサポートしやすい環境を提供する，❸定期的な研修およびスーパービジョンを提供する，❹他機関との連携を積極的にもつことを推奨している。

さらに，プログラム担当者が大きな二次受傷を体験した場合，一人で抱え込まないように，スタッフ間で分かち合うシステムを組織内に明確に構築しておくことが望まれる。プログラム担当者が所属する組織，対象者を処遇している組織が，性犯罪者処遇プログラムの性質を理解することに加

え，プログラム担当者の体験事例に基づく研修を重ねていくことも，二次受傷の予防に有効であると考えている。

③ プログラム担当者の成長過程期間の確保

　性犯罪者処遇プログラムは，認知行動療法，集団精神療法を基本としており，このプログラムの担当者が「セラピスト」と同じ役割を担うと言える所以はそこにある。多くの心理療法は，基本理論から実践的スキルまでを体得するのに相当の時間を要するものである。新人プログラム担当者は，最初の1年は，大まかな枠組みを理解し，先輩の動きを見ながら学び，翌年はつたないながらも心理療法の実践に挑戦して自立を目指す。次の年以降は，さらに研鑽を積んで，次の新人担当者に心理療法のノウハウを伝えられるように成長することが求められる。

　筆者は，心理療法を実践していくということは，自己を成長させることにもつながると理解している。性犯罪者に寄り添う，性犯罪者の人生を知る，性犯罪者を対等な大人として扱うことは，それをする自分自身を見つめる過程を必ず含む。性犯罪者がプログラム担当者に向ける転移やプログラム担当者自身の逆転移をきちんと受け止め，その意味を直接に解釈する必要も大きい。スーパーバイザーによるある種の「教育分析的な援助」を受けられることを前提としても，心理療法の実践に挑戦して一人前になるまでには少なくとも3年が必要だろう。

2　セルフケア

① セッション中にできる工夫

　処遇プログラムにおいて，より「肯定的な言葉」を使うことは，受講者が自らのもつ力に気づきやすくし，欲求を適切な形で満たすために自らの力を用いる方法を探す助けとなる。受講者が，自分自身に不要なラベリングをしないようにすることが治療的かかわりの際には大事であると言われている。プログラム担当者は，セッションにおいて，受講者の良かった

点を強調し，たくさん言葉に出しつづける。これは，同時に担当者自身の利益になることもある。ある時点から自分自身も非常にプラス思考になり，仕事も楽しく満足度が増すという感覚が得られる。マイナス思考はできればほどほどで止めておきたい。受講者のマイナス点，改善すべき点，避けるべきことばかりを考えていくと，受講者へのマイナス評価が，ひいては仕事や自分自身へのマイナス評価を招いてしまう。最終的に燃え尽きてしまうおそれがある。

② スタッフとの話し合いの時間を確保する

　プログラム担当者は多忙の場合，他のスタッフと話し合う時間の確保が難しくなるが，コーヒーブレイクでいいので週に1回程度は全員が集まり，話し合うことが大切と考えている。ここでの話し合いは，堅苦しい仕事の話題ではなく，スタッフとの関係性を深めるために，趣味や関心を寄せていることなど日常的な話題で構わない。互いを理解し，打ち解け合うための時間を設けたい。スタッフとの信頼関係が築かれていれば，仕事がより楽しくなる。また，疲労やストレスを感じているときには，自分だけで背負い込むのではなく，同僚に任せるようにすると，グループ運営に付随する種々の作業が円滑に進む。

③ 私生活でのセルフケア

　プログラム担当者は，熱心であればあるほど，自宅に帰ってからも受講者がセッションで展開した発言を思い出してその意味を分析したり，グループの凝集性との関連性を考えたりすることがある。それは，休日に及ぶことも少なくない。しかし，プライベートな時間をいかに工夫するかという私生活面でのセルフケアも必要であると考えている。

　最近，話題になっている「マインドフルネス」を実施して脳を休ませる，軽くジョギングする，ペットと戯れるといったことから，一日引きこもってゲームや映画，録画した番組をまとめて視聴することまで，いろいろな方法があると思われる。ここで大事な点は，業務とは違うことに没頭する

ということであり，性犯罪者処遇プログラムから気持ちを解放することである。とはいっても，子育て中は子どもの世話をしなければならず，さまざまな家族との協力も求められるため，それらが容易ではないことも予想される。そのような場合には，たとえば，休日，家族と一緒にカヌーに乗って川下りに出かけるなど，家族全員で楽しめる趣味などをもつのもひとつの方法であると考えている。

4 自己研鑽

　筆者が大学生の頃は，アメリカの心理学者カール・ロジャースの影響を受け，至るところでエンカウンター・グループが行われていた時代だった。

　筆者は，これまで多くのエンカウンター・グループに参加，ときには24時間通しの「マラソン・グループ」にも参加した。ひとつのグループは，ファシリテーターを入れて10人前後であった。「今ここ（here and now）」を意識し，参加者とその場での相互交流，全人的な関わり，自己開示，正直さなどが強調された。過去のことやグループ外の話はしないというルールであった。筆者自身，誰にも話したことのない悩みを自己開示した経験がある。そのとき参加者から，勇気を出してよく話してくれたと褒められたり，大変だったねと慰められたり，そばに寄り添ってもらったりした。積年の悩みが解決することはなかったが，悩んでいる自分を俯瞰することができたという実感がある。こうした体験は，筆者の自己管理やストレス耐性の維持に今も大いに役立っている。

　そして，実は，同じように，受講者が誰にも話したことのない悩みをグループワークにおいて自己開示した場面を，度々筆者は経験している。筆者たちが取り組んでいるプログラムは性犯罪者処遇に特化したものであるが，上述した「今ここ（here and now）」を意識することはその他の心理療法と同じであり，おそらく筆者のこれまでの自己研鑽がグループワークに何らかの形で活かされているのだと感じている。

5 あくなき挑戦

　これまで述べてきたように，プログラム担当者は，性犯罪者処遇に多くのエネルギーを割くが，ストレス源はまだまだ存在する。受講者の再犯を知ったり，再度プログラム担当者として関わることになったりすると，プログラム担当者としての挫折感や，彼らの加害行為による被害者に対して申し訳ない思いを抱くことになる。再犯防止の仕事に関わる人たちにもさまざまな考えがあるから，「性犯罪者はプログラムを何回受けさせても効果はないと思う」「先生，適当にやればいいよ」などという意見を聞くこともある。それを否定したくなるが，再犯している以上は反論の余地がないようにも感じ，プログラム担当者としての「資質」に欠けていると自分を責め，無力感を抱く方向に自分が傾いていると感じる瞬間もある。繰り返し再犯者に出会っても，「人は変わりうる」「彼らは変わろうとする過渡期にある」ということを，これからも我々は本当に信じて進めるだろうか。否，信じて受講者に関わる，それしかないのではないか。

　本章では，筆者の体験をもとに，プログラム担当者のメンタルヘルスについて考えてきた。性犯罪者処遇に関わる人たちには，自分を大切にしつつ，受講者と一緒に成長しようという気概をもってほしい。また，この性犯罪者処遇に携われることに誇りと感謝を抱き，プログラム担当者として，セラピストとして，指導者として成長してもらいたいと願っている。

文献

ローレンス・M・ブラマー＋マリアン・L・ビンゲイ［森田明子＝編訳］（2005）ケアする人だって不死身ではない．北大路書房．
小林美佳（2008）性犯罪にあうということ．朝日新聞出版．
森田ゆり（1992）沈黙をやぶって．築地書館．
大澤智子（2002）二次受傷——臨床家の二次的外傷性ストレスとその影響．大阪大学教育学年報 7；143-151.

13
力動的集団心理療法の視点
性犯罪者処遇プログラムのスーパービジョンの経験から

西川昌弘

> **キーワード** 力動的心理学,集団心理療法,呼吸法,「今ここ」の体験と「あの時,あそこで」の体験,発達課題,心的外傷性ストレス
>
> **要約** スーパービジョンの目標は,治療的過程の維持と心理療法訓練である。治療グループ発達は,参加者の変化の主な予測変数である。本章では,性犯罪受刑者の個人発達課題と心理療法の基本技術を示す。また,私にとってのスーパービジョンの基本過程は,初心者に対しては,❶今,この場所において,スーパーバイザー自身が呼吸法により体性感覚を覚醒させ,スーパーバイジーの健康な依存を受け止めることになると示すことであり,中堅に対しては,❷スーパーバイジーの「今ここ」と「問題状況が生じたあの時,あの場所で」という2つの体験を行き来しながら,問題の起点場面の同定とその理解の共有を図ることである点について述べる。

I 「私」のスーパービジョンの原点

1 心理療法家であるための訓練

　私は,指導教授だった山本和郎(コミュニティ心理学)の勧めで,大学院に加えて小谷英文(力動的心理療法)と平木典子(家族療法)が設立した研究所の訓練課程に入り,約15年の間に,理論学習,ロールプレイ,そして集団心理療法と家族療法による自己体験を4,000時間以上修め

た[1]。そして，2009年にバルダッザーレ博士（Baldassarre Angela）の口頭試問に合格し，国際集団心理療法・集団過程学会のシンポジスト，心理療法家として認められた[2]。

2　力動的心理学の定義

　心理療法の土台をなす力動的心理学（Dynamic Psychology）に関して，国際連合教育科学文化機関（UNESCO）による『心理学辞典』に収められた，レオナルド・アンコーナ博士（Leonard Ancona）[3]執筆による力動的心理学の項を示す（Ancona, 2009）。

> 　心理力動という術語は，治療行動水準では個人の欲動を，理論水準では動機を扱う心理学の一部分を規定している。公式的には，力動心理学は精神分析学を起源として生まれ，次に，徐々に，精神分析学から区別されていき，固有の理論的，実践的な自律性をもつに至っている。もっともまだ非常に不明瞭なものである。
> 　力動的心理学は，機構や因果関係と対立するこころ（mind）概念を土台とする。すなわち，力動的心理学は，本質的に現象学的であり，こころと身体の生涯発達過程に従って分節化される諸原理から成るひとつの体系の上に成立している。このように，力動的心理学は，❶無意識という原動力，❷個人内の葛藤と対人間の情報の疎通の観点からの場の原理，そして，❸集団の表層的現象学と深層的現象学に基づいている。それ以上に，力動的心理学は，前－象徴世界内と，前－象徴世界と象徴世界との関係性のなかで働くものであり，それは範例的には，芸術，文化，そして聖なる領域である。　　　（p.235［筆者訳］）

2　禅仏教哲学の存在論

私たちは無自覚なまま，こころが意識化部分と解離した部分とに分かれることがしばしばである。禅仏教は，そのような問題的なあり方からの転換法として，真の自己として在る方法，すなわち逆腹式呼吸と，「私は，私であらずして，私である」という基本過程の実行の必要性を説く教えである。以下に，宗教哲学者の上田閑照による教えを引用する。

　「私と言う」基礎的事態は，単純化すれば，「（自分を指して）私は，（相手に向かって）私です」。もっとも単純化すれば「私は，私です」となる。それは平板連続的に「私は私である」事態ではなく，中枢に「私ならずして」（ないし「私なくして」）という否定の切れ目が入って成立する運動である。この全運動が「私」ということであり，この全運動の自覚は「私は，私ならずして（私なくして），私である」と言う。
（上田，2000，p.15）

　我々がそこに「おいてある」世界は世界として虚空に「おいてある」。世界内存在としての我々は世界の内に「おいてある」ことによって，同時に，世界がそこに「おいてある」虚空に「おいてある」。
（上田，1999，pp.19-20）

　二重世界内存在という事態に，我々の直接的な自己理解・経験的に響き得るような仕方で着目するために「夕焼け」の詩を見てみたい。

夕焼け（黒沢尻小学校4年生）
　黒姫山と妙高山の間に日はしずむ
　その時みかん色の雲が
　すうっとわたしの目の前を通る
　一日の出来事をのせて雲は動く
　わたしが学校で勉強していたのは
　見ているだろうか
（上田，1999，p.12）

場所のうちにある「私」にとっての場所は，究極的には，「世界」と，世界を超えつつむ虚空のごとき見えない限りない開けという，見えない二重性の場所（仮に，「虚空／世界」と言っておく）である。人間主体は世界の内で「私」と言いつつ，世界の内にあることによって，同時に，世界を超えつつむ限りない開けにまで「私ならずして」通っている。
（上田，2000，pp.19-20）

3　心理臨床理論の整理

　スーパービジョンに言及するにあたり，心理治療者を支える教えである発達理論を含む心理療法理論と，それに依拠した，心的外傷リスク群の集団心理療法の前提を示す。

1　個人理解の基本枠

　伝統的な西洋の心理療法の接近法の原則は，遠くからゆっくり近づくことで，表層つまり現実神経症や心的外傷から，生育上の未解決の発達課題である深層に向かうことである。近年，乳幼児発達研究の知見から，鏡映として知られている「私はあなたであり，あなたは私である」という，養育者による子どもへの健康な同一視の重要性が，相互作用主観性として加わっている，また，心的外傷臨床・研究の知見からは，身体からこころへの重要性が再発見されている。

①　発達理論
　ここでは，アメリカの精神科医のハリー・スタック・サリヴァン（Harry Stack Sullivan）による，幼児期・児童期・前青春期・青春期初期と後期・成人期の7段階から成る人格発達理論（Sullivan, 1940/1976, 1953/1990）を

概観し，カール・グスタフ・ユング（Carl Gustav Jung）（Jung, 1916/1969），エリック・エリクソン（Erik Erickson）の発達理論（Erikson, 1946, 1956）でこれを補足する。

　幼児期は誕生直後から始まり，分節化された音声言語が出現するまでである。

　小児期は，音声言語の出現時点から始まり，遊び友達または「仲間」という，自分自身とほぼ同じ地位にある相手を求める欲求が現れるまでの時期である。

　児童期は，小学校時代の大部分に相当する。児童期の集団活動は，自分の威信と優越感と利益の維持のためにゲームの規則に従いつつ，ギブ・アンド・テイクを基本とし，自己中心性が保たれている。サリヴァンは，これを協業（collaboration）と名づけている。また，彼が指摘するように，活動に従事する喜び，つまり自我を使う喜びを一定量体験する必要がある。児童期後期には子どもは孤独感に苦しみはじめる。それは，仲間外れの申し合わせをされる恐怖や，重要な人から認められなくなる恐怖と結びついている。

　前青春期に入る際，暦年齢の8歳から10歳の間かもっと遅くに，子どもに発達上の大事件が生じる。この事件を経て，同性の仲間のうちで一人だけ，たとえば，自分が仲間たちとうまくやる術を親切に手ほどきしてくれた子が，自分にとって特別で大切な子になる。そして，その子のものの見方やその子に必要なものやその子の願いなどが，自分にとってこころの底から大切なものと思えてくる。この体験を通じて，子どもはそれまでの自己中心性を脱し，特定の相手（親友／チャム）の立場から自分を見るようになる。また，集団作業の質も変化し，相手の人間のこころを感受する感覚に根差した共同作業である協力（cooperation）を行うようになる。協力する能力は，一部は，相手を共感的に理解する能力に由来し，一部は，新たに拡大した世界に対する畏怖の念に由来する。エリクソンも，その発達論のなかで，この時期の発達課題に，集団同一性の獲得をあげている。集団は，現世界の「私と私でないもの（me and not me）」である。これを

俯瞰認知するには，より上位の「私でないもの（not me）」体験が必要である。ユングも「私でないもの」体験を，超越（transcendency）と呼び，発達課題としている。前青春期は，暦の上の期間はどちらかといえば短く，思春期の第二次性徴の身体変化と性器性欲の発達とが現れ出ると終わる。

　第二次性徴は，前青春期の終末頃に出現する。男性なら精通である。男性の多くは，射精が行われるようになってしばらくすると，少女の一人を以前見たときよりも魅力的に感じるようになり，この新発見に関連した行動をするようになる。こうなると同性の親友（チャム）関係は急激に崩れる。少年は，青春期初期に入ると，性欲の発散を含む生活のパターンを模索する。この欲望を満足させてくれる生活のパターンを獲得したときに，青春期後期が始まる。この時期にはいろいろなことを段階的に身につけ，段階的に実践してゆき，成人期に達する。

　成人期には，自分が自分以外のある個人と愛の関係を樹立できるようになる。

　刑事施設における性犯罪処遇プログラムのグループ構成員の多くは，心理的には前青春期の発達課題を乗り越えられないまま，第二次性徴を迎えているのではないかと思われる。

② 心的外傷性ストレス理論

　今日の心的外傷性ストレスの理解は，ピエール・ジャネ（Pierre Janet）による解離機制の同定と脳科学の知見に拠っている。それは，ジャネが「意識野の狭窄と知覚統合力の減弱［中略］感覚そのものの減弱ではなく，感覚されたものを個人的知覚へと統合する能力の減弱」（Janet, 1889/2013, pp.300-303）と命名した2つの状態，(a) 人が意識で保持できる情報の幅が狭くなり，それにより生じやすくなる外傷記憶の侵入による興奮，すなわち心的外傷の再演を特徴づける極度の興奮（身体症状／陽性症状）と, (b) 無感覚や情緒的消耗，抑うつ，そして意思の喪失（精神症状／陰性症状）との二相的特質を有するというものである（Howell, 2005, pp.51-52）。

2 西洋社会および日本社会のなかの集団と個人

① 集団の定義

現代の集団分析家のネリは，西洋文化では，集団（group）という言葉が，諸要素から成る"一つの全体"を意味し，この語が18世紀半ばに使われはじめたと述べている（Neri, 2008, Glossary）。

② 集団心理療法グループの動因

ケース（Kaës, 1993）は，集団心理療法グループの動因として，集団心的装置という概念を構成した。それは，「集団成員によって，当該集団で活動するために共有された，心的構成物である。その主な働きは，個人の精神内的体験，成員間の二者一対関係での相互主観性（私はあなたであり，あなたは私である，という体験），そして集団の構成要素という，個人が体験する複数の心的現実の間を調停し交換し合うことと，社会的文化的側面に対応する当該集団の現実を確かにすることである」（p.178）。

③ 集団における個人の心的体験

キーファー（Kieffer, 2001）は，集団における個人の体験に関して，「一つの自己としてのこの集団」と，「一つの集団としての自己」という2つの体験から構成される集団自己概念を提出している。また，集団心理療法を体験する過程で，参加者たちの集団自己の安定した体験が積み重なり，「その集団よりも大きい地域社会のなかで自分が受容されている体験が提供される」（p.92）と述べている。

④ 社会における心的外傷者集団の力動

自然災害や戦争災害，原子爆弾による被爆などの大規模な外傷的状況に晒された集団に，生贄の羊と呼ばれる集団力動が働くことが知られているが，日本社会ではその表現型として，いじめと甘えの反復が生じることが報告されている（Yamaguchi, 1995, p.71 ; Cohen & Schermer, 2002, p.99 ; Moreno, 2007）。[4・5]

4 心理療法家の基本課題と戦略

　上記の整理に基づいて，心理療法家の身体感覚の重要性，そして心理療法の基本目標と性犯罪者処遇プログラムを実施するにあたっての戦略を述べたい。

1　禅仏教哲学における大人の課題

　禅仏教は，対人場面において，呼吸法で天の気（き）と地の気（き）（上田，2014）を体内に流通させることによって，「今ここ」での身体感覚を覚醒させ，相手と共にいる場所の温度，自分と相手の体温を感じてその体験を空想と峻別しつづけることの重要性と，その鍛錬法を語っている。▼6

2　心理療法家の課題

① 発達理論に基づく心理療法家の課題

　サリヴァンは，人格発達理論上，青春期とそれ以後に体験する問題を理解する大きい鍵は，3つの欲求を分けて考えるところにあると指摘している（Sullivan, 1953/1990, pp.297-298）。それらは，❶個人的安全保障感すなわち不安からの自由を求める欲求，❷親密欲求（少なくとも一人の他者と協力したいという欲求），そして，❸情欲の満足を求める欲求（オーガズムを追求する性器的活動と結合している欲求），である。❶の不安の起源に関して，人は，主体的に他者と助け合い，調和して生きる術を身につけるまでは，養育的成人に依存しなければならないが，不安による緊張が養育者役のなかにあるときに，それが子どものなかに不安を誘導することがある（Sullivan, 1940/1976, pp.49-50）。

　集団心理療法としての性犯罪処遇プログラムを受ける受講者たちは，心理療法の場において，これら3つの欲求不満を圧縮させて示す。心理療法

家は，❶と❷に関して，彼らの健康な依存性を引き受ける形で，それぞれの欲求不満を緩和するだけでなく，彼らが主体的に各々を充足するように導く。そのうえで，協力のなかで❸の課題に取り組む。発達阻止（Sullivan, 1940/1976, pp.244-245）は，上述した基本過程の歪曲として観察される。

② 心的外傷性ストレス論に基づく課題

犯罪加害者はおおむね何らかの心的外傷を負っており，受刑者の主要な行動特徴は過活動（陽性症状）である（Meloy, 2002）。現代の心的外傷理論は，心理療法において，心理療法家が身体水準と，心理ないしは認知水準を双眼的に捉えて，対処することの重要性を見出している。そのため，先述した禅仏教哲学における呼吸法の活用が要請される。

5　性犯罪者への集団心理療法へのスーパービジョン

刑事施設における性犯罪者処遇プログラムのグループは，心理療法と教育の側面をもつ。ここでは前者に焦点を当て，私が抽出した心理療法のスーパーバイザーの課題（西川, 2015）と，スーパービジョンの実際とスーパーバイジーの課題を示す。そのうえで，プログラムを行うグループの課題を明らかにしたい。

1　スーパーバイザーの課題

私は，スーパービジョンという特別な対話の過程でのスーパーバイザーの課題として以下の2つを考えている。❶スーパービジョンを行っている場所において，スーパーバイジーと共に在る自分を起動させ，維持することである。必要に応じて，スーパーバイジーもスーパーバイザーと共に自分を起動するように支え手助けする。そのうえで，❷検討場面において，クライエントや患者や受講者から担当者（スーパーバイジー）に発せられ

た「今ここ」での感情を同定し，彼らがそれを受け止められるように手助けすることである。

2 スーパーバイザー個人とチームの課題

　本質を損なわない範囲で，変更を加えて事例を示す。いずれも，個人名は仮名である。

① 事例1
　　プログラム担当者──リーダー＝阿部教育専門官（常勤・男性・40代），コ・リーダー＝羽田処遇カウンセラー（非常勤・女性・30代）
　　受講者──（E）（F）ほか
　　課題化──他のグループの担当者から「羽田氏が複数の同僚に，グループでの阿部氏の発言に自分は傷つけられたと訴えたことを，スーパービジョンのなかで検討したい」と提案があった。スーパーバイザーである私は，羽田氏を支持するようにと伝えた。
　　問題場面──私は当初，「グループセッション内での阿部氏の発言に，羽田氏が傷ついた体験をした」と伝えられたが，それは誤りだった。問題は，セッション後，担当者たちの話し合いの場面で起きた出来事だった。

　　　❶セッション場面──強姦という犯罪をおかしたことがある（E）が，強制わいせつ犯罪をおかした（F）の発表に対して，「ちょっと触って終わるよりはセックスまでやりたくなるのが普通だろう」と述べた。これに対して羽田氏は，①「普通だと思っていることがほかの人にとっては普通ではないことがある」というフィードバックを即時的に行った。
　　　❷セッション後の同僚たちによる次回セッションのための作戦会議場面──話し合いの冒頭，リーダーの阿部氏は，前出の下線部①の場

面について，②「(E) がセッションで認知の歪みを，よりはっきり表現してから，担当者が介入する」という方法もあると思いついた。阿部氏は，意図的にある役割（role）を担うという介入の可能性を，話し合いの場にいる新任指導者のコ・リーダーの羽田氏に教えたい意図があった。その介入の組み立ては，③自分が (E) の歪んだ考えをより引き出して，そのうえで，羽田氏にそれを扱ってもらう，というものだった。

　そこで阿部氏は，羽田氏に次のように提案した。④「(①の場面で)自分が (E) に，「そういう気分になるのもわかる気がする」と言ったらどうかな」と。この提案に羽田氏は強く反応し，表情が一気に曇り，感情的になる様子が見られ，その後の話し合いでは会話のやりとりはほとんどなかった。

● 場面で起きた対人関係水準での相互作用の分析──心理療法の教えのひとつは，人間関係の問題が最初に表面化するときには，つねに複数の問題が圧縮されているというものである。

　❷において，阿部氏が自分の新しい介入法のアイデア（下線部②）について丁寧に共有しないまま，「こうしましょう」という提案（下線部④）を羽田氏に伝えたところに，ひとつの問題があったと思われる。簡単に言えば，「言葉足らず」だった。また，それ以前に，❶で羽田氏は介入（下線部①）でかなり疲弊して，その後の話し合いの場に臨んでいた可能性がある。また，❷での阿部氏のアイディア（下線部③）は，操作になってしまって「やりすぎ」である。(E) が同じ行動を繰り返しグループで取るのを待てばいいだけだと思われる。では阿部氏は，なぜ性急な動きになったのか？「待っていればいい」ということを忘れてしまっていたとすれば，阿部氏もまたグループ直後ゆえに，心的外傷の陰性反応として解離機制，つまり健忘が働き，同時に，抑圧機制が弱化して部分退行していたのかもしれない。そして，「自分の劣等感を相手を支配することで補いたい」という対人関係欲求が生じていたのかもしれない。

② 事例2

担当者チーム――リーダー＝伊藤教育専門官（常勤・男性・50代），コ・リーダー＝江本教育専門官（常勤・女性・60代），石丸処遇カウンセラー（非常勤・男性・40代）

課題化――「グループメンバーの（G）の扱いを検討したい」

検討対象の場面記述

❶ #12――（G）は30代半ば。数回の性犯罪歴があるが，一貫して，祖父が世話を焼きつづけている。性犯罪者処遇プログラムの参加も初めてではない。彼は本グループの初回から「人と親しくなりたい」と語る。江本氏は（G）に際立って同情的な態度を示している。（G）の扱いに関して，伊藤氏は何かうまくいっていない感じがしている。

❷ #13――40代のメンバー（Y）が（G）と少し口論になった。別のメンバー（H）も，グループをまだ十分に活用できていない。江本氏は，セッション中だけでなく，終了後の担当者たちの話し合いの場でも，一貫して（H）だけを問題視しつづけた。同僚たちは，違和感を覚えながらも，彼女の発言を黙って聞いていた。

● 場面で起きた対人関係水準での相互作用の分析――（G）は，祖父に甘やかされる一方で，児童への性暴力を繰り返している。関連した集団力動のひとつに，上述のスケープ・ゴーティング（生贄の羊）力動がある。この集団力動の日本社会での表れは，上述した「甘えといじめの循環の反復」である。このときに集団の構成員は，小さな子どもと親の関係性である強さと依存性が優勢な対象関係に退行している。江本氏は，（G）の祖父に同一視していて，グループで（G）を甘やかしている。ここで，江本氏の安全感を支持することの重要性は，事例1と同様である。

● （G）の心理学的問題の定式化――（G）の「人と親しくなりたい」という願望は，彼が主観的な体験に捕われ，自分の外から自分を見ることができないこと，他者としての自分を「近しく」対象化したいけれどできないことの問題性を，ある程度は自覚できていることを示している。それは「私

は，私であらずして，私である」という基本過程中の，「私は」で止まってしまっているという問題でもある。

● **指導者たちの課題**——伊藤氏と石丸氏は，（G）に限らず，受講者たちの身体性の覚醒を促すことで彼らの不安を低減する必要がある。そのために，彼らの「今ここ」の体験の共有とそれへの共感を提供しなくてはならない。スケープ・ゴーティング力動への対応には，上述した「夕焼け」の詩の境地，つまり上田のいう場所の二重性への覚醒が必要である。また，気功の呼吸法を実行して閉ざされて濁った気を換気（ventilation）しつづけることで，（G）や相互依存関係にある江本氏からの攻撃性を受け止め，やり返さないことが効を奏する。それにより，メタ認知が実現し，指導者は，日本社会に偏在する多元戒律性（multi-discipline）（石川，2009）の葛藤への防衛機制としての，一方で統合能力の低下を特徴にもつヒステリー機制，つまり小児的な依存性と自己中心性が場を覆いつづける事態を避けることができる。グループをある程度，統御できるようになれば，伊藤・石丸の両氏は，（G）に依存しつづけるしかない彼の祖父の弱さと強さへの理解を進める余裕を得ることができて，グループのなかで世代間伝達の途絶の立て直しが始まる。

3 考察——性犯罪受刑者のための集団心理療法的グループ運営の課題

性犯罪受刑者が集団心理療法としてのグループの効果を得るためには，彼らの「今ここ」で働く主体性の起動と，それによる取り組みが必要条件であることを共有したい。

今回呈示した事例のうち，受講者（E）は，自分の発言が一方で自分の考えの自由な表現であり，他方で共に居る他者に影響を及ぼしているという現実への関心が弱化している。これは，こころと身体の軽い解離で，心的外傷の典型症状である。それらを扱う指導者たちもまた，二次受傷を被る。したがって，セッション後の担当者の作戦会議では，担当者の不安を下げることが必要である。そして，小さい子どもと親の関係性ではなく，大人の親密性の発達課題に取り組まねばならない。

6　始まりの終わりに

　本章を書き終えて数日後に，以前，佐治守夫先生から「君は面接が苦しいだろう，僕は愉しいぞ」と言われた場面と，数年前に，バルダッザーレ女史から「日本人には個人（individuality）はあると思うか？」と問われた場面を思い出した。佐治先生とご一緒したのは，まだまだ最近だと思っていたが，20年が経っていた。また，バルダッザーレ先生の問いかけは，心理療法家としての私に，個人として，男性性と女性性の統合が要請されることを伝えようとしたのではないか。

　スーパーバイザーも，「今ここ」と「あの時あの場所で」という2つの体験を行き来しながら，「私」となっていく。

注

1——欧州共同体加盟国では，学部専門課程から大学院修士課程の4年間で，講義と実習以外に750時間の自己体験が課せられ，課程修了後に8年間のスーパービジョンを受けながらの治療経験の認定を経て国民皆保険制度下の独立心理療法士資格が与えられる。

2——初心カウンセラーへのスーパービジョンを通じて，小学校の崩壊学級の子どもたちの不安を低減する技法を発表した（Nishikawa, 2010）。

3——博士は精神医学者，集団分析家で，イタリア政府が1978年に，精神科治療を病院収容中心から地域中心へと転換した際，精神科の教科書をすべて書き換えた。

4——「甘え：他者の慈悲心への依拠力，または，権威者と従属者の間の相互依存性／いじめ：厄介払いや村八分は，ムラの権力者の利害関係に規定されるもの」（Yamaguchi, 1995, p.71 ; Cohen & Schermer, 2002, p.99）。

5——「生贄の羊現象は，アーロンに関する聖書の物語を起源とする。アーロンは，イズラエル国の原罪を一匹の山羊に懺悔した。彼の懺悔を聞いた山羊は，次に荒野に追放された。おそらく，国の病気は，その山羊と共に期限切れになった」（Moreno, 2007, p.93）。

6——気功－逆腹式呼吸法の四基本形——①練功基礎と温養＝掌を上げるときに吸い，下げるときに吐く。楕円を描く動き。1〜2分間。後，下丹田を温める。②練功模魚＝水面に掌を置いてゆっくりと魚を捜し求める。全身のうねるような動きを楽しむ。掌を身体に鉋を引くように引き寄せるときに吐き，身体から遠ざかるときに吸う。右足が前のときは時計

周りに円を描く。左足のときは逆回り。③天地流通，蓄下丹田，三才練球，開花中丹田＝両腕両掌を上に上げ天気を身体に取り入れ流通させ，下丹田に気を蓄える。両腕両掌を下に向けて地気を身体に取り入れ流通させ，下丹田に気を蓄える。天人地の三才の気を練りあげて球体として掌に作り，中丹田に優しく温かく納める。④天地流通，人柱浄化＝頭からつま先までの全身を天地の気を流通させて人柱を浄化する。

7————筆者は，「頑張ればある」と苦し紛れに答え，同じ問いに林（西川）もも子は，しばらく考えてから「ありません」と答え，女史は満足したのだった。ほろ苦い思い出であるが。

文献

Ancona, L.（2009）Dynamic psychology. In : S. Carta（Ed.）Psychology. Eolss Publisher/UNESCO.
Cohen, B.D. & Schermer, V.L.（2002）On scapegoating in therapy groups : A social constructivist and intersubjective outlook. International Journal of Group Psychotherapy 52-1 ; 89-109.
Erikson, E.H.（1946）Ego development and historical change-clinical notes. Psychoanalytic Study of the Child 2 ; 359-396.
Erikson, E.H.（1956）The problem of ego identity. Journal of the American Psychoanalytic Association 4 ; 56-121.
Howell, E.F.（2005）The Dissociative Mind. Routledge.
石川九揚（2001）日本書史．名古屋大学出版会．
Janet, P.（1889）L'automatisme psychologique : Essai de psychologie expérimentale sur les formes inférieures de l'activité humaine. Alcan.（松本雅彦＝訳（2013）心理学的自動症．みすず書房）
Jung, C.G.（1916/1969）The transcendent function. In : The Collected Works of C.G. Jung 8. Routledge and Kegan Paul, pp.67-91.
Kaës, R.（1993）Le groupe et le sujet du groupe. Dunod.
Kieffer, C.C.（2001）Phases of group development : A view from self psychology. Group 25-1/2 ; 91-105.
Meloy, J.R.（2002）The Psychopathic Mind : Origins, Dynamics, and Treatment. Jason Aronson.
Moreno, J.K.（2007）Scapegoating in group psychotherapy. International Journal of Group Psychotherapy 57-1 ; 93-104.
Neri, C.（2008）Group（International Library of Group Analysis）. Jessica Kingsley.
西川昌弘（2015）日本における心理療法スーパーバイザーの一次的課題．心理相談研究（神奈川大学心理相談センター）．
Nishikawa, M.（2010）Supervisione e gestione della crisi in una classe elementare pubblica. Gruppi 12-1 ; 35-47.
作者不詳：初心者向け気功法．（http://www.geocities.jp/keikojou_1000/kikou/kikou.htm［2017年2月1日閲覧］）
Sullivan, H.S.（1940）Conceptions of Modern Psychiatry. The William Alanson White Psychiatric Foundation.（中井久夫・山口 隆＝訳（1976）現代精神医学の概念．みすず書房）
Sullivan, H.S.（1953）The Interpersonal Theory of Psychiatry. W.W. Norton.（中井久夫・宮崎隆吉・高木敬三・鑪幹八郎＝訳（1990）精神医学は対人関係論である．みすず書房）
Sullivan, H.S.（1954）The Psychiatric Interview. W.W. Norton.（中井久夫・秋山 剛・野口昌也・松川周悟・宮崎隆吉・山口直彦＝訳（1986）精神医学的面接．みすず書房）

上田閑照（1999）実存と虚存．筑摩書房．
上田閑照（2000）私とは何か．岩波書店．
上田閑照（2014）折々の思想．燈影舎．
Yamaguchi, T.（1995）Peace after Hiroshima : Conducting a group of survivors of the atomic bombing. In : M.E. Ettin, J.W. Fidler & B.D. Cohen（Eds.）Group Process and Political Dynamics. International Universities Press, pp.69-72.

14 医学からみた性犯罪

小畠秀吾

> **キーワード** 薬物療法，生理学的理解，ホルモン治療，抗うつ剤，抗精神病薬
>
> **要約** 本邦の刑事施設で行なわれている現行の性犯罪者処遇プログラムは心理療法的アプローチに限定されている。しかし，海外諸国では，性犯罪者に対する治療として精神療法（心理療法）と薬物療法を併用することが多い。本章では，性犯罪の再犯予防に用いられる薬物療法について，薬剤の特徴や使用法，適応や倫理について紹介する。

I 性行動の生理学

　男性の性的活動は，男性ホルモンの一種であるテストステロンによって発現・維持されている。テストステロンは，視床下部－下垂体－性腺のいわゆる HPG axis（図）によって，以下のように産生される。視床下部より放出されたゴナドトロピン放出ホルモン（GnRH）が脳下垂体前葉に作用して黄体化ホルモン（Luteinizing Hormone：LH）と卵胞刺激ホルモン（Follicle-Stimulating Hormone：FSH）の生成・分泌を促す。LH は，精巣の間質細胞（Leydig 細胞）に作用して男性ホルモン（アンドロゲン）の一種であるテストステロンの生成・分泌を促し，一方，FSH は Sertoli 細胞に作用して精子の発育を促進する。テストステロンが増加すると，視床下部と下垂体の双方に働いて GnRH および LH の分泌を抑制し，テストステロ

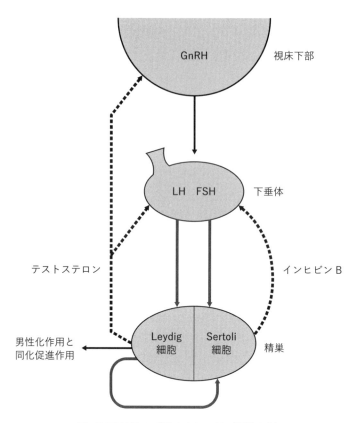

図　テストステロン産生のメカニズム（HPG Axis）

ン産生が増えすぎないように調節する（ダウン・レギュレーション）。標準的な成人男性のテストステロン分泌量は4-9mg／日（13.9-31.33μmol／日）であり，血漿中テストステロン濃度（遊離型および結合型）は300-1,000ng/dL（10.4-34.7nmol/L）である（Ganong, 2005/2006）。

　テストステロンは，思春期以降に増加し，声変わり，体毛増加，性器の増大，勃起・射精，性衝動の高まりなどのいわゆる二次性徴の発現に影響する。成人男性においては，血中テストステロンは視床下部の前方に位置する視索前野のニューロンに働き，性行動を惹起する。ただし，血中テス

トステロンと性行動は単純な比例関係にはない。去勢後数週間以内に血中テストステロン量は検出限界以下になるにもかかわらず、ハムスターでは去勢後 25 週経過しても約半数は性行動を示すとされる（山内・新井，2006）。

このほかに，各種モノアミン神経伝達物質も性行動に関与する。ドーパミン・アゴニスト（Apomorphine, L-DOPA など）の全身投与により雄型性行動が促進されることから，ドーパミンは性行動に促進的に影響すると考えられている。性行動中には視索前野のドーパミンの上昇が観察されるが，これには扁桃体内側核が関与しているとされている。また，ノルアドレナリンも雄型性行動の促進に関わる。一方，セロトニンは雄型性行動を抑制すると考えられている（山内・新井，2006）。

2　性的攻撃性と男性ホルモン

それでは，テストステロン・レベルは，性的攻撃性に関係するのだろうか？　現在のところ，血中テストステロン値と性的攻撃性の相関性は統計的には明らかにされていない（Hucker & Bain, 1990 ; Rada et al., 1983）。ラボック（Raboch et al., 1987）は，Klinefelter 症候群の男性と去勢手術後の男性による性的殺人例を報告した。前者は一次性に，後者は二次性に血中テストステロン・レベルの低下を生じていた。この事例は，テストステロンを下げることが必ずしも性的攻撃行動の絶対的な予防策にはならないことを示唆している。

これに対して，性犯罪者において反社会性パーソナリティ障害（ASP）index と唾液中テストステロン値に正の相関がみられたとする報告（Aromaki et al., 2002）や，強姦犯において新奇希求性と HPG axis の過活動の間に相関がみられたとする報告（Giotakos et al., 2004）もある。つまり，テストステロンと性的攻撃性との間の直接的な関係は証明されていないものの，テストステロン値が性暴力につながりうる性格上の特徴と相関する

可能性は示唆されているとも言える。

いずれにせよ，テストステロン・レベルの低下が男性の性的活動性を軽減させることは確かであり，性欲・性衝動の減少が犯罪的性行動化の抑止につながると考えられ，これが性犯罪者への抗男性ホルモン療法の根拠となっている（Bradford & Harris, 2003）。後述するホルモン治療をテストステロン低減療法（Testosterone Lowering Medication : TLM）と総称することもある。また，外科的去勢に対比して，薬物的（化学的）去勢とも言われる。

3　性犯罪者に対する薬物療法

かつて，諸外国においては，性犯罪者に対する刑罰として外科的去勢が行われた時代があった。外科的去勢は，テストステロンを産生する精巣を摘除することにより，恒常的かつ永続的に血中テストステロンを低レベルに維持するものである。外科的去勢が行われた性犯罪者の再受刑率がきわめて低いことは確認されている（Ortmann, 1980 ; Sturup, 1972）が，対象者の自然な身体機能に不可逆的な変化を人為的かつ強制的に加えることについては倫理的な面から批判も多く，現在では行われることはない。

それに代わり，現在，海外諸国では外科的去勢と異なり影響が可逆的な薬物去勢が行われている。服用を中止することにより性的機能の回復がもたらされる点で，対象者に与えるダメージは外科的去勢よりも少ない。

性犯罪者に対する薬物療法の利点として，性犯罪に関連する多形的なパラフィリアに対して，精神療法では対象者に個別に対応しなければならず，かつ高度の能力と多くの時間を必要とするが，薬物療法では総合的に抑えることができるため経済的であるという意見がある（Bradford & Harris, 2003）。しかし，近年では，薬物療法と精神療法の優劣を論じるよりも，併用による相互補完的な意義を強調する見解のほうが一般的である。たとえば，グーレン（Gooren, 2011）は，対象者の人権に配慮し充分なインフォームド・コンセントがなされた精神療法の包括的な枠組みのなかで用いられ

ることによって，抗男性ホルモン療法は有効性を発揮できるという。

　倒錯的な性行動が完全に抑えられて，かつ健常な性行動が損なわれないかむしろ増幅される，というのが最も望ましい治療効果であろう（Bradford & Harris, 2003 ; Bradford & Pawlak, 1993a）。

1　ホルモン剤

① 抗男性ホルモン

　抗男性ホルモン剤は，精巣での男性ホルモンの産生・分泌を抑制する。臨床的に用いられる抗男性ホルモン剤には，酢酸サイプロテロン（Cyproterone Acetate : CA ／商品名アンドロクール）やメドロキシプロゲステロン酢酸エステル（Medroxyprogesterone Acetate : MPA ／商品名プロベラ，ヒスロン）がある。前者は思春期早発症，前立腺がんの治療薬として，後者はおもに婦人科領域で，無月経，子宮出血などの治療薬として用いられる。抗男性ホルモンは，テストステロンの産生を抑えることにより性的活動性を減退させるものであり，性的嗜好の方向性には影響しない。CA もMPA も経口服用は可能であるが，持効性注射剤（デポ剤）での使用が一般的である。

　CA は，アンドロゲン受容体に結合することでテストステロンの受容体への結合を競合的に阻害し，抗男性ホルモン作用を示す。さらに，CA は下垂体からのゴナドトロピン分泌も抑制し，精巣でのテストステロン産生を減少させる。この生理学的機序が性犯罪者の治療に応用される。たとえば，小児性愛者，強姦犯 19 名を対象とする CA 50-200mg ／日投与群とプラセボ群，無治療群の二重盲検による比較調査では，CA 投与群においてテストステロン量および性的興奮，性的空想，性的活動性の有意な減少がみられている（Bradford & Pawlak, 1993b）。また，17 名の小児性愛者に対して CA 50-200mg ／日を投与したところ，テストステロン値の高かった 7 例でテストステロン値の低下がみられ，非倒錯的な性刺激よりも倒錯的な性刺激に対する陰茎の勃起が減少したが，非倒錯的な性的空想と生理的勃

起も減少したという（Bradford & Pawlak, 1993a）。

　一方，MPA はプロゲステロン（女性ホルモン）であるが，男性では視床下部にネガティブフィードバックとして作用し，LH 放出ホルモンの分泌を減らし，その結果，LH の分泌を抑制する。これによりテストステロン産生が抑えられ，血中テストステロンは 100-250ng/dL 程度に減少する。また，MPA は精子の産生も減少させる。性犯罪者治療について言えば，MPA デポ剤 400-800mg ／週・筋注を用いた群（40 名）では，心理療法のみの群（21 名）より再犯率が低かったとする報告がある（Meyer et al., 1992）。また，MPA 治療の有効性の比較的大規模な検証例として，Oregon depo-Provera Program が挙げられる。米国オレゴン州では，2000 年から性犯罪受刑者の出所に先立ち MPA（デポ・プロベラ®）による再犯リスク軽減が見込めるか否かの評価が義務づけられた。これに基づき，2000 〜 2004 年の間に 275 名が評価され，このうち 134 名が MPA 治療の適応があると判断された。MPA 治療を受けた 79 名，MPA 治療の適応がありながら治療を受けなかった 55 名，MPA 治療の適応がないと判断された 141 名を 5 年間追跡して比較したところ，MPA 治療を受けた群では性犯罪の再犯がなく，他の 2 群に比べて性犯罪以外の犯罪も有意に低かったという（Maletzky et al., 2006）。

　このように CA，MPA ともに，その使用によって性犯罪者の性的活動性が低下し，再犯率が減少することが報告されている。クーパーほか（Cooper et al., 1992）の調査では，CA と MPA の有効性は同程度であるという。

　抗男性ホルモンの副作用としては，食欲増大とそれに伴う体重増加，血糖値上昇，抑うつと攻撃性，貧血，骨粗鬆症，胆嚢炎と胆石，女性化乳房，肺塞栓などが挙げられる。このため，糖尿病や肺疾患，心疾患，血栓症などをもつ者に対しては使用を控えるべきである。また，MPA の使用により精子の形成不全を生じる可能性があり，これが胎児の先天奇形の原因となりうるため，MPA の使用中は避妊することが望ましいとする見解もある。

　本邦では，かつて中田（1986）が性犯罪者に対する CA の有効性を文献的に紹介した。また，小畠ほか（2000）は痴漢行為を繰り返した窃触症の

男性に対する MPA の使用経験を報告している。しかし、性犯罪者に対する抗男性ホルモン療法は保険適応の対象にならないため、本邦ではほとんど行われていない。

② ゴナドトロピン放出ホルモン拮抗剤

　HPG axis では、視床下部から分泌された LH 放出ホルモン（LHRH）が下垂体の LH 分泌を促進し、LH は精巣の Leydig 細胞に作用してテストステロンの産生・分泌に関わる。LHRH 拮抗剤（薬物名 Leuprolide Acetate）は、下垂体の LH の分泌を抑制することでテストステロンの産生を選択的に抑制する。子宮筋腫や子宮内膜症、前立腺がんの治療に用いられるが、海外では 1990 年代から性犯罪者治療にも用いられるようになった。当初は副作用がきわめて少ないとうたわれていたが、現在は LHRH 拮抗剤にも重大な副作用があることが知られている。最も注意するべき副作用は骨密度の低下および骨粗鬆症であり、定期的に骨密度の検査を行う必要がある。このほかに、体毛の減少、女性化乳房、易疲労などの副作用が知られる。副作用の多くは可逆的であるが、骨粗鬆症と女性化乳房は比較的長期化することもある。

　また、LHRH 拮抗剤は、長期間使用により LH の分泌を抑えるが、使用開始後 2～4 週の間はむしろ LH の分泌が上昇し、精巣でのテストステロン産生が活発化するため性欲の亢進をもたらすことがある（燃え上がり現象）。このため LHRH 拮抗剤の使用開始後 1 カ月間は CA や MPA などとの併用が望ましい。

　クーほか（Koo et al., 2014）は、Leuprolide Acetate を 3 カ月間投与した群と 6 カ月間投与した群について、断薬後 12 カ月間、血中テストステロンと性衝動および性的空想を継続的に観察したところ、前者は断薬後 2 カ月で血中テストステロンがフレアレベルまで上昇し、性衝動と性的空想が亢進したが、後者では断薬後血中テストステロンは徐々に基準値に近づき、追跡期間中基準値以上を維持していたことを報告している。性的空想質問票（Sex Fantasy Questionnaire : SFQ）のスコアは、前者は治療前のレベルに

戻ったが，後者は低いままであった。ここからクーたちは，持続的な治療効果を得るためには Leuprolide Acetate の投与を最低 6 カ月は継続するべきであると提言している。

2 抗うつ薬

性犯罪者治療に抗うつ薬が用いられる根拠は，次のようにまとめられる。

❶ 累犯の性犯罪にはしばしば強迫性が認められること――ペリルシュタインほか（Perilstein et al., 1991）は，気分障害を有さない性倒錯的性犯罪者 3 例（小児愛，露出症，窃視症／窃触症）について，その性倒錯の強迫性に着目し Fluoxetine を投与したところ有効であったという。

❷ 通常は副作用とみなされる性欲低下が治療的効果として期待されること――先述のように，セロトニンは雄型性行動に対して抑制的に作用すると考えられている。現在，精神科臨床で用いられる抗うつ薬の主流である選択的セロトニン再取り込み阻害薬（SSRI）は，血中のセロトニン・レベルを上げることにより性欲を低下させる。

❸ 反復的性犯罪者ではしばしば抑うつ状態を伴い，抑うつに伴って性的倒錯や性欲亢進を生じることがあること――カフカ（Kafka, 1991）は，サディズム，マゾヒズム，フェティシズムなどの性嗜好障害を伴う 10 例に対して抗うつ薬（Fluoxetine, Imipramine など）を使用したところ，9 例で改善がみられたと報告している。カフカによれば，これらの症例は気分障害を有し，抗うつ薬により気分障害が改善したためその症状である性的倒錯が改善したのだという。

❹ 露出や覗きなどには社交不安障害（SAD）による求愛障害（courtship disorder : Freund, 1990）が影響している可能性があること。

文献上は SSRI の使用報告が多い。性犯罪者への SSRI の使用にあたって

は，抗うつ薬にみられる一般的な副作用（口渇，便秘，嘔気，体重増加など）に加えて，服用開始後や増量後の賦活症候群による性的攻撃性の増大に注意を払う必要がある。

本邦では，堀（2006）がフェティシズムから下着窃盗に及んだ男性に対するParoxetineの使用経験を報告している。この事例では衝動的な暴力行為も伴っていたため，下着窃盗と暴力行為を衝動制御障害ととらえ，Paroxetine 10-20mgを使用したところ，下着窃盗の衝動とイライラ感の減退がみられたという。妻との性交は一時的に減ったが，回復した。しかし，妻に下着を着用させたままでの性行為を好むといったフェティシズム傾向には変化はみられなかったという。

3 抗精神病薬

先述のようにドーパミンは雄型性行動に促進的に影響するが，抗精神病薬はドーパミンの神経伝達を抑制することによって男性の性行動を抑制させると考えられる。また，抗精神病薬は，高プロラクチン血症を引き起こし，これが下垂体からのゴナドトロピンの産生を抑える。これらの機序から，性犯罪者の治療に抗精神病薬が試用された時期があったが，錐体外路障害をはじめとする各種副作用が顕著であるため，現在はほとんど用いられない。

4 性犯罪者に対する薬物治療の適応と倫理

化学的去勢は，性機能の回復を期待できる可逆的な治療であるとはいえ，対象者の生理的機能を奪うだけでなく尊厳を損なうものでもある。それだけに，その適用にあたっては，この治療がもたらすメリットとデメリットを慎重に比較し吟味する必要がある。また，投薬は再犯防止という治療の文脈で行われるものであり，犯した罪への処罰として性機能を剥奪するためのものではないことはよく弁えておくべきである。

ベルギーの生命倫理専門家会議（2006）は，以下のすべての条件を満たす場合のみ性犯罪者への投薬が行われるべきであるとする――❶対象者は精神科医による綿密な診察によって性嗜好障害と診断されている，❷ホルモン治療は特定の徴候，症状，行動を標的として対象者の健康状態に適した形で行われる，❸対象者は自らの健康や他者の身体的・道徳的安全を深刻に損なう重大なリスクを伴う状態にある，❹これよりも侵襲性の低い治療手段がほかに得られない，❺担当医が対象者に告知し，その同意を得ること，投薬および身体面まで含めた状態管理の責任を負うことに同意している，❻投薬も含めた治療プランは明記されており，適宜見直され，必要に応じて修正される。

　ロスシュタイン（Lothstein, 1996）は，性犯罪者への薬物治療の適応の指標として，❶児童および成人に対して繰り返す性的暴力による有罪判決歴があること，❷強迫的で鮮明な性的ファンタジーが存在すること，❸退行的な性的行動化を伴う統合失調症患者，❹標的とする性的対象を強迫的に探す行動がみられること，❺染色体異常による過剰な性的活動がみられること，❻認知症や潜行性の脳器質的障害による性的逸脱行動が存在すること，を挙げている。また，マーヴァスティ（Marvasti, 2004）は，❶再犯リスクが高いこと，❷精神疾患を伴うこと，❸嗜癖のレベルに達するほど過剰で強迫的な性的活動性の亢進，❹過去の治療の失敗歴，❺認知療法的試みでは行動を制御できないほどの過剰な性欲，を挙げている。

　米国オレゴン州では，2000年から性犯罪出所者に対するMPA治療の適応の評価が義務づけられているが，この評価のためにdepo-Provera尺度（表1）が開発された（Maletsky & Field, 2003）。近年，ドイツの司法精神病院の医師に対する調査でもdepo-Provera尺度の項目はおおむね妥当なものと受け取られており，これを用いることによって性犯罪者に対する薬物治療の可否をより構造的に捉えることができるとされている（Turner et al., 2014）。

　ブラッドフォードとハリス（Bradford & Harris, 2003）は性犯罪者の薬物治療のアルゴリズムを提唱したが，これをもとに，2010年にはティボーと世界生物学的精神医学会（WFSBP）（Thibaut et al., 2010）がパラフィリ

表1 depo-Provera 尺度

01. 複数の被害者がいる	1
02. 複合的性倒錯傾向がある	1
03. 偏向的な性的行動 *	1
04. プレチスモグラフや Abel Screen によって倒錯的な性的関心の存在が確認される *	2
05. 被害者と生活を共にしていない	1
06. 複合的性倒錯傾向がある	1
07. 男性の被害者がいる *	2
08. 出所予定時に 30 歳以下である	1
09. 中枢神経系の機能障害（発達障害や脳外傷）がある *	2
10. 精神疾患の既往歴がある	1
11. 地域でのスーパービジョンを受けている間に性的問題を起こしたことがある	1
12. 施設内で性的問題を起こしたことがある	1
13. 性犯罪者のための治療を受けて失敗したことがある	2

3項目以上に該当する場合，*印のついた項目の2つ以上に該当する場合，合計6点以上になる場合には depo-Provera の使用を検討するべきとされる。

アの薬物治療のためのガイドライン（表2）を作成した。このガイドラインの利用によって，科学的に裏打ちされ，倫理的にも適切な薬物治療が行われることが期待される。

4 展望

本章では，性犯罪者に対する薬物治療とその適用上の倫理や払うべき配慮について概説した。本邦では，服役している性犯罪者に対する抗男性ホルモン剤使用はまだ制度化されていないが，心理療法的アプローチに基づく性犯罪者処遇プログラムがある程度定着し，その効果と限界がみえてきたところでもあり，あらためて薬物治療の選択肢を積極的に検討してもよい時期であろう。

表2　性嗜好異常の薬物治療のアルゴリズム

Level 1	
目標：適応的な性的活動と性的欲求には影響を与えずに，倒錯的な性的空想，強迫，行動をコントロールする。	精神療法（可能であれば，認知行動療法が望ましい。他の精神療法では治療効果のエビデンスがない）。
Level 2	
目標：適応的な性的活動と性的欲求への影響を最小にとどめ，倒錯的な性的空想，強迫，行動をコントロールする。	SSRI：強迫性障害（OCD）の治療と同等の処方量まで増量（例：Fluoxetine 40-60mg／日あるいは Paroxetine 40mg／日）。
対象：すべての軽症例（性暴力のリスクの低い非接触型の性嗜好異常。たとえば，強姦のリスクのない露出症者，小児性愛者）に適応可能。Level 1 の治療で充分な効果を得られない。	
Level 3	
目標：適応的な性的活動と性的欲求への影響を中等度伴いながら，倒錯的な性的空想，強迫，行動をコントロールする。	SSRI に低用量の抗男性ホルモン（例：酢酸サイプロテロン（CA）50-100mg／日）を追加。
対象：性器挿入を伴わない接触型の性嗜好異常。性的サディズム以外の倒錯的な性的空想。Level 2 での高用量 SSRI 4〜6 週使用後，充分な効果を得られない。	
Level 4	
目標：性的活動や性的欲求を相当損なうが，倒錯的な性的空想，強迫，行動をコントロールする。	第 1 選択：酢酸サイプロテロン（CA）経口 200-300mg／日あるいは 200-400mg 筋注毎週ないし隔週。CA が使えない場合はメドロキシプロゲステロン酢酸エステル（MPA）50-300mg／日。不安症状，抑うつ症状，強迫症状を合併する場合は，SSRI を併用してもよい。
対象：中等度あるいは高度の性暴力リスク（強制的な性的接触を伴う重度の性嗜好異常，被害者の数は限定的）。性的サディズムの空想や行動がない（もしあれば Level 5 に）。治療遵守的患者：そうでなければ Level 5 に。Level 3 の治療で充分な効果を得られない。	
Level 5	
目標：性的活動，性的欲求のほぼ完全な抑制を伴う，倒錯的な性的空想，強迫，行動のコントロール。	持続性 GnRH 拮抗剤，すなわち Triptorelin あるいは Leuprolide Acetate 3mg／月。テストステロン値測定 GnRH 拮抗剤による治療。燃え上がり現象を予防し，それに伴う性的行動化をコントロールするために，GnRH 治療に加えて（GnRH 開始 1 週間前および開始後 1 カ月間），酢酸サイプロテロンも使用する。
対象：性暴力のリスクが高い，重度の性嗜好異常／性的サディズムの空想／行動，あるいは身体的暴力を伴う。治療遵守不良，あるいは Level 4 の治療で充分な効果を得られない。	
Level 6	
目標：性的活動・性的欲求の完全な抑制を伴う，倒錯的な性的空想，強迫，行動のコントロール。	GnRH 拮抗剤に加えて，抗男性ホルモンを使用：たとえば，酢酸サイプロテロン（CA）（経口 50-200mg／日あるいは 200-400mg 筋注毎週ないし隔週），CA が使用できない場合は，メドロキシプロゲステロン酢酸エステル（300-500mg 筋注／週）。SSRI を追加してもよい。
対象：最重度の性嗜好異常。Level 5 の治療で充分な効果を得られない。	

文献

Aromaki, A.S., Lindman, R.E., & Eriksson, C.J.（2002）Testosterone, sexuality and antisocial personality in rapists and child molesters : A pilot study. Psychiatry Res 110-3 ; 239-247.

Bradford, J. & Harris, V.（2003）Psychopharmacological treatment of sex offenders. In : R. Rosner（Ed.）Principles and Practice of Forensic Psychiatry. 2nd Edition. Arnold, pp.685-698.

Bradford, J. & Pawlak, A.（1993a）Effects of cyproterone acetate on sexual arousal patterns of pedophiles. Archives of Sexual Behaviour 22 ; 383-402.

Bradford, J. & Pawlak, A.（1993b）Double-blind placebo crossover study of cyproterone acetate in the treatment of the paraphilias. Arch. Sex. Behav 22-5 ; 383-402.

Cooper, A. J., Sandhu, S., Losztyn, S. et al.（1992）A double-blind placebo controlled trial of medroxy-progesterone acetate and cyproterone acetate with seven pedophiles. Can. J. Psychiatry 37-10 ; 687-693.

Freund, K.（1990）Courtship disorder. In : W.L. Marshall, D.R. Laws & H.E. Barbaree（Eds.）Handbook of Sexual Assault. Plenum, pp.195-207.

Ganong, W.（2005）Review of Medical Physiology. 22nd Edition. The McGraw-Hill Companies.（岡田泰伸ほか＝訳（2006）ギャノング生理学原書 22 版．丸善）

Giotakos, O., Markianos, M., Vaidakis, N. et al.（2004）Sex hormones and biogenic amine turnover of sex offenders in relation to their temperament and character dimensions. Psychiatry Res 127-3 ; 185-193.

Gooren, L.J.（2011）Clinical review : Ethical and medical considerations of androgen deprivation treatment of sex offenders. J. Clin. Endocrinol. Metab. 96-12 ; 3628-3637.

堀 正士（2006）反復する暴力行為と下着窃盗に対して paroxetine が奏功したフェティシズムの 1 例．精神医学 48-4 ; 443-446.

Hucker, S.J. & Bain, J.（1990）Androgenic hormones and sexual assault. In : W.L. Marshall, D.R. Laws & H.E. Barbaree（Eds.）Handbook of Sexual Assault. Plenum, pp.93-102.

Kafka, M.P.（1991）Successful antidepressant treatment of nonparaphilic sexual addictions and paraphilias in men. J. Clin. Psychiatry 52 ; 60-65.

Koo, K.C., Ahn, J.H., Hong, S.J. et al.（2014）Effects of chemical castration on sex offenders in relation to the kinetics of serum testosterone recovery : Implications for dosing schedule. J. Sex. Med. 11-5 ; 1316-1324.

Lothstein, L.M.（1996）Antiandrogen treatment for sexual disorders. Sexual Addiction & Compulsivity 4 ; 313-331.

Maletsky, B.M. & Field, G.（2003）The biological treatment of dangerous sexual offenders : A review and preliminary report of the Oregon pilot depo-provera program. Aggression and Violent Behavior 8 ; 391-412.

Maletzky, B.M., Tolan, A., & McFarland, B.（2006）The Oregon depo-provera program : A five-year follow-up. Sexual Abuse : A Journal of Research and Treatment 18-3 ; 303-316.

Marvasti, J.A.（Ed.）（2004）Psychiatric Treatment of Sexual Offenders : Treating the Past Traumas in Traumatizers. Charles C Thomas Publishers.

Meyer III, W.J., Cole, C., & Emory, E.（1992）Depo provera treatment for sex offending behavior : An evaluation of outcome. Bull. Am. Acad. Psychiatry Law 20-3 ; 249-259.

中田 修（1986）Hypersexuality に対する抗アンドロゲン療法．日獨医報 31 ; 224-236.

小畠秀悟・森田展彰・佐藤親次（2000）パラフィリアの治療．In：牛島定信・山内俊雄＝編：臨床精神医学講座 S4──摂食障害・性障害．中山書店，pp.457-464.

Ortmann, J.（1980）The treatment of sexual offenders : Castration and antihormone therapy. Int. J. Law Psychiatry 3 ; 443-451.

Perilstein, R.D., Lipper, S., & Friedman, L.J.（1991）Three cases of paraphilias pesponsive to fluoxetine treatment. J. Clin. Psychiatry 52-4 ; 169-170.
Raboch, J., Černá, H., & Zemek, P.（1987）Sexual aggressivity and androgens. Br. J. Psychiatry 151 ; 398-400.
Rada, R., Laws., D., Kellner, R. et al.（1983）Plasma androgens in violent and non-violent sex offenders. Bull. Am. Acad. Psychiatry Law 11 ; 149-158.
Sturup, G.（1972）Castration : The total treatment. In : H.L.P. Resnick & M.F. Wolfgang（Eds.）Sexual Behavior. Little Brown.
Thibaut, F., De La Barra, F., Gordon, H. et al.（2010）The World Federation of Societies of Biological Psychiatry（WFSBP）Guidelines for the biological treatment of paraphilias. World J. Biol. Psychiatry 11-4 ; 604-655.
Turner, D., Basdekis-Jozsa, R., Dekker, A. et al.（2014）Which factors influence the appropriateness of testosterone-lowing medications for sex offenders? : A survey among clinicians from German forensic-psychiatric institutions. World J. Biol. Psyciatry 15-6 ; 472-478.
山内兄人・新井康允＝編（2006）脳の性分化．裳華房．

15 日本における性犯罪者処遇の今・昔・未来

中村 修

> **キーワード** 治療的・教育的処遇, グループ, 仲間, 連鎖, 循環, 悪循環, 抵抗
>
> **要約** 平成18 (2006) 年に始まる刑事施設の性犯罪者処遇プログラムは治療的・教育的処遇であり, それは矯正行政における大きなパラダイムの変化の象徴であった。性犯罪者処遇プログラムは, 科学的な研究に基づくプログラムを組織的に行うものであり, その理論的背景, 受講者の調査と選定, プログラムの具体的内容, そしてプログラム担当者として女性が参加するといったことまで, 数年前には予想もできない大変革であった。
> この大変革は, 平成16 (2004) 年11月の奈良の幼児誘拐殺人事件に端を発するものと思われがちである。しかし, 治療的・教育的処遇に向かう確かなうねりは, それ以前から存在しており, 今も続いている。本章ではそのうねりを, 主に人の関係やグループのあり方の側面から考察する。

1 性犯罪と治療的・教育的処遇

多くの人は漠然と「この世の中は安全である」と信じて生きている。「明日, 突然の不幸に襲われてしまうだろう」と予想する人は少ないだろう。一方, 犯罪者は「この世の中は安全ではない」と感じているように見える。「この世の中は安全である」と感じることは人にとって必要であり, この安全感があってこそ, 人は世の中を信じ, 自らの人生に立ち向かっていける。

刑務所に新たに入ってきた初犯の性犯罪受刑者に話を聞くと, 彼らの多

くが「もうしません。刑務所は懲りました」と言う。しかし，少し処遇プログラムを進めると，彼らは「再犯しない自信はないが，刑務所で辛い思いをしたから犯罪はしないと思う」と言う。さらにもう少し詳しく聞いていけば，「犯罪のスリル，ワクワク，ドキドキが忘れられない」と言う者も少なくない。このような意見から，彼らにとって性犯罪が魅力的であり，彼らの生活の一部になっていることがわかる。彼らにとって性犯罪を行わない生活は味気なく，つまらないものなのかもしれない。犯罪のない楽しい生活を思い描くことは難しい場合もあるのかもしれない。

　このような性犯罪者に処遇プログラムを行うことは，ある意味，彼らが魅力を感じているものを取り上げようとする試みと言えるだろう。

　たとえば，「薬物をやめなさい」と言われた薬物依存のある受刑者はどう答えるだろうか。普通は「はい，わかりました」と答えるが，内心では，「やめられるものなら，とっくにやめているさ」と思っているかもしれない。「余計なお世話だ。お前たちに薬物のことなんかわからない」「薬物は三度の飯と同じだ」「薬物なんか，やめようと思えばいつでもやめられる」として，変化のきっかけを拒絶したり，問題を否認したりしていることもあるだろう。他人が彼らに薬物の問題に気づかせようとすればするほど，彼らは否認で対抗しようとしがちである。そして，対抗しているうちは，依存の現実に気づきにくい。

　性犯罪をやめることにも同じことが言えるだろう。どんなに性犯罪が悪いか説明を尽くしたとしても，性犯罪者処遇プログラムの受講者が，単に「犯罪をやめなさい」と言われていると受け取っているうちは，変化は起こらない。受講者自身が，自らの「性犯罪の現実」を洞察し，異なる視点を手に入れるきっかけをつかみ，自らを変えると決断し，犯罪のない生活のスキルを得て，初めて犯罪をやめることができる。犯罪者は，そういう経験をしたと感じ，新しい生活に意味があると感じることによって，犯罪のない生活を続けることができる。刑務所での治療的・教育的処遇はそのような経験を促すことを目指している。

2 治療的・教育的処遇の黎明期

　犯罪者の改善更生は刑事施設の使命である。一口に改善更生といっても，一方の極には刑事政策の厳罰化の潮流がある。たしかに「厳しい指導」は何よりも一般社会の理解を得やすい。しかし，刑罰を厳しくして「犯罪をやめなさい」と迫るだけでは再犯は減らないと，多くの先人たちは気づいていた。

　そういった気づきは，科学的な査定を行い，科学的な処遇を行おうとする試みを促した。そして，昭和30（1955）年以降，本邦の各地の刑務所でグループカウンセリングを中心とした処遇実践の試みがなされるようになる（昭和31（1956）年8月の『刑政』誌（第67巻第8号）では集団処遇特集が組まれている）。これらは，治療的・教育的処遇の試みであり，当時の欧米諸国における人間主義的な心理学の影響を色濃く受けるとともに，新生民主主義国家としての意気の表れであったとも言えるだろう。

　そうした流れのなかで，1970年代の前半，市原刑務所でグループカウンセリングを実施した吉武（1975）は，「現実のグループカウンセリングはつまずきの連続」「グループとしての連帯感，話し合いによって問題解決を図ろうとする雰囲気はなかなか生まれてきません」と綴っている（p.48）。その理由として，❶強制的に行われていて，動機づけがない，❷グループ構成が画一的になりやすく，適さないものまでもグループに入れられてしまう，❸メンバーが四六時中一緒に生活していて，グループでの発言が日常生活に影響を及ぼすのではないかとメンバーが防衛的になりやすい，❹職員に対する警戒心が強い，という4つを挙げている。そして，吉武の見るカウンセリング対象者は，「他の者が熱心に話していても我関せずとして座っている者，話が刑務所の食事とか，他の収容者の噂のような卑近なものになると急に生き生きとして目を輝かして話し始めるのに，これからの生き方というような一寸深まった話題になると黙り込んでしまうもの，男としての面目に関わるからグループ内では自分の本心など話せ

るものかと居直るもの等々」(p.48)であり，決して肯定的なものではなかった。吉武は彼らの動機づけの低さと抵抗に直面して，自らの自己効力感を下げ，受刑者たちを否定的に見たのであろうか。そこには吉武の高い見識と情熱ゆえの落胆もあったと思われる。

　しかし，その後も多くの施設で，治療的・教育的処遇の試みは続いていた。たとえば，平成6（1994）年の『刑政』誌に，川越少年刑務所における処遇類型別指導についての記述がある。この指導は，「指導の必要がある受刑者とは再犯の可能性が高い受刑者ではないか」との考えから，昭和63（1988）年中に出所した712名の受刑者のうち同年中に再入した49名について分析し，（ア）財産犯，薬物犯が多い，（イ）知的障害域の者が多い，（ウ）無職の者が多い，（エ）少年院施設歴のある者が多い，という結果に基づき，覚せい剤教育型，精神発達遅滞型，非社会型，徒遊型の処遇類型別指導を平成元（1989）年9月に開始したとある。さらに平成2（1990）年9月から，「再入率は必ずしも高くはないものの，きめ細かい指導を要する」として，性犯罪者の類型を加えている（川越少年刑務所処遇類型別指導準備会，1994）。

　再犯の危険性の高いものに指導を行い，再犯リスクの低下に必要なものを突きとめるという考え方は，効果的な処遇の原則とされる現在の「RNR原則」（コラム❷参照）の考え方に近い。

　さらに，処遇技法の基本を「聴くこと」とし，グループの雰囲気を打ち解けたものにしてこそグループがその力を発揮すると想定し，一旦そうなれば，あとはグループ自体が「仕事をする」という考え方もあったようである。やや楽観的すぎるが，そこには若年受刑者処遇への自信と更生を目指す受刑者への信頼が感じられる。そして，処遇を共に行う仲間，グループの存在がその背景にあったように思われる。

　当時，川越少年刑務所に勤めていた筆者の記憶では，この職員グループは同志集団的な色彩をもつグループで，制度的な枠組みはやや脆弱であった。さらに，プロジェクト・グループとしての継続性や発展性の面でも十分ではなかった。

その数年後，筆者は，イギリスの性犯罪者処遇プログラムのマニュアルに触れる機会があった。80セッションもあるそのマニュアルを見て，「退職までにこんなプログラムを行うことは決してないだろう」と，遠い落日を見るような気持ちになったことを覚えている。筆者は，性犯罪者に対する処遇類型別指導において，受講者の自己開示をベースとしたグループワークではうまくいかないと感じており，何よりも，指導を受けた性犯罪者の再犯率が少なくないことも経験的に知っていたのである。

　このような科学的な処遇を目指す取り組みの多くは処遇類型別指導として，昭和62（1987）年4月の「刑事施設法案」国会再上程の頃から，来たるべき新法下での特別改善指導（コラム❶参照）の準備として，全国の多くの施設で行われるようになっていた。しかし，当時の法的な枠組みでは，「法律が労働を強制する目的の一つに，労働習慣の付与と規律ある生活を通して改善更生を図ることにあるのであるから，指導後は，断薬の意思を強固に持たせて定役に服させ，所内生活に良い影響を与えることが第一の狙いとなる」（岡田，1997，p.37）といった考え方もあった。そして，処遇類型別指導を受けることは受刑者の任意であり，指導を拒否することもできたのである。

3　性犯罪者処遇プログラムの実施

　平成18（2006）年に始まる刑事施設の性犯罪者処遇プログラムの流れを簡単に整理しておこう。平成16（2004）年11月，奈良で幼女誘拐殺害事件が起こった。この事件は，その犯罪の異様さで世間の耳目を集めることになったが，加害者に受刑歴があり，刑務所では性犯罪についての指導や教育が行われていなかったことも明らかになった。そして，刑務所での性犯罪に対する指導の不足に，社会からの厳しい目が向けられた。

　翌平成17（2005）年4月，法務省は外部の専門家からなる性犯罪者処遇プログラム研究会を立ち上げた。そして矯正局および保護局それぞれか

ら，現場職員も含むメンバーが選出され，特別に編成されたワーキング・グループを中心として，新たな処遇プログラム策定に向けて作業に取り組むこととなった。

　一方，平成17(2005)年5月，「刑事施設及び受刑者の処遇等に関する法律」が成立し，翌平成18 (2006) 年5月に施行されることになった。全国で，性犯罪受刑者に対するスクリーニングや半構造化面接などによってリスク査定が行われ，受講者が選定され，処遇プログラムを受けることは「義務」とされた。まず全国で18の施設がプログラム実施施設に指定され，このプログラムを行うための職員が新たに指名された。このプログラムは，カナダにおける実践と科学的裏づけのある治療プログラムを参考に構成されており，高密度で64セッション（当時）とボリュームがあった。こうして短期間で本格的な治療プログラムを一気に導入するという大きな変革を，日本の矯正施設は成し遂げた。

　それだけに，性犯罪者処遇プログラムの実施には大きな困難が伴った。多くのプログラム担当者たちは，突然の転勤に伴う勤務環境の変化に加えて，各施設において，まったく新しい処遇プログラムを立ち上げるという，自らにとっても未知の大きな課題に直面したのである。しかし，「少年院から来た「教官」ならすぐに処遇プログラムくらいできるだろう」と思われたり，受刑者が「プログラムに出たくない」と言って刑務作業まで拒んだ結果，他のセクションとの関係調整が難しくなったりもした。「性犯罪者処遇プログラムのために現場はガタガタだ」「性犯罪者処遇プログラムを特別扱いするな」という意見もあったと聞く。

　セッションでも「警察，検察，裁判で自分を全部否定された。同じ思いはしたくない」「事件のことを話すのは恥ずかしい。情報が漏れたらどうしてくれるんですか」「なぜ犯罪のことをさらけ出す必要があるんですか」といった声もあり，受講者の抵抗は大きかった。このような状況の大きな変化に対する受講者の不満と不安および恐れは，プログラムの具体的内容に対する抵抗，プログラム担当者への反抗的・批判的な態度という形を取った。プログラム担当者は30年以上前に吉武光世たちが直面した問題，動

機づけの乏しさと抵抗に直面していた。

　しかし，このとき科学的な知見が性犯罪者処遇プログラムを提供する我々の味方になってくれた。刑事施設の受刑者に対して処遇を提供する際に抵抗が生じるのは，ある意味当然であり，プログラム担当者がそのような抵抗に対してどのように対応するかが処遇効果を左右すると指摘されていた。すなわち「セラピストの情緒的な関わりや関与，肯定的な感情をクライエントが受け取ることは，治療が価値あるものと受け入れることができるかどうかや，治療プロセスに関わる意欲を左右する」（フェルナンデス，2010, p.260）というものである。抵抗を示すことは，受講者の参加の仕方のひとつのスタイルであり，プログラム担当者は，受講者の不満と不安および恐れといった否定的感情に共感的に関わることが求められた。受講者にプログラムに対する否定的感情があるにもかかわらず参加しているという事実に対して，プログラム担当者は肯定的な態度を示すことを求められた。

　平成22（2010）年2月，カナダのビル・マーシャル博士が，川越少年刑務所を訪れた。このとき博士は，以下のような言葉を残された。

❶良いプログラム担当者の特徴――（1）暖かさ，（2）共感，（3）励ますこと，（4）ガイダンスを提供すること。
❷良いグループの特徴――（1）凝集性（すべてのメンバーがお互いを支え合い，お互いを尊敬する），（2）表現性（すべてのメンバーがすべての問題について話す，メンバーが自らの感情を自由に表す）。

　そして実際，その頃には，多くのプログラム担当者が，「良いプログラム担当者」の特徴を理解し，良いグループを行うことができるようになっていた。

　そして我々プログラム担当者は，日々直面する問題に夢中になって取り組むうちに，それぞれの職場で共に働く仲間になっていた。先述したように，刑務所内で当初このプログラムを必ずしも歓迎していなかったスタッ

フも，すでにプログラムの遂行を陰になり日向になり支えてくれる仲間となっていた。矯正局が招集する「ワーキング・グループ」も仲間となった。毎年の研修で顔を合わせる仲間もできた。そうした仲間（グループ）が一人ひとりのプログラム担当者を支え，プログラム担当者に力を与えていた。

4 性犯罪者処遇プログラムの未来

　このように発展を遂げてきた刑事施設の性犯罪者処遇プログラムであるが，この先も，きっと山あり谷ありであろうと予測する。まず，プログラム担当者にとって，性犯罪者処遇プログラムにおいて性犯罪の内容を聞くことは，今後も決して愉快な体験にはならないだろう。受講者の再犯の知らせに落胆することもあるだろう。さらに，プログラム担当者間での意見の違いや担当者間の関係が重荷になることも多く，多様なストレスと共に進んでいくことになるだろう。

　しかし，ここでも「グループ」を活用していくことができる。プログラム担当者は，さらに自分たちのあり方と関係について自覚を深め，互いをサポートし，互いの違いを認め，表現し，さまざまな自分たちのグループを成長させていく必要がある。今，筆者たちプログラム担当者はそれに気づいており，プログラム担当者のグループの成長という仕事に取り組みはじめている。そういうことができてこその治療的・教育的処遇であるが，現状は，まだ船出して 10 年と少しであり，挑戦は始まったばかりである。

　性犯罪者処遇プログラムの遂行は「加害者臨床」である。犯罪の被害に遭われた方や関係する方々から見れば，本章の内容に心穏やかでない部分も多いだろう。しかし，多くの被害者同様，加害者も再犯をしないための「援助」を必要としている。さらに言えば，加害者側にも性被害体験がある場合，適切なサポートなくして，この被害体験が加害へと転じるという否定的な連鎖や悪循環を断つことは難しいこともある。

　これまで刑務所における加害者臨床は，他機関・他職種との連携を欠く

ことも多かったと言わざるを得ない。しかし，性犯罪者処遇プログラムは，保護観察，その他の社会内処遇との接点や連続性を気に留めて進むことになるだろう。私たち矯正領域にある組織は保護観察との連携をさらに深める必要があるし，他の分野にも連携の輪を広げ，さらに大きな関係をつくっていく必要があるだろう。それは，私たちの仕事を，より大きな「グループ」の一部として肯定的な連鎖や循環につなげていくというイメージである。

プログラム担当者がそういった連携の実感を得ることができれば，プログラム担当者のメンタルヘルスもより高まり，意欲も高まるだろう。

5　肯定的関係における学びと成長

性犯罪者の多くは，性犯罪を行うことによって，性（身体）を通しての人との繋がりを求めているとも言えるが，お互いを尊重する人との対等な繋がり（関係）を持っていないことが多い。すなわち，そのような繋がりの持ち方を学んでいないのである。

我々が関わる性犯罪受刑者は，性犯罪者調査や性犯罪者処遇プログラムによって，自らの生き方が否定されることに強い不安を抱いている。しかし，互いに違いを認め肯定する関係において，性犯罪者は自らの人生を歩むことを学び，調査者やプログラム担当者は性犯罪者の生き方を学ぶ。このような肯定的関係においてこそ相互の学びと成長がある。

そして，私たちプログラムの担当者も，自らの置かれた場所で互いを尊重する対等な関係のなかで，誠実に生きることを実現していかなければならない。

文献

ヨーランダ・M・フェルナンデス（2010）肯定的な側面に着目し，否定的な側面を避ける性犯罪者治療．In：ウィリアム・L・マーシャルほか＝編：性犯罪者の治療と処遇――その評価と争点．日本評論社，pp.253-268.

法務省矯正局成人矯正課（2005）性犯罪者処遇プログラム研究会の中間報告及びカナダ連邦矯正局ブルース・マルコム博士による講演会の実施報告．刑政 116-10 ; 55-61.
川越少年刑務所処遇類型別指導準備会（1994）処遇類型別指導について．刑政 105-9 ; 82-90.
岡田和治（1997）覚せい剤乱用防止指導の手引書．矯正研修所紀要 12 ; 36-46.
吉武光世（1975）矯正施設におけるグループカウンセリングのあり方について．刑政 86-7 ; 46-50.

コラム❹

平成29(2017)年の性犯罪に関する法改正

　平成29（2017）年6月16日に「刑法の一部を改正する法律」が成立し，同年7月13日から施行されることになった（法務省，2017）。
　改正点の概要は以下の通りである。

❶強姦罪の構成要件や法定刑の見直し――罪名を強制性交等罪に改め，その対象となる行為を性交，肛門性交，口腔性交とした。強姦罪の対象は，女性に対する姦淫のみとされていたが，強制性交等罪では，被害者の性別は問わず，対象となる行為も拡大されたことになる。さらに，法定刑の下限は，懲役3年から5年（同罪に係る致死傷の罪の場合は懲役5年から6年）へと引き上げられた。

❷監護者わいせつ罪，監護者性交等罪の新設――18歳未満の者に対して，その者を現に監護する者であることによる影響力があることに乗じてわいせつな行為または性交等をした場合について，処罰する規定を設けた。

❸強盗強姦罪の構成要件の見直し――強盗行為と強制性交等の行為を同一機会に行った場合は，罪名を「強盗・強制性交等罪」とし，無期又は7年以上の懲役に処することとした。改正前の強盗強姦罪では，強盗が強姦よりも先に行われた場合（強盗強姦罪）には無期又は7年以上の懲役，強姦が強盗よりも先に行われた場合（強姦罪と強盗罪の併合罪）には5年以上30年以下の懲役とされていたところ，その先後を問わないこととなった。

❹非親告罪化――強制性交等罪のほか，強制わいせつ罪，わいせつ目的・結婚目的の略取・誘拐罪等も非申告罪とし，被害者の告訴がな

くても起訴することが可能となった。

　明治 40（1907）年の刑法制定以来，100 年以上続いた性犯罪に関する規定がここまで大幅に改正されたのは初めてであり，制定以降から現在に至る間の世論の変化などを反映した，性犯罪に関する施策の変革と言える。本書が刊行される頃，日本にはまだ強制性交等罪によって性犯罪者処遇プログラムを受講している者はいないが，今後，新しい刑法による性犯罪者が刑務所に入所し，性犯罪者処遇プログラムの対象者となる。その際には，本書の「強姦」に関する記述は，強制性交等罪などと読み替えて理解していただきたい。ただし，法改正によって犯罪の呼び名が変わっても，性犯罪者の本質や特徴が変わるわけではない。今回改正された刑法は，「どのような行為をしたときに犯罪になり，どのような刑罰を受けるのか，を規定した法律」（大越，2007，p.5）であり，したがって特定の"行為"をどのように"処罰"するか，という見直しである。一方，性犯罪行為をするに至った"人"をどのように捉え，"処遇"するかは，これまでの知見のうえに，今後も少しずつ発見と工夫を積み重ねていくなかで，より豊かに議論されていくであろうと思われる。刑法改正により，実務家の実践知は，さらに広い範囲で性犯罪を捉えていくものとなる必要がある。

文献

法務省（2017）刑法の一部を改正する法律案（http://www.moj.go.jp/keiji1/keiji12_00140.html ［2017 年 6 月 29 日閲覧］）
大越義久（2007）刑法総論 第 4 版．有斐閣．

おわりに

　本書は我々にとって，大きなチャレンジでした。性犯罪に至った人々に専門的に関わる実務家を中心とした集団とはいえ，自分たちが学んできたことを言葉にする試みは，面接をしたりグループセッションを進めたりといった実務とは違う苦労がありました。言葉はロジックであり，どんなに慎重に選んでも，我々が体験していることの近似値程度にしか表現できません。セラピストや臨床家が最も当てにしているのは，己が実際に経験した関係性から編み出された，時に言葉にはなりにくい知であり，この知は，なかなかそこだけ切り取って普遍化できないことも多い（つまり，文脈のなかでこそ生きる）ものだと思います。したがって著者たちは，現場において「わかってはいるがなんと言ってよいのやら」「正確に伝えたいがニュアンスがうまく表現できない」部分について，それぞれ苦労するプロセスをたどりました。

　この本が，性犯罪の再犯防止という課題に取り組んでいる多くの方々（たとえば，医師やセラピスト，カウンセラー）のささやかなヒントになったり，助けになったり，励ましになる部分があったとすれば，大変うれしく思います。

　しかしながらもしかしたら，読者のなかには，「性犯罪者の典型例について知りたかったのに，読んでかえって混乱した」「自分が想像していた性犯罪者のセラピーとは違った」という方もいらっしゃるかもしれません。もしそうであれば，その困惑に対して申し訳ないと一方では思いつつ，正しくそうした感想こそが，我々が見てきた性犯罪者，あるいは性犯罪受刑者と呼ばれる人たちの多様性と彼らとの関わり方をよく表現しているとも

思います。犯罪者理解への道は奥が深く，いくつも枝分かれしており，我々の実務は，人間の本質について近づけたと思えば新たな謎が生まれることの繰り返しです。

　チャレンジへの道は，我々執筆者のみの決意と努力だけでは到底切り開かれませんでした。長く刑事施設での性犯罪者処遇プログラムの場を行政面から支えると同時に，本書の執筆を励ましてくださった法務省矯正局少年矯正課企画官（前法務省矯正局成人矯正課補佐官）の日笠和彦氏，矯正局成人矯正課の現補佐官畠山智行氏，同課にてプログラムの管理運営を担当している前田将太氏，そして現場で我々を支えてくださっている先輩，同僚たちに感謝いたします。また，ジェイムス朋子氏（京都橘大学），川畑直人氏（京都文教大学），今村洋子氏（OSSサービス株式会社（播磨社会復帰促進センター社会復帰促進部）），黒川潤氏（松江少年鑑別所），岸本武士氏（鳥取少年鑑別所），星秀和氏（福島刑務所）には，執筆に際して多くのヒントと励ましをいただき，草稿を丁寧に読み，率直なコメントをいただきました。小磯篤士氏（大阪少年鑑別所），森川幸枝氏（和歌山刑務所）にも，文献リストの作成などでご尽力いただきました。ありがとうございました。

　最後に，我々を根気よく支えてくださり，編集上の的確な助言をくださった金剛出版の藤井裕二氏に，心よりお礼を申し上げます。

編者代表　門本　泉

索引

A

ABC 分析 082, 083
ACT（Acceptance & Commitment Therapy）.........
　084, 085
CA［▶酢酸サイプロテロン］
depo-Provera 尺度 254, 255
MPA［▶メドロキシプロゲステロン酢酸エステル］
RNR 原則 094, 095, 112, 262

あ

アセスメント ... 082, 084, 086, 090, 092, 119, 138
　［▶査定面接］
　治療的―― 119, 121-123
　リスク―― 094, 095
依存症 063, 071-073, 079, 174
今ここ 068-070, 127, 128, 145,
　189-192, 195, 196, 199, 201-204, 207, 208, 227,
　229, 236, 238, 241, 242

か

改善指導 025, 081, 152, 263
解離 074, 075, 149, 153-156, 162, 231, 234,
　239, 241
加害者 011-017, 023, 033, 039, 041, 042, 087,
　088, 139, 157, 209, 237, 263, 266
学習理論 023, 082
基本的構え 127, 129

虐待 038, 040, 052, 057, 074, 141, 163
求愛障害 252
共感（性）......... 016, 053, 056, 058, 060, 089, 090,
　095, 101, 102, 159, 189, 196-198, 201, 241, 265
強制わいせつ 028-036, 042, 043, 048, 113,
　136, 145-147, 216, 238, 269
協働関係 015, 016, 163, 166, 189, 196,
　198-201, 206
規律 126-130, 132-134, 138, 176, 181, 218,
　221, 263
グッド・ライブス・モデル 016
グループ・プロセス 063, 068, 069, 073, 081,
　089-092, 107, 167
グループルール 178
グループワーク 011, 019-022, 025, 066, 073,
　100, 104, 126-128, 131-133, 135, 136, 140, 141,
　144, 147, 149, 152, 154, 156, 159, 161, 163,
　177, 178, 181, 221, 222, 227, 263
刑法の一部を改正する法律 269, 270
ケース・フォーミュレーション 081, 086,
　089, 090
嫌悪（感）........ 011, 012, 016, 018, 060, 077, 108,
　115, 158, 205, 219
強姦 028-037, 039, 042-044, 048, 049, 113,
　116, 120, 142, 216, 238, 256, 269, 270
　――犯 055, 058, 059, 247, 249
攻撃性 039, 048, 055, 108, 193, 241, 250
　性的―― 247, 253
行動療法 081-083, 085

さ

再犯防止計画 190
再犯リスク 015, 053, 072, 094, 101, 112, 114, 136, 161, 162, 175, 179, 182, 186, 190, 250, 254, 262
査定面接 042, 056, 112-114, 120, 123, 124
　［▶アセスメント］
ジェンダー・バイアス 109
　女性担当者 057, 099, 108-111, 219, 220, 223, 224
自尊感情 ... 052, 060, 071, 138, 140, 157, 159, 186
児童ポルノ 033-036
集団心理療法 220, 229, 232, 235-237, 241
集団精神療法 063, 068, 069, 071, 189, 190, 217, 225
主観的苦悩 052, 053
小児性愛 033, 249, 256
処遇類型別指導 262, 263
女児誘拐殺人事件 025
身体感覚 085, 189, 192, 195, 236
親密性 057, 063, 071-073, 142, 200, 241
スーパービジョン 026, 069, 142, 148, 180, 205, 206, 224, 229, 232, 237, 238, 242, 255
ストレス ... 043, 050, 053-055, 060, 088, 113, 118, 143, 153, 215, 216, 219, 223, 224, 226-228, 266
　心的外傷性── 234, 237
精神医学的面接 063, 065-067, 070, 072
性犯罪者処遇プログラム 003, 011, 016, 019, 020, 022, 025, 026, 063-069, 071-074, 076-079, 082, 095, 099, 101, 102, 110, 112, 116, 120, 123, 126, 127, 140, 149, 152, 153, 156-158, 163, 166, 167, 169-175, 177, 182, 184-187, 190, 197, 198, 206, 209, 215, 217, 218, 220, 224, 225, 227, 236, 237, 240, 245, 255, 259, 260, 263-267, 270
性犯罪者調査 112, 119, 124, 167, 215, 267
性欲 013, 042, 113-118, 142, 146, 234, 248, 251, 252, 254
生理学的理解 245
セルフケア 225, 226

た

力の連続体 038, 040
痴漢 ... 014, 034-036, 039, 040, 045, 051, 058, 113, 144, 145, 193, 219, 250
治療環境 169, 170
治療構造 090, 091, 172
治療的処遇 011, 077
抵抗 044, 049, 052, 055, 100-102, 144, 147, 149, 153-156, 160, 162-164, 167, 178, 190, 195, 218, 219, 222, 262, 264, 265
停滞 149, 150, 152-156, 158, 159, 164, 165, 167, 168
動機づけ面接（法） 016, 066, 130, 149, 159-161, 163, 165, 174, 190
　OARS 160
トラウマ 101, 210

な

内省 202-206
ナラティヴ 073, 075-077
二次受傷 219, 224, 225, 241
認知行動療法 003, 022, 023, 025, 081-092, 101, 126, 150, 170, 174, 189, 190, 196, 200, 201, 225, 256
　集団── 081, 089-093, 217
認知の偏り 042
認知の歪み 017, 043, 059, 060, 083, 084, 087, 101, 130, 138, 141, 143, 166, 222, 239

は

バーンアウト 104-106
発達障害 056, 255
場の安全性 170
犯罪の疾病化 012, 023
被害体験 042, 052, 166, 216, 266
否認 017, 018, 087, 118, 136, 138, 139, 146, 147, 149, 153-156, 162, 167, 173, 260
費用対効果 209-211
疲労・消耗 104

不安..............041, 042, 048, 052, 054-056,
　065-067, 072, 074, 077, 099-103, 108, 149, 153,
　155, 159, 164, 175, 180-182, 187, 192, 194-196,
　210, 218-220, 236, 241, 264, 265, 267
フィードバック.......090, 092, 113, 117-124, 131,
　207, 219, 238
文脈における「機能」......................081
ホルモン治療............................248, 254

酢酸サイプロテロン（CA）........249-251, 256
メドロキシプロゲステロン酢酸エステル
　（MPA）..............................249-251, 254, 256

ら

力動的心理学..............................230
リラプス・プリベンション..........022

ま

モザイク・メイトリックス..........063, 068-070

わ

枠組み..............................126, 127, 129

や

薬物療法............................245, 248

索引　275

執筆者一覧
(執筆順)

朝比奈牧子(あさひな・まきこ)――― 川越少年刑務所分類審議室長。南イリノイ大学司法学研究科修了(司法学)。東京少年鑑別所,法務省矯正局,府中刑務所,矯正研修所等で勤務。著書に『性犯罪の行動科学』(北大路書房:分担執筆),『素行障害』(金剛出版:分担執筆)ほか。臨床心理士,公認心理師。[第1章/コラム3]

木髙暢之(きだか・のぶゆき)――― 神戸拘置所調査専門官。中京大学大学院心理学研究科博士前期課程修了(臨床・発達心理学)。名古屋少年鑑別所,名古屋刑務所,東京拘置所,大阪刑務所等で勤務。主な著書に『犯罪心理学事典』(丸善出版:分担執筆)。公認心理師。[第2章]

猪爪祐介(いのづめ・ゆうすけ)――― 法務省矯正局少年矯正課事務官。新潟大学大学院教育学研究科博士前期課程修了(臨床心理学)。東京少年鑑別所,府中刑務所,法務省矯正局,新潟少年鑑別所,法務総合研究所等で勤務。[第2章/コラム4]

西田篤史(にしだ・あつし)――― 法務省矯正局成人矯正課補佐官。筑波大学大学院教育研究科修了(カウンセリング)。宇治少年院,東京少年鑑別所,川越少年刑務所,法務省矯正局,千葉少年鑑別所等で勤務。主な著書・訳書に『犯罪心理学事典』(丸善出版:分担執筆),『性犯罪者の治療と処遇――その評価と争点』(日本評論社:共訳)ほか。臨床心理士,公認心理師。[第3章]

元木良洋(もとき・よしひろ)――― 東京拘置所調査専門官。東北大学大学院教育学研究科修了(教育学)。東京少年鑑別所,川越少年刑務所,静岡少年鑑別所で勤務。公認心理師。[第3章]

辻 啓之(つじ・ひろゆき)――― 加古川刑務所調査専門官。甲南大学大学院人文科学研究科修了(修士(社会学))。大阪少年鑑別所,大阪刑務所,奈良少年鑑別所,京都刑務所等で勤務。臨床心理士。KIPP精神分析的心理療法家。京都精神分析的心理療法研究所訓練委員。[第4章]

神藤彩子(しんとう・さいこ)――― 川越少年刑務所上席統括矯正処遇官。お茶の水女子大学大学院人間文化研究科博士後期課程単位取得退学(修士,人文科学)。横浜少年鑑別所,千葉少年鑑別所,法務総合研究所,府中刑務所等で勤務。臨床心理士,公認心理師。[第6章]

與那覇聡(よなは・さとし)――― 広島少年鑑別所統括専門官。広島大学総合科学部卒業。鳥取少年鑑別所,広島少年鑑別所,広島刑務所,山口少年鑑別所等で勤務。[第7章/コラム2]

犬塚貴浩（いぬづか・たかひろ）―――― 大阪刑務所教育専門官。高知大学教育学部卒業。浪速少年院，奈良少年刑務所，滋賀刑務所で勤務。公認心理師。［第8章］

森田陽子（もりた・ようこ）―――― 大阪少年鑑別所統括専門官。神戸大学大学院総合人間科学研究科修了（修士（学術））。神戸拘置所，大阪刑務所，津少年鑑別所，名古屋少年鑑別所，奈良少年鑑別所等で勤務。臨床心理士，公認心理師。［第9章］

古根俊之（ふるね・としゆき）―――― 府中刑務所教育専門官。早稲田大学大学院文学研究科修了（修士，心理学）。喜連川少年院，府中刑務所，多摩少年院で勤務。［第10章］

寺田 孝（てらだ・たかし）―――― 府中刑務所教育専門官。創価大学文学部社会学科卒業。小田原少年院で勤務。公認心理師。［第11章］

浪越康弘（なみこし・やすひろ）―――― 高知刑務所調査専門官。文教大学人間科学部人間科学科卒業。四国少年院，高松少年鑑別所，高松刑務所等で勤務。公認心理師。［第12章］

西川昌弘（にしかわ・まさひろ）―――― 社会福祉法人 窓。臨床心理士，神奈川大学大学院兼任講師。慶応義塾大学社会学研究科修了（修士（コミュニティ心理学）），精神分析的システムズ心理療法研究所修了。元国際基督教大学大学院特任准教授。著書に『集団精神療法の基礎用語』（金剛出版）ほか。訳書に『不測の衝撃』（金剛出版）。［第13章］

小畠秀吾（おばた・しゅうご）―――― 国際医療福祉大学大学院准教授。筑波大学大学院医学研究科修了（博士（医学））。筑波大学社会医学系，東京医科歯科大学難治疾患研究所で勤務。著書に『犯罪精神医学拾遺』（時空出版），『わかりやすい犯罪心理学』（文化書房博文社：共編著）ほか。訳書に『犯罪学（第5版）』（金剛出版：共訳）。医師，臨床心理士，公認心理師。［第14章］

中村 修（なかむら・おさむ）―――― 武蔵大学人文学部社会学科卒業。看守として法務省入省後，昭和60年1月から教育職となり，川越少年刑務所，黒羽刑務所等で勤務。公認心理師。［第15章／コラム1］

編著者略歴

門本 泉
(かどもと・いずみ)

さいたま少年鑑別所統括専門官。早稲田大学大学院文学研究科修了（修士（心理学）），筑波大学大学院システム情報工学研究科（博士（社会工学））修了。名古屋少年鑑別所，東京少年鑑別所，川越少年刑務所，府中刑務所等を経て，平成31年4月より現職。著書に『加害者臨床を学ぶ——司法犯罪心理学現場の実践ノート』（金剛出版），『TAベイシックス』（日本TA協会）ほか。訳書に『性犯罪者の治療と処遇——その評価と争点』（日本評論社），『自傷の文化精神医学』（金剛出版）ほか。臨床心理士，公認心理師。［はじめに／コラム1～3／おわりに］

嶋田洋徳
(しまだ・ひろのり)

早稲田大学人間科学学術院 教授。早稲田大学大学院人間科学研究科修了（博士（人間科学））。広島大学総合科学部，新潟大学人文学部等を経て，平成15年4月より現職。著書に『学校，職場，地域におけるストレスマネジメント実践マニュアル』（北大路書房），『60のケースから学ぶ認知行動療法』（北大路書房），『性犯罪の行動科学』（北大路書房：分担執筆）ほか。訳書に『認知行動療法家のためのACTガイドブック』（星和書店）ほか。臨床心理士，公認心理師。［はじめに／第5章］

性犯罪者への治療的・教育的アプローチ

初　刷	……………………………………………………	2017 年 9 月 10 日
2 刷	……………………………………………………	2021 年 11 月 10 日
編著者	……………………………………………………	門本 泉・嶋田洋徳
発行者	……………………………………………………	立石正信
発行所	……………………………………………………	株式会社 金剛出版（〒112-0005 東京都文京区水道 1-5-16）
		電話 03-3815-6661　振替 00120-6-34848
装　幀	……………………………………………………	岩瀬 聡
印刷・製本	……………………………………………………	太平印刷社

ISBN978-4-7724-1580-4　C3011　©2017　Printed in Japan

加害者臨床を学ぶ
司法・犯罪心理学現場の実践ノート

［著］=門本 泉

●四六判 ●並製 ●240頁 ●定価 **3,520**円
● ISBN978-4-7724-1704-4 C3011

逸脱と不適応から帰結した罪を見つめようとする加害者たち，
みずからの価値観を問い返しつつ彼らと対話する臨床家，
多職種協働・スーパーヴィジョンを通じて相互検証する専門家集団——
交差する3つの観点から加害者臨床の本質に迫る臨床試論。

自傷の文化精神医学
包囲された身体

［著］=A・R・ファヴァッツァ ［監訳］=松本俊彦

●A5判 ●上製 ●490頁 ●定価 **7,480**円
● ISBN978-4-7724-1072-4 C3011

歴史文化ならびに生物学・精神医学という多次元的視点から
自傷行為を徹底検討する。
精神医学というアカデミズムの枠を超えた
自傷行為の比較文化論。

犯罪心理鑑定の技術

［編著］=橋本和明

●A5判 ●上製 ●256頁 ●定価 **4,620**円
● ISBN978-4-7724-1502-6 C3011

裁判員裁判制度時代に向けて
心理鑑定専門家たちの経験を結集した
実務に資する高い技術を育むための
「犯罪心理鑑定マニュアル」。

価格は10％税込です。